융 심리학이 밝혀준 추억 속 만화의 비밀
— 아톰의 꿈, 마징가의 혼, 원더우먼 아니마

한석훈 지음

序: 황금박쥐에서 지브리까지

> 다시 꿰맞춘 과거사가 현재를 바꾼다.
> ─ 이수헌, Ph.D.

> 흔히 사람들은 높은 산봉우리, 망망한 바다의 물결, 넓은 강의 흐름, 끝없는 대양, 별의 운행을 구경하러 여행을 떠납니다만 자신들에 대해선 까맣게 잊어버리는 것입니다.
> ─ A. 아우구스티누스, 최민순 옮김 (2010). **고백록**. 바오로딸, 401.

    어린 시절의 아련한 추억에 대한 향수가 나이를 먹을수록 진해지는 데에는 그럴만한 이유가 있을 것이다. 1960년대 이래로 세상에 쏟아져 나온 수많은 만화영화 작품의 복원 영상이 유튜브에서 인기를 끄는 것을 보면 많은 사람이 나이를 먹으며 어린 시절을 그리워하는가 보다. 옛 만화영화나 만화책을 중·장년이 되어 다시 보면 어릴 적에 그것을 보며 느꼈던 정서를 다시 맛볼 수 있게 되고, 향수의 감정은 한층 더 자극받는다. 그런데 어린 시절에 대한 향수를 진하게 맛보는 이런 순간에 그 사람의 의식 속에서 어떤 의미심장한 심리적 사건이 일어나고 있는 건 아닐까? 막연한 어린 시절에 대한 그리움을 넘어선 어떤 은밀하고도 깊은 의미를 담은 사건이….

    중년이 지난 여자와 남자의 내면에 대해 허심탄회하게 이야기해보자. 사오십 년 넘도록 이 세상을 살아내고서 내면에 상처나 결핍 같은 게 전혀 없는 사람은 아마 없을 것이다. 사람들 마음에는 구멍이 뚫려있는 것이다. 정도의 차이는 있겠으나, 많은 사람이 일종의 정서적 문제나 심리적 결핍을 안고 있고, 많은 사람이 40세 이후에 성취해야 한다는 '불혹' '지천명' '이순' 등의 고매한 인격의 경지와는 영 동떨어진 자신의 성정의 민낯을 부끄러워하고 있을 것이다.

특히, 자신에게 진솔한 이라면.

　어쩌면 사람들은 자기도 모르게(즉, 무의식적으로) 자신의 마음의 구멍을 메워줄 단서를 과거의 기억 속에서 찾고 있을지도 모른다.

　어쩌면 사람들은 옛 만화 따위를 다시 감상하며 자기도 모르게 (무의식적으로) 자신의 내적 균열의 단서를 찾고 있을지도 모른다.

　왜냐면, 우리는 죽기 전에 완전체가 되어서 제대로 한번 살아보려고 자신도 모르게, 무의식적으로 무진 애를 쓰는 존재이기 때문이다.

　우리 내면 깊숙한 곳의 자신도 모르는 무의식이 우리의 삶에 엄청난 위력을 발휘하고 있다는 것을 외면하고 살 경우, 특히 중년 이후의 삶이 위태로워지기 쉽다.

　그러니, 어린 시절로 퇴행하려는 심리에는 단순히 동심의 세계에 대한 그리움 말고도 다른 이유가 있을 수 있다. 그런 이유 중의 하나는 '자기 이해'라는 커다란 퍼즐의 잃어버린(또, 잊어버린) 조각들을 찾아내고 싶은 욕구일 것이다.

　나와 같은 베이비붐 끝자락의 세대는 우리나라에 흑백 TV가 최초로 상용된 시기에 등장한 수많은 만화영화의 열광적인 시청자 군을 형성했다. 아동이었던 나는 자신의 의식과 정서를 영상 매체의 가공스러운 위력 앞에 활짝 열어 놓은 이 땅의 첫 세대에 속한다. 1세대 TV 방송의 콘텐츠가 당시의 아동과 청소년의 정신세계에 발휘한 위력에 관하여 우리는 아직 소상히 알지 못한다. 그러니까, <우주소년 아톰>을 열광적으로 시청했던 나는 단순히 아동용 '엔터테인먼트'를 소비하고 즐긴 데 그친 게 아니라, <아톰>으로부터 뭔가 의미심장한 영향을 받았을 것이란 말이다. 나는 이런 영향에 대한 단서를 지난 십여 년에 걸쳐 긁어모았다. 이 책에서는 주로 옛 TV 만화영화와 만화책 등의 이야기를 끄집어내서 그것들에 대한 우리의 기억과 감정 밑에 숨은 의미를 드러내려 한다. 그래서 나의, 우리의 자기 이해의 구멍 난 부분을 메워보려 한다.

1970년 전후에 단숨에 세상의 아이들을 사로잡은 <황금박쥐>나 <요괴인간>과 같은 최초의 TV 만화영화를 보자. 이 작품들은 특이하게도 해골, 요괴와 같은 기괴한 영웅상을 제시했다. 어쩌면 주인공들이 실질적으로 귀신에 근접해있는 개체들이었기에 쉽사리 아이들의 혼을 쏙 빼놓을 수 있었는지도 모르겠으나, 한번 생각해보라. 애들 만화에 해골이나 요괴가 주인공이라니! 그런 존재를 아동용 엔터테인먼트의 주인공으로 택한 작가도 괴이하지만, 그런 주인공에 열광한 아이들은 또 어떻고?

추측하건대, 이런 주인공을 영웅으로 설정한 원작자의 괴이한 '심보'가 동시대 아동들의 마음과 통하는 데가 있었을 것이다. 흔히들 당연시하는 '순진무구한 동심'과 같은 단어만으로는 설명할 수 없는 그 마음은 아마도 그 시대의 아이들이 주변 세상(엄마, 아빠로부터 시작하여)과 관계 맺으며 경험한 성장기의 심리적 혼돈과 관련 있을 것이다. 이를테면, 왜 엄마는 맨날 나를 야단치고, 아빠는 밤늦게나 집에 들어오는지 아이는 이해할 수가 없다. 인식할 수도, 표현할 수도 없는 혼돈을 겪고 있는 아이는 무서운 엄마를 닮은 요괴인간 베라와 '가장'으로서 처자식을 구해내야 하는 공허한 아빠 황금박쥐에 빨려든다. 아이들의 혼을 사로잡기 위하여 만화 속의 기괴한 영웅들은 대체 어떤 주문을 걸었던 것인지, 반세기가 넘은 기억을 소환해보려 한다.

이 시절에 등장한 아이들의 영웅 중에는 해골이나 요괴와 같이 태곳적의 주술적 영능을 자랑한 주인공들과는 딴판으로, 최신 과학기술로 무장하여 강력하고도 멋진 <우주소년 아톰>과 <무적 009> 등도 있었다.[1] 어두침침한 괴물 영웅들 못지않게 이런 작품들의 주인공도 아이들의 혼을 빼놓았으니, 이는 어쩌면 아이들이 보고 즐길 것이 희소했던 당시의 척박한 문화적 환경 탓이었는지도 모른다. 귀엽고 힘센 아톰과 멋지고 강력한 009는 일종의 이상적인 소년상을 제시했고, 가난했던 대다수 아이의 초라한 자아를 대체해줄, 강하고도 멋진 환상적 자아상을 제공해줌으로써 큰 인기를 끌었던 것 같다. 문제는, 둘 다 온전한 인간이 아니라는 점이다. 아톰은 로봇, 009는 사이보그다. "빨리 사람이 되고 싶다!"라고 절규하는 요괴인간을 바라보던 사람의 아이들은 사람 아닌 것들을 영웅으로 추앙했다. 어떻게 사람이 만든

---

[1] 요괴인간의 태생이 이른바 '과학자'의 실험실이었다 하여 그들을 과학의 소산물로 보기는 어렵지 않은가. 그보다는, 신비롭게도 자연의 이상한 우연으로 탄생한 요괴인간이 온갖 망령들과 대적하여 초월적 차원을 넘나들며 싸우는 모습에서 시청자는 중세적인 마법의 세계와 조우하는 느낌을 받았을 것이다.

기계가 자신의 창조주보다 우월할 수가 있는 것일까? 인간이 자신의 창조주인 신보다 우월해진다는 것은 상상만으로도 불경스러운 것 아닌가?

음…. 아닌가?

다행스럽게도 요괴인간이나 변종 인간이 아닌 진짜 인간을, 그것도 참으로 인간적인 인간을 주인공으로 내세운 작품들도 아이들 사이에서 큰 인기를 누렸다는 사실을 짚어두지 않을 수 없다. 1970년대 국산 만화책 중에 길창덕 작인 <꺼벙이>도 인기몰이했는데, 정말 바보 같으면서도 낙천적인 주인공 꺼벙이는 산업화가 가속화되던 당시의 도시 이주민들의 목가적 세계로의 도피심리를 대리 충족시켰던 것 같다. 꺼벙이는 학교에서 우등생이나 모범생이 아니지만 언제나 행복해 보이기만 한다. 아이들은 처절한 요괴인간의 투쟁이나 손에 땀을 쥐게 하는 아톰의 모험에서 잠시 벗어나, 전혀 존경스럽지는 않지만, 은근히 자신과 닮아있어 친근감이 느껴지는 꺼벙이와 그 밖의 '명랑만화'의 느긋한 개구쟁이 주인공들을 사랑했고, 그들은 아이들이 생긴 그대로의 자신을 받아들일 수 있도록 친근하게 도와주었을 것이다. 여타 만화의 영웅적인 주인공과 달리 꺼벙이와 그 친구들은 뛰어나거나 우수한 것과 거리가 멀었고, 바로 그 때문에 세상 아이들의 사랑을 받았다. 고도 경제성장기에 직장과 학교의 경쟁주의 심화 속에서 꺼벙이와 자신을 동일시하며 아이들이 느꼈던 것의 의미가 무엇일지, 깊이 성찰해볼 가치가 있다. 어쩌면 삶의 질주 속에서 우리가 잃어버린(건너뛰어 버린) 것들에 대한 단서를 찾을 수 있을지도 모르니까.

1970년대에 인기 있던 또 다른 토종 만화로 고우영의 작품인 <대야망>이 있었다. 일본 극진가라데의 창시자 최배달의 일대기로, 당시에 아직 경제적으로나 여러 면에서 우리보다 우월했던 일본에 대한 민족적 열등감을 자극하고, 일본을 뛰어넘는 주인공의 활약을 통해 카타르시스를 안겨주는 무도 액션물이었다. 황당한 황금박쥐의 활약과 환상적인 아톰의 투쟁을 응원하며 두세 살 더 나이를 먹게 된 소년, 소녀들은 실제 인물이어서 한층 현실에 가까워진 영웅인 최배달의 초인적 격투와 그의 '극일(克日)'에 열광하며 한국인인 자신을 더욱 강도 높게 자각하게 된다. 그렇게 70년대의 우리의 순진한 아동들은 반일 정서를 민족정체성의 필수 불가결한 장치로 의식에 새겨두게 된다. 동시에, 그렇게 순진한 사내아이들은 '무적의 주먹'을 세상의 승자가 되게 해줄 최상의 도구로 인식하고, 장차 이소룡 사부의 충성스러운 사도가 될 숙명의 여정에 들어선다.

한데 특이하게도, 동시대의 만화가 이원복의 작품들은 당시로서는 드물게 지적(知的)이고 논리적인 사유를 표방했던 게 인상적이었는데, 어쩌면 종종 국제무대로 배경을 확장한 그의 작품들이 군부독재 시절의 권위주의적 교육체제에서 아동들에게 개방적이면서도 비판적으로 사고할 수 있도록 귀한 기회를 주지 않았나 하는 추측이 든다. 이때부터 이원복의 작품들은 성장, 확장되어, 훗날 <먼나라 이웃나라>가 메가 베스트셀러로 '국민 교양 도서'의 제위에 등극한다. 해외여행이 언감생심이었던 시절, 지루한 학교 교과서를 멀리했던 아이도 만화책의 자그마한 사각 창을 통해 한국 바깥의 세상을 꿈꾸고 상상하게 해준 그의 이야기에 빠져들 수 있었다.

하지만 고우영과 이원복 등 토종 작가들의 노고와 최배달 일대기가 부추겨준 반일 정서에도 불구하고 정작 1970년대에 가장 폭넓은 인기를 끈 건 사실 일본의 만화와 만화영화였다. 그중 <바벨 2세> 같은 작품은 까마득한 고대의 외계인 조상으로부터 유전된 초능력을 보유한 주인공이 세계를 구한다는 기발한 상상력으로 아이들 뇌리에 각인되어, 수십 년이 지난 지금까지도 중·장년층에게 매우 흥미진진했던 옛 만화로 손꼽히고 있다.[2] 권위주의적이고 가부장적인 가정과 학교 문화 속에서 자기 자신의 목소리는 내볼 수 없었던 '후진국' 한국 아이 중 몇몇은 <바벨 2세>에 푹 빠지며 '하늘이 부여한 특별한 사명을 가진 자'로서 자신을 그려보는 비상한 체험을 했을지도 모른다.

그리고 공전의 히트한 또 다른 일본산 TV 만화영화 <마징가 Z>와 그 만화책 버전은 또 다른 차원의 위력으로 아이들을 사로잡았으니, 그 공을 작가 나가이 고의 출중한, 혹은 '변태'적인(?) 재능 탓으로 돌려야 할지, 아니면 아이들의 의식 밑으로 침투한 작가의 독특한 '심보'에서 찾아야 할지, 논하기가 쉽지 않다. 마징가 시리즈는 사실 상당히 복잡다단한 인물유형을 선·악의 투쟁과 갈등 구도로 보여줬는데, 이는 단순하게 권선징악의 가치로 수렴되는 유아·아동물의 수준을 훌쩍 뛰어넘는 것 같다. 예컨대 주인공 쇠돌이와 애리의

---

[2] 네이버 카페 '클로버문고의 향수'에서 2009년에 실행한 '클로버문고 최고인기작 순위집계'에서 <바벨 2세>가 1위에 오름.

애정전선은 일반적 아동 만화 속의 남녀주인공들 이야기와는 달리 미묘한 전개의 양상을 띠고, 악당인 아수라 백작의 파격적인 자웅동체의 양성성에서 암시되는 사회적 소외감을 눈치챈 만화책 독자는 당혹스럽게도 악인에 대한 연민이 자신 안에서 일어남을 감지했을 수도 있다. 아마도 <마징가>의 등장인물 간의 관계 역학이 막 사춘기에 접어드는 아동이 성장기에 겪게 되는 복잡하고도 불안한 심리적 변화와 맞아떨어졌을 것으로 추측하며, 이에 관하여 뒤에서 소상히 짚어보고자 한다.

  1970년대 중반을 넘어서며 TV는 만화영화 이외에도 '실사판' 영웅담을 아동의 정신세계에 조달해주기 시작한다. 모처럼 미국에서 수입된 <원더우먼> 같은 여성 히로인이 아이들, 특히 사춘기 소년들의 의식(과 육체) 속에서 어떤 역할을 했을지 추측해보는 건 자기성찰뿐 아니라 인간 이해를 위해서도 흥미로운 일이다. 아마도 적지 않은 소녀들의 경우, <원더우먼>을 보며 주도적이며 유능하면서도 아름다운 여성상을 꿈꿀 수 있었을 테지만, 사춘기 소년들은 섹시한 글래머 원더우먼에 넋을 잃었고, 그녀의 몸의 형태가 성적으로 각성하기 시작한 그들의 각막과 영혼에 강렬하게 새겨졌다. 주간지 선데이서울의 수영복 미녀 사진 정도로나 여체에 대한 호기심을 풀어야 했던 에로티시즘 매체의 황무지 대한민국에서 성체로 발돋움하며 여드름 꽃망울을 터뜨리던 건강한 십 대 남자애들은 사실상 반나체로 안방 TV에 버젓이 나와 활약하는 팔등신 서양 미녀를 매주 합법적으로 '시청'할 수 있게 된 것이다. 동시대의 히트작 <육백만불의 사나이>의 주인공과 함께 활동한 '바이오닉 우먼' 소머즈도 인기 있는 슈퍼히어로의 대열에 합류했으니, 강력한 여성이 왜 소년들의 마음을 끌어당기고, 그들의 성장에 어떤 식으로 개입하는지를 심리학자들의 설명에 귀 기울여보고자 한다.

  소년들은 일제강점기부터 물려받은 검정 교복 차림의 '까까머리' 중고생으로, 소녀들 역시 해묵은 금욕주의적 제복 차림으로 '콩나물 교실'에서 사춘기를 통과할 때, 기성세대의 권위주의적 교육에 억눌려 지내던 청춘의 생동력은 청바지 차림의 대학생 언니, 오빠가 향유하던 청년문화를 기웃거리며 허기를 달래면서도, 여전히 만화책과 만화영화에 관한 관심을 거두지 않았다. 흔히 '소녀만화'로 간주했던 <유리의 성>이나 <베르사이유의 장미>에

이어 <캔디 캔디>는 충성스러운 소녀 독자층뿐 아니라, 이소룡의 쌍절곤 따라하기에 바쁘던 사내 녀석들까지 유인하며 성인으로 발돋움하는 어린 영혼에게 인생에 대한 낭만적 동경을 불러일으켰다.

군부독재의 쇠락, 민주화 항쟁, 문민정부 수립의 시대를 거치며 기성세대의 대열에 합류하게 된 청년들은 제각각 직업 전선에서 사회를 배우고, 돈을 벌고, 가정을 꾸리고, 생계를 영위하기 위해 정신없이 앞만 보고 질주했다. 성인 초기인 이때, 우리는 너무 바빴고 허둥거렸으며, 여전히 삶에 대해 어리둥절한 채였으니, 어린 시절 우리의 영혼에 스며들었던 수많은 만화와 만화영화는 기억 창고 깊숙한 곳에 유물처럼 묻혀서 서서히 망각의 늪 속으로 가라앉고만 있었을까? 마치 아틀란티스 유적 밑 석관에 갇혀 수천 년을 잠들어 있던 황금박쥐처럼?

아니다. 1970년대의 일본 만화영화 팬이었던 아이들은 1990년대에 다시금 일본에서 건너온 작품들과 만났으니, 대표적인 것이 스튜디오 지브리의 걸작들이다. 아톰과 마징가에 열광했던 아이들이 이제는 부모가 되어 자녀들과 함께 <이웃집 토토로>와 <센과 치히로의 행방불명>을 보게 된 것이다. '중년의 위기'에 접어들어 지브리 영웅들의 투명한 영혼의 거울에 혼탁해지고 고단한 자기 모습을 비춰보며, 이들은 인생에 대해서 어떤 길 안내를 받을 수 있었을까? 나우시카의 희생과 붉은 돼지의 은둔에서 새로운 우상을 발견하여, 어린 시절 추억의 이불 속으로의 퇴행을 뛰어넘고 진정한 어른으로 성숙하는 길을 바라보게 되었을까? 아니면, 치히로의 고난과 하울의 우울에서 유년기의 혼돈과 위안의 역사를 곱씹게 해줄 유용한 단서를 발견하였을까?

이해할 수 없는 내면의 혼돈을 호탕한 웃음으로 대충 무마해준 황금박쥐 이래로 1970년대의 아이들은 수많은 만화영화와 만화책 안으로 깊숙이 들어가 자신도 알 수 없는 자신의 마음을 어루만지며 성장했다. 그 성장기의 흔적은 이후 평생토록 성체로 발육하는 이들의 심성에 어떠한 영향을 끼쳤을 것인데, 이 영향을 잘 이해한다면 중·노년이 된 나는 왜 이런 인간이 돼 있는지를 조금 더 잘 이해할 수 있을 것이라 믿는다.

이 책에서 이러한 이야기를 **자전적(自傳的)**으로 풀어가는 주인공이자 화자(話者)인 **'나'** 김성호는 평생 인문학적 독서를 지속해온 초로의 남성으로, 자신을 '루저'라 여기며 평생 낮은 자존감을 안고 살았다. 그는 옛 만화영화에 관한 인터넷 카페의 자료를 정리하던 중, 이즈음 들어 특별한 계기로 내면에서 피어오르는 음성에 귀를 기울이게 된다.

이런 만화 따위의 이야기를 통해 생애 전체를 되돌아보는 일에는 그럴 법한 의미가 있어야 할 것이다. 글쎄, 모든 이에게 똑같이 적용되는 건 아닐지 모르나, 내 경우에는 평생에 걸친 내 마음 성장의 내막을 죽기 전에 정리할 필요가 있다고 강하게 느낀다. 1970년대 이래의 만화를 도구 삼아 지금의 나의 내면을 돌아보며 정리하다 보면, 내가 지금 여기에 어떤 연유로 와 있는 것인지 조금은 더 잘 이해할 수 있게 될 것이라고 믿는다. 내가 나를 좀 더 잘 이해하면 서서히 세상 사람들도 자신을 좀 더 잘 이해하게 될 것이다. 그렇게 될 때 우리는, 인간은 인간을 온전히 이해할 수는 없다는 사실을 이해하게 될 것이고, 그래서 조금 더 겸허해지고, 조금 더 타인에게 관대해질지도 모른다. 인간에 대한 이해는 신적인 이해의 경지를 요구할 테니까.

목차

序	황금박쥐에서 지브리까지	5
프롤로그	마징가 파괴 욕구	16
1	유아기 기억저장소의 수문장, 황금박쥐	21
2	황금박쥐가 봉인한 유아기의 기억	25
3	황금박쥐의 빤쓰와 결핍	30
4	요괴인간과 엄격한 엄마	37
5	요괴인간의 끔찍한 변신	44
6	요괴인간과 버려진 아이 콤플렉스	53
7	남자는 힘센 자를 숭배한다 — 철인 28호	59
8	SF 7인의 사무라이 — 로빈 특공대	65
9	이기적이고도 앙큼한 성장 — 빠삐, 마린보이, 사파이어, 레오	70
10	아톰 — 착하고 올바르게	78
11	아톰 — 과학의 힘, 정의의 승리	84
12	아톰 — 친여성적 평화주의자	90
13	완전체의 강력함, 무적 009	96
14	009, 사회성 vs 공격성	103
15	폭력의 역사 A History of Violence (1) — 타이거마스크	108
16	폭력의 역사 A History of Violence (2) — 최배달 '대야망'	114
17	꺼벙이 — '열등생'의 함이 없는 함(無爲)	120
18	이원복의 지적(知的)인 서양 소개	129
19	바벨 2세, 아직 깨어나지 않은 소명	136

20	'우주 삼총사'와 항공모함의 풍만한 가슴	142
21	마징가 Z와 멋진 쇠돌이	150
22	마징가 Z와 보스, 애리, 아수라, 브로켄, 헬	158
23	그레이트 마징가: 부활한 영웅	169
24	성진국 만화영화와 사춘기 : 나가이 고, 태극호, 승리호, 은하철도 999	176
25	일본산 순정만화와 사춘기 : 캔디 캔디, 베르사이유의 장미	186
26	미국산 슈퍼히어로들의 습격 : 육백만불의 사나이, 소머즈, 원더우먼	195
27	원더우먼의 섹시한 위기	202
28	원더우먼과 헤어질 결심	213
29	드래곤볼, 기생수와 유예된 성인식	222
30	지브리와 아비 되기	233
에필로그	외전(外傳)	250

프롤로그: 마징가 파괴 욕구

> 그의 어린 시절 기억의 빈틈은 보다 훨씬 큰 상실－원시적 심성의
> 상실－의 증후에 지나지 않는다.
> ― 카를 구스타프 융 편, 이부영 외 옮김 (2008). **인간과 무의식의 상징**. 집문당, 100.

'너는 마징가 Z를 파괴해버리고 싶었던 거야.'
유튜브에서 옛날 만화영화 동영상을 보고 있는데 느닷없이 이런 음성이 들린다. 마음속 저 밑바닥에서 영문을 알 수 없는 음성이 이렇게 불쑥 튀어나온 게 요즘 들어 벌써 몇 번째인가? 한 번도 해본 적 없는 생각이 이렇게 갑자기 툭 튀어나온다. 한 달 전에 차 사고로 뇌진탕이 온 다음부터다.

그래서, 밑도 끝도 없이 내가 어린 시절의 우상 마징가를 파괴하고 싶었다고? 대체 무슨 소리인가? 마징가를? 왜?

마징가 Z라! 끝없이 적들을 물리치고, 싸우고 또 싸워도 끝나지 않는 싸움, 그게 바로 마징가 Z와 쇠돌이가 처한 상황이었다. 거기다가 적은 갈수록 더 강해져서 싸움을 버티기가 점점 더 어려워지고, 결국 마징가는 미케네 군단의 적군들에게 처참하게 파괴된다. 반파된 마징가의 모습이 어린 시절 나의 뇌리에 깊이 각인되었다.

그런데 그 모습이 그렇게 깊은 인상을 남긴 이유는 뭘까? 영웅의 패배를 바라보는 안타까움이 컸기 때문인가? 일종의 '동심 파괴'의 트라우마였을까?

[그림 p-1. 마징가 Z 파괴]

'그게 아니라, 마징가의 파괴 장면이 어린 네 마음속의 비밀스러운 자기 파괴적 욕구와 공명했었기 때문이지!'

에잇! 또 그 음성이 올라오는군! 오늘 이게 뭔 일이지? 마치 내 안에서 누군가가 메시지를 보내고 있는 것 같아! 이건 지금 내가 생각해낸 게 아니잖아.

근데 말이야, 대체 이건 또 무슨 말이냐? 마징가를 보던 땅꼬마였던 내가 자기 파괴 욕구가 있었다고?

<마징가 Z> 시리즈 최종장에서 조종사 쇠돌이가 새롭게 등장한 미케네 제국의 강력한 전투수 군단의 파상 공격에 초토화되고 죽음의 위기에 직면한

장면은 일본 만화사에서도 오래도록 회자 됐던 명장면이다.[3]

　아마도 마징가에 열광하던 보통 아이들은 그저 순진하게 '정의의 용사' 마징가와 쇠돌이를 우상시했을 것이다. 그러나 세심하게 돌이켜보니, 나는 마징가의 고투 속에서 내 삶의 고투를 보고 있었는지도 모른다는 생각이 든다. 매일 적들과 싸우며 부서지던 마징가와 집에서, 또 학교에서 매일 바깥세상과 싸우며 상처 입던 나 자신이 비슷하다고 느꼈는지도 모르겠다.

　프로이트가 '죽음 본능(타나토스)'이라는 게 우리에게 있다고 했지. 인간의 그런 충동을 '리셋(Reset) 성향'이라 바꿔 말해도 되지 않을까? 열 살 먹은 내 자아가 부모나 또래들과의 갈등으로 심하게 상처를 입었고, 그래서 내 마음속 깊은 곳의 내 진짜 주인이 그 상처 입은 표면의 자아를, 마치 컴퓨터게임 다시 시작하는 것처럼 '리셋'하려 한 것은 아닐까?

　내 마음속에 나의 '진짜 주인'이 있다는 이런 발상은 프로이트나 융을 읽고 나서 생긴 건지, 아니면 종교 사상서를 읽고 갖게 된 건지, 잘 기억이 안 나는구먼. 그래도 한번 생각해보자, 마징가가 마징가 자신의 주인인가? 아니지, 마징가를 타고 조종하는 쇠돌이가 마징가의 주인이잖은가. 이처럼 내가 나 자신이라고 믿는 자아가 실은 내 주인이 아니라, 내 마음속에 숨어있는 나의 진짜 주인이 나를 조종하고 있다고 볼 수 있다는 말이렷다.

　흥미로운 발상이야. 그러나 그건 그렇다 쳐도, 극 중에서 마징가의 주인인 쇠돌이는 결코 마징가를 파괴하고 싶어 하진 않았을 것이다.

　근데 또, 곰곰이 생각해보니, 아마 겉보기엔 그랬겠으나, 실은 쇠돌이건 시청자들이건, 내심 오랜 전쟁 끝에 낡고 고장 난 마징가를 버리고 싶었던 게 아닐까? 그래서 번쩍거리는 최신형의 새로운 '그레이트 마징가'가 압도적인 위력을 보이며 등장한 장면이 시청자들에게 그토록 강렬한 인상을 남긴 것 아닐까? 그들이 내심 은밀하게 소망했던 환상적인 새 자아가 도착했으니까!

3　'쇠돌이'의 일본판 원래 이름은 카부토 코우지. <마징가 Z>의 TV 시리즈 마지막 회에서 마징가 Z가 가공할 새로운 적들에 의해 비참한 최후를 맞게 되었을 때 극적으로 등장한 그레이트 마징가가 광자력 연구소를 위기일발 상황에서 구출해낸 데 비하여, 극장판으로 개봉했던 <마징가 대 암흑대마왕> 편에서는 반파된 마징가 Z가 그레이트 마징가의 도움을 받으며 힘을 합쳐 미케네 전투수들을 물리치는 설정이다. 마징가 Z를 보다 능동적으로 그린 극장판이 여러모로 훨씬 높은 평가를 받았다고 한다.
극장판 동영상: https://www.youtube.com/watch?v=vDI5LnFz3_U

[그림 p-2. 그레이트 마징가]

　우리는 오랜 세월 함께한 낡은 승용차에 대한 애착심을 늘 가차 없이 내다 버릴 수 있어서 매번 최신형 새 차로 갈아타는 것은 아닐까? 혹시 사람들은 험한 인생살이에서 심신이 망가져 버릴 때 자신을 '리셋'하고 싶어지는 건 아닐까?

　시리즈 최종회에서 적들의 파상 공격으로 반파된 마징가 Z가 절체절명의 순간에 그야말로 혜성처럼 등장한 그레이트 마징가[4]는 마치 영화 <매트릭스>에서 깨달음에 이르러 부활한 주인공 네오처럼 무서운 적들을 손쉽게 제압해버렸다.

　번역판 만화책에서 처음 접한 영어 단어 '그레이트'의 의미는 그렇게 내 언어 저장소에 입력됐고, 난 장성해서도 외국인이 '구뤠잇(Great)!'이라는 말을 뱉을 때면 자동으로 그레이트 마징가의 위용을 떠올리곤 했다. <그레이트 마징가> TV 만화영화를 일본어판으로 안 보길 잘했다. 일본어판에선 '그레에-또'라고 발음하니, 나중에 내 영어 발음을 망쳐버렸을지도 몰라.

　어쨌든 난 중년이 된 후에도 컴퓨터 동영상으로 <마징가 Z>의 최종회

4　<그레이트 마징가>는 1978년에 한국의 TBC 방송에서 <찡가>라는 해괴한 호칭으로 개명되어 방영됐다. 경쟁사 MBC에서 이미 방영했던 <마징가 Z>의 후속작이라는 느낌을 최소화하고, 직전에 TBC에서 방영했던 <짱가>와 억지로라도 연속성을 수립해보려는 무리한 의도에서 기인한 작명이 아니었을까 추측된다.

장면을 되풀이해 보고, 또 봤다. 그리고 볼 때마다 감동했다. 그 장면이 왜 그렇게도 감동적인지 이유도 모르면서. '후진 나'를 파괴해서 폐기 처분한 뒤에 '멋진 나'로 다시 태어나고 싶었던 걸까? 후진 마징가 Z를 퇴역시키고 멋진 그레이트 마징가가 등장한 것처럼?

따지고 보니, 삶 속에는 그런 것들이 꽤 많다. 끌림. 왜 그렇게도 끌리는지 알 수는 없지만, 시간이 아무리 흘러도 계속 강하게 끌리는 그런 것들이. 특히 만화영화, 만화책의 한 장면이 그렇게 끌어당기는 경우가 적지 않다. 진짜 지성적인 사람들은 세계 명작 고전의 한 구절을 떠올릴지 모르지만, 나는 만화 <마징가 Z>의 장면이 더 강하게 떠오른다.

그런데 이상한 것은, 지난번 차 사고 이후로는 심심찮게 이런 '끌림'에 대한 설명이 내 마음속에서 그냥 솟아오른다는 사실이다. 뭐랄까, 새로운 '나'가 발동 걸리기라도 한 것처럼. 사고로 머리에 충격을 받은 덕분에, 전에는 꺼져있던 무의식적 기능이 '스위치 온' 되기라도 한 걸까? 쇠돌이가 모는 파일더가 마징가 Z 머리에 "파일더 온!" 하며 합체하면 비로소 거대로봇이 깨어나는 것처럼?

1 유아기 기억저장소의 수문장, 황금박쥐

> 어린 시절의 고통은 최악—진정한 고통—이다. 사소한 일로, 가령 더 놀고 싶은데 자러 가야 하기 때문에 괴롭다 해도 그렇다. 우리는 모두 아이 적에 체험한 재앙 같은 실망을 기억할 수 있다. 되돌아보면 그것들이 하찮아 보이지만, 어릴 때는—그 순간에는—괴로운 고통이었다. 왜냐하면, 아이는 아직 온전한 전체로서 반응들 속에 온전하게 있기 때문이고, 그래서 장난감 하나만 빼앗겨도 세상이 무너지는 것 같다.
> — 마리-루이제 폰 프란츠, 홍숙기 옮김 (2017). **영원한 소년과 창조성**. 한국융연구원, 95.

1970년 무렵, 텔레비전의 어린이 만화영화 프로그램은 대개 저녁 6시를 전후하여 시작했다. 6시가 되면 동네 골목이 조용해졌던 것을 기억한다. 그 시절 내가 살던 서울에서도 한강에서 가까운 우리 동네 아이들은 요즘 아이들과 달리 학교에서 돌아온 뒤부터 저녁에 해질 때까지 종일 골목에서 뛰어놀았다. 그러나 6시만 되면 그 아이들이 텔레비전을 보려고 일시에 썰물처럼 빠져나가 골목이 텅 비어버리곤 했다. 전 국민 대다수가 가난했던 그 시절에 집마다 TV가 한 대씩 있었던 서울의 주택가는 중산층 주거지라 부를만했다.

문화 콘텐츠 또한 지극히 척박했던 당시에 저녁 6시의 TV 만화영화는 아이들의 삶에서 절대적으로 소중한 위치를 차지했다. 그 만화영화들은 아이의 영혼을 사로잡았다. 어쩌다 한 번 방영 시간을 놓치는 비극적 사태가 발생할 경우, 다음 날 동네와 학교 친구들과의 대화에 참여할 수가 없었다. 언젠가 어머니에게 벌을 받아 6시 만화영화 한 편을 보지 못하고 숙제를 해야만 했던 순간의 통분을 50년이 지났는데도 기억할 수 있다. 미디어 파일이 곳곳에 쌓여있는 현재와 달리 1970년대에는 '본방사수'만이 최초, 최후의 유일한 시청 기회였다. 나는 <황금박쥐>를 지금, 이 순간 반드시 시청해야만 하는데, 당장 안방 TV 끄고 부엌방으로 와서 저녁 먹으라고 명령하시는 엄마! 그때에는 너무나 화가 났지만 무서운 엄마에게 아무런 항변도 할 수가 없었다.

50년이 지나고 보니, 나는 그런 엄마를 원망했던 것 같다. 그러나 불효는 가장 지독한 죄악이라 믿었던 그 시절에 엄마에게 향했어야 할 원망 따위는 결코 겉으로 드러내거나, 아니 의식조차도 할 수 없었던 감정이었고, 내 마음속에 쌓이던 원망과 불만은 결국 나 자신에게 향할 수밖에 없었던 것 같다. 부모에 대한 불만이 쌓인 아이가 반항아가 되기도 하지만, 자기혐오에 빠지기도 하지 않는가.

그 시절의 TV 만화영화 중에서도 특히 TBC 동양 방송에서 방영했던 <황금박쥐>의 도입부가 강렬한 인상과 함께 내 기억 창고에 저장돼있다.[5] 도입부는 "으흠하하하하!" 하는 호탕한 웃음소리와 함께 시작했다.[6] 바로 황금박쥐의 웃음소리다. 호칭은 '박쥐'이지만 실은 박쥐가 아니라 해골 괴인이다. 이 황금박쥐가 악당을 물리치기 위해 등장할 때도 이 웃음소리를 동반했다. 단, 황금박쥐는 호쾌하게 웃기만 할 뿐, 말은 한마디도 하지 않는다. 해골이라 혀가 없으니 말을 할 수도 없겠지만. 흑백 텔레비전의 비좁은 화면을 무한공간처럼 종횡무진으로 움직이며, 예의 웃음소리와 함께 마치 상서로운 예감을 던져주기라도 하듯 황금빛 해골 영웅이 검은 망토를 걸치고 등장하면, 당대에 인기를 끌던 남성 사중창단인 봉봉의 주제곡이 울려 퍼졌다. "황금바-악쥐, 어디, 어디, 어디에서 오오느냐, 황금바-악쥐." 이 주제곡의 멜로디와 노랫말은 당시의 수많은 아이의 기억 창고에 확고하게 자리 잡았을 것이다.

> 황금박쥐, 어디, 어디, 어디에서 오느냐, 황금박쥐.
> 빛나는 해골은 정의의 용사다, 힘차게 나르는 실버 배터.
> 우주의 괴물을 전멸시켜라.
> 어디, 어디, 어디에서 오느냐, 황금박쥐.
> 박쥐만이 알고 있다.

---

5   동양 방송은 전두환 군부에 의해 문을 닫기 전까지 공영방송 KBS를 제치고 MBC와 함께 TV 엔터테인먼트 세계를 지배했다. <황금박쥐>의 일어어 원제는 <黃金バット>로, TBC에서 1967년부터 1972년까지 방영했다.

6   유튜브에 여러 편의 도입부 동영상이 올라와 있는데 70년대 영상과 음향에 가까운 것은 이것이다. https://www.youtube.com/watch?v=9JtuMk1gr0Y

다소 비장함이 감도는 단조의 멜로디지만 박력 있는 이 노래는 앞으로 펼쳐질 황금박쥐의 영웅적 활약을 예고하고 있다. 그런데 이 도입부는 또 왜 그다지도 강렬한 인상을 나의 머리에 심어놨을까? 그건 <마징가 Z>의 예의 피날레 장면과는 또 다른 기분과 정서로 채색된 인상이다. 상서로운 예감이 던져주는 기묘한 흥분감과 그 예감 속의 세계로 속절없이 빨려 들어가게 되는 연약한 나의 자아! 지금도 유튜브에서 <황금박쥐> 주제곡 동영상을 보게 되면 50여 년 전의 형언키 어려운 그 기분이 고스란히 되살아나곤 한다. 과연 그 기분의 정체가 무엇인지, 나이를 먹어갈수록 내 안의 어떤 힘이 그것을 알아내라고 부추기는 것만 같다. 단순히 아이들의 만화적 세계에 대한 흥미를 자극했기 때문이라는 설명은 너무 모호하다. 긴 세월이 흘렀음에도 그 음향과 그 장면에 똑같은 기분으로 반응하는 그 무언가가 나의 내면에 있을 것만 같았다. 그것은 무엇인가?

[그림1-1. 황금박쥐]
다음의 유튜브 동영상 화면 캡쳐
https://www.youtube.com/watch?v=1kzG41fFH2A

TV 만화영화 도입부에서는 번개가 작렬하는 불길한 구름이 낀 저녁 하늘에 검은 망토를 걸친 황금박쥐가 뒤돌아선 채로 등장하는데 그의 주변을 여러 마리의 박쥐들이 맴돌고 있다. 이윽고 황금박쥐의 몸이 시계 반대 방향으로 회전해 전면을 보여주며 해골 얼굴이 클로즈업된다. 하루 중 해 질 무렵에 방영하는 TV 극의 주인공인 황금박쥐가 극 중에서도 해 질 무렵을 배경으로 등장한다. '해골바가지'에 불과한 얼굴만 놓고 보면 기괴하고 그로테스크하겠지만, 황금박쥐가 걸친 망토 상단의 깃이 해골을 위엄 있게 감싸주는 효과를 자아내서 왠지 권위와 카리스마를 갖춘 듯한 인물상이 만들어졌다. 바로 이 해골의 클로즈업 장면을 볼 때마다 나는 설명할 수 없는 묘한 기분에 사로잡히는 것이다.

    뭔가 엄청난 일이 일어날 것만 같은 예감이랄까? 또는 징조랄까? 그러니까, 지금의 이 현실과는 아주 다른 어떤 사건, 또는 세상의 도래? 뭐 이런 것에 대한 기대감이 불안감과 뒤섞여있는 그런 기분.... 천둥이 치고, 번개가 떨어지는 장면을 장엄하고도 처절하게 표현한 배경음악이 이런 기분을 배가해준다.

    황금박쥐가 등장하는 오프닝 시퀀스가 해가 질 무렵을 배경으로 했다면 이건 밝은 낮으로부터 어두운 밤으로 가는 전환의 시점을 나타낸다고 해석할 수 있을 것이다. 또는 심층 심리학적으로 말하자면, 밝은 의식의 수준에서 어두운 무의식계로 들어가는 시점이라고 할 수도 있겠다. 그렇다면 황금박쥐는 내 마음속에서는 무의식 층으로 들어가는 관문의 수문장 역할을 맡고 있는지도 모르겠다. 수문장이 문을 열어준다면 나는 기억이 거의 사라진 여섯 살, 다섯 살, 네 살, 또는 그 이전의 의식 창고에 들어갈 수 있을지도 모르겠다.

2   황금박쥐가 봉인한 유아기의 기억

> [과거의 회상이 어려운 이유는] 한 인간이 자신의 명명백백한 표면으로부터 자신의 마음 깊은 곳에 있는 어둠의 영역으로 내려가는 것은, 그리고 자신이 숨 쉬고 있는 현재의 시점에서 이미 지나온 과거 속으로 들어가는 것은 도깨비불처럼 깜빡거리는 희미한 기억에 의지해서 걸어가야 하는 몹시 힘든 길이기 때문이다. 그는 자기기만과 자의적인 망각 사이의 좁고 험난한 길을 더듬거리며 자기 자신의 심연을 통과해야 하고, 자신과 마주치는 최후의 고독으로 들어가는 무모한 모험을 감행해야 한다.
> ─ 슈테판 츠바이크 (2005). **츠바이크가 본 카사노바, 스탕달, 톨스토이**. 필맥, 9.

온전히 기억해낼 수는 없지만, 나의 유아기가 늘 밝고 행복하지만은 않았던 것 같다. 어린 나는 자신의 아동기의 현실이 불만스러웠던 것 같다. 그러니까 더더욱 TV 만화영화에 빠져들었고, 그것들을 보면서 불만스러운 현실과는 다른 어떤 세상에 대한 상상에 불을 지폈는지도 모른다. 그리고 그 나이 때의 우울함이나 불만은 대개 엄마와의 관계에서 기인하는 것으로 볼 수 있다. 이것은 인간발달과정에 대한 일반론이기도 하고, 또 내가 중년기에 접어든 이래로 20여 년에 걸쳐서 어렵사리 복원해낼 수 있게 된 나의 유아기에 대한 촌평이기도 하다. 어렵사리 길어 올린 유아기의 기억을 풀어본다.

평범한 가정의 첫째인 내가 세 살 되던 해에 여동생이 태어났는데, 출산을 전후하여 어머니의 건강이 좋지 않았던 탓에 나는 두 살 때쯤부터 멀리 떨어진 외갓집에서 오랜 기간을 지내곤 했다. 아마도 이 기간에 빈번히 발생한 가족으로부터의 분리로 인하여 부모와의 관계를 탄탄하게 쌓지 못했을 것으로 추측한다. 아마도 엄마의 애정에 대한 결핍감이 유아기 성장에 긍정적이지 않은 영향을 끼쳤으리라. 내가 대여섯 살에 외가 생활을 완전히 끝내고 가족 내에 재정착하는 과정의 끝 무렵에 <황금박쥐>를 접하게 되었을 것이다.

내가 기억하지 못하는 유아기의 사건에 대한 암시를 <황금박쥐>의 상서로운 오프닝 시퀀스가 던져준 것일까?

예닐곱 살 때의 나에게는 미처 채우지 못한 엄마의 사랑에 대한 욕구가 남아있었을 것이다. 세 살도 되기 전부터 엄마로부터 분리되었으므로. 일곱 살 먹은 나는 무의식 속에 파묻힌 엄마와의 추억의 흔적에다가 자신도 모르게(즉, 무의식적으로) 손을 뻗고 싶어 했는지도 모른다. 그러나 무의식적 욕구란 말 그대로 알 수 없는, 감지할 수도, 표현할 수도 없는 욕구일 뿐 아니라, '유아기의 엄마'란 다시는 되돌아올 수 없는 과거일 따름이니, 그 시절의 기억으로 향하는 길의 입구에는 비장한 징조만 감돌 뿐이고 그 입구를 지키고 있는 황금박쥐는 입을 꾹 다문 채일 뿐이다.

[그림2-1. 황금박쥐]
다음의 유튜브 동영상 화면 캡쳐
https://www.youtube.com/watch?v=1kzG41fFH2A

이빨을 앙다문 채 한마디도 해주지 않는 황금박쥐의 단호함에 좌절하여 발길을 돌리고 유아기 기억의 복원을 포기한 적도 있었지만, 수십 년이 흘러 성인이 된 뒤에도 하나의 질문이 마음속에서 일어났다. '나의 가장 원초적인

기억은 무엇일까?'

이 질문에 대한 답을 얻기 위해 중년 이후로 나는 옛 기억 창고의 탐색을 재개했고, 여러 해에 걸쳐서 집요하게 회상을 밀어붙였다. 결국엔 황금박쥐조차도 내 의식이 유아기로 퇴행하는 것을 완전히 막을 수는 없었다. 쾡하니 심연으로 뚫려있는 듯한 황금박쥐 해골의 눈구멍의 막막한 적막 앞에서도 나는 의식의 퇴행을 포기하지 않았으니, 필시 나에게는 내 인생의 초반기를 기억해내야만 할 절실한 이유가 있었던가 보다.

유아기의 사진첩을 보면 1~4세 때의 어린 나의 모습도 있지만, 그 시절이 실제로 기억나는 것은 아니다. 그러나 섬광처럼 어떤 장면이 기억 속에 남아있기는 하다.

1960년대 서울 주택가의 부엌 하나 딸린 단칸방 집, 그 자그마한 집을 회색 시멘트 담이 둘러싸고 있었는데 담벼락의 표면은 우툴두툴한 시멘트 돌기로 덮여서 거칠었고, 담장 위에는 도둑 침입 대비용으로 깨진 유리 조각이 박혀 있었다. 집 안에는 길쭉한 고동색 판자들을 나란히 깔아 니스로 덧칠을 한 마루와 엄마, 아빠와 셋이 함께 자던 방이 하나 있었다. 욕실이 따로 없어서 추운 초겨울 날 아침에 뒤꼍 담장 아래의 시멘트로 만들어진 수돗가에서 대야에 찬물을 받아 세수하고 이빨을 닦았던 기억이 남아있다. 세, 네 살 무렵인가, 엄마와 아빠가 웃으며 손으로 내 얼굴을 씻어주던 기억. 어쩌면 부모와 떨어져 외가로 가기 이전의 마지막 기억인 것도 같다. 부모의 귀여움을 받은 마지막 기억이기도 하다.

초라한 집이지만 작은 뜰과 장독대도 있었다. 그 집 뜰에 있던 무궁화나무 한 그루를 기억한다. 서너 살 먹은 아이에게 아름드리나무로 느껴졌지만, 실제로는 그다지 키가 크지 않은 나무였을 것이다. 나는 그 나무 그늘에서 흙을 파고, 보랏빛 무궁화 잎을 만지고, 떨어진 꽃봉오리를 늘어놓으며 놀았다. 기억 속의 그 뜰은 언제나 화창한 햇살로 가득했다. 사진첩을 보면 젊고 날씬한 아버지가 대청마루 아래 댓돌 곁에 앉아 호스로 물을 뿌리던 여름날 모습이 남아있다. 지금의 아파트처럼 육중한 철문이 현관을 빈틈없이 막고 있는 형태가 아니라, 대청에서 발을 내리면 땅을 딛게 되고, 비 오는 날에는 빗방울이 땅에 부딪히는 소리가 세차게 들리는, 실외와 실내의 경계가 철저하지 않은 집이었다. 마당에는 마치 6.25 때 사용했을 것 같은 군용 간이침대가 있었다. 전쟁이 끝난 지 십여 년밖에 안 된 시절이었다. 국방색의 두꺼운 캔버스 천과 목재로 만들어진 침대를 아버지가 분해하고 접는 일이 마술처럼 보였었다.

마당에는 개집도 있었고, 내가 세상에 나와 처음으로 만난 친구인 강아지 럭키도 있었다. 럭키와 한강 변 모래밭을 뒹굴고 미지근한 강물에 발을 담갔던 순간도 기억난다. 한강 물밑의 물컹한 진흙을 발가락의 촉각이 기억하고 있다. 그러나 첫 친구 럭키는 쥐약을 먹고 죽어버렸고, 그 사실을 알게 되었을 때 나는 엉엉 울었다. 상실에 대한 최초의 기억이다. 당시는 쥐 박멸이 사회적 과업이었고, 나도 커다란 죽은 쥐의 꼬리를 잡고 들어 올려 내던진 적이 있다. 찬찬히 기억을 더듬어보니, 유아기를 보내고 동생이 태어났던 그 작은 집에 대해서 꽤 많은 추억을 되살려낼 수 있었다.

유년기 기억의 환하고 밝았던 색조는 내가 부모와 떨어지게 되는 시점을 즈음하여 어두워지기 시작한다. 언제부터인가 나를 안아주고 웃어주던 엄마, 아빠의 얼굴은 떠오르지 않고 외할머니와 외할아버지가 살던 외갓집이 기억 전면에 등장한다. 엄마 품은 기억나지 않지만, 외할머니의 메마른 젖가슴은 기억한다. 가난했던 외할머니는 내 손을 잡고 잘사는 친척 집에 데려가서 밥을 먹이기도 했다. 특별한 날에 계란프라이를 할머니가 부쳐준 것도 기억난다. 외할머니는 손자를 지극히 사랑해주셨으나 아이는 전처럼 엄마, 아빠와 함께 잘 수 없게 된 상황을 이해할 수 없었다. 엄마, 아빠와 함께 살던 집 마당의 무궁화나무 아래에서 흙을 만지며 놀 수 없게 된 연유를 수긍할 수 없었다. 외가는 엄마, 아빠와 살던 집보다도 더 낡고, 어둡고, 비좁아 보였다. 외할아버지는 무뚝뚝하셨고, 고등학교를 졸업한 외삼촌은 짓궂거나 공연히 위협적이었다.

서너 살 무렵에는 집의 뜨락에서 흙과 뒹굴며 행복하게 잘 놀았던 기억이 나고, 여섯 살쯤에는 일상의 많은 것들에 대해 까탈을 부리는 우울한 아이였던 것 같다. 바지와 모자의 까끌까끌한 상표가 싫어 벗어던지기도 했고, 복숭아 껍질을 만진 손으로 볼을 문지르다가 따갑고 싫다고 짜증을 내기도 했다. 감기 등 잔병치레도 잦았고, 어쩌다 병원이나 치과에 가면 울음을 터뜨렸으며, 이발소에서 머리 깎기도 견디기 싫어했다. 매우 예민하고 우울한 사내아이가 돼 있었다.

생생하게 기억나는 일 중 하나는, 대여섯 살 무렵 외가에서 집에 돌아와 혼자 마당에서 놀다가 이유도 없이 장난감 자동차를 연탄 광으로 갖고 들어가 벽에다 냅다 집어 던졌던 일이다. 장난감도 별로 없었던 시절에 귀한 자동차를 부서질 때까지 격렬하게 벽에 집어 던지던 그 순간의 감정이 기억에 남아있다. 그 감정은 '부숴버리고 싶다'라고 말하고 있었다. 왜 그랬는지 나도 알 수가 없다. 추측하건대, 내면에 억눌렸던 분노가 삐져나왔던 것 같다. 물건을 집어 던지는 분노 표출은 그 후에도 내면에 잔존하여, 평소에는 폭력적이거나 파괴적인 짓거리를 조금도 안 보이는 위인이지만, 십 년에 한 번 정도 격노하면 손에 집히는 물건을 바닥에 패대기치는 행태를 보이곤 했다.

날이 갈수록 까다롭고 우울해져 가는 여섯 살짜리 사내아이는 부모의 귀여움을 되찾아오는 데 실패했었던 것 같다. 어린 동생을 돌봐야 했고 몸이 약했던 엄마는 갈수록 첫째에게 신경질을 부리거나 화를 냈고, 퇴근 후에나 잠깐 함께 시간을 보낼 수 있던 아빠도 점점 인내의 바닥을 드러냈다. 산업화 과정이 본격적으로 시작된 당시, 회사와 공장에서 일하던 남자들은 점점 노동의 노예가 돼가면서 집에서 가족과 함께 지내는 시간을 잃게 됐다. 현실의 삶에 화가 난 사내아이는 TV 만화영화의 환상 속으로 지독하게 빠져들어 갔다.

2. 황금박쥐가 봉인한 유아기의 기억

3   황금박쥐의 빤쓰와 결핍

> [피노키오를 공포물로 각색한 그림책을 보고 눈살을 찌푸리며] 폭력과 괴물이 난무하는 텔레비전 영상물이 아이들에게 나쁘지 않겠냐고 물었더니, 그녀는 이렇게 답했다. 가까운 심리학자의 토로에 의하면, 평생의 임상 경력을 통틀어서 그런 종류의 영화를 보고 심각하게 피해당한 아동을 결코 본 일이 없지만 단 한 번의 예외가 있었는데, 그 아이는 월트 디즈니의 <백설공주>를 본 충격으로 성격의 중추가 회복 불가능할 정도로 손상되었다는 것이다.
>
> — Umberto Eco (2005). *The Mysterious Flame of Queen Loana*, New York: Harcourt Books, 134. (인용문은 한석훈의 번역).

    40대에 접어들면서부터 어릴 적 살았던 동네를 여러 번 일부러 찾아갔다. 그게 그냥 '중년이 돼서 고향에 대한 향수가 생겼기 때문인가 보다.'라고만 생각했는데, 어쩌면 내 무의식 안의 내 진짜 주인이 나를 그 동네로 가라고 부추겼던 게 아닐까 하는 생각마저 든다. 나에게는 내 인생의 초반기를 기억해내야만 할 절실한 이유가 있는 것이다.
    그 동네는 아직도 1970~80년대의 흔적을 품고 있는 낙후된 지역이다. 지금 내가 사는 서울 외곽의 신도시 아파트촌과는 달리. 수십 년 만에 그곳에 가보니, 시야에 들어오는 거리의 풍경이 내가 어릴 적의 거리 모습과 크게 다르지 않은데다, 거리의 냄새마저 옛날과 비슷했다. 재래시장의 과일가게에 쌓여있는 복숭아 냄새, 노점의 떡볶이, 순대 냄새 같은 것이 그러하다. 그런 감각적 체험이 그저 단순히 어린 시절의 아릿한 느낌을 되살려주는 데 그치지 않고 이런 생각이 들게 해줬다. '그때는 먹고 싶은 게 참 많았었구나.'
    먹고 싶은 게 되게 많았지만, 마음껏 먹지를 못했다. 배를 곯았던 것까진 아니었어도, 기름기를 못 먹어봐서 어쩌다 싸구려 소시지 기름이라도 쪼끔 맛보게 되면 환장을 했고, 과자나 콜라, 아이스크림 같은 건 아주 가끔 맛만 볼 수 있어서 늘 그것들에 대한 갈망을 품고 있었다. 초등학교 초년생 시절 어느 날 밤에 아버지께서 한잔 걸치고 퇴근하시다가 특별히 가게에 들러 콜라, 사이다를 한 병씩 사 와서 안겨주신 적이 있는데, 자다가 벌떡 일어나서 동생과 환호하며 마셔 봤던 기억이 난다. 그 비싼 콜라를 사 왔냐는 어머니의 핀잔은 아버지 몫이었으나, 나는 눈치 보느라 조금만 마시고 나머지는 다음 날을 위해 고이 보관해뒀다.

    먹을 것뿐 아니라 당시 '국민학교' 생활 속에도 결핍에 대한 느낌이 배어있다. 학교에는 부잣집 아이들도 더러 있었지만, 대다수는 가난했다. 우리 집은 경제적으로 중간 수준쯤 됐음에도 물질적으로 결핍이 많다는 것을 마음속으로 느끼고 있었던 것 같다.

    국군 아저씨에게 위문 편지를 쓰고 위문품을 보내는 연례행사가 있었는데, 내 공책은 꼭 사주시던 엄마가 위문품 담배인 신탄진 한 갑 사주는 것은 매우 싫어하셨던 것을 기억한다. 동네 친구 하나는 엄마가 맨날 김치만 반찬으로 싸줬는데 어쩌다 한번 콩자반을 싸주는 바람에, 그걸 같은 반 아이들에게 빼앗길까 봐 밥에다 쫙 뿌려서 혼자 먹었다고 자랑하기도 했다. 학교 준비물, 도시락 반찬, 이런 것들로 서로와 비교하며 의기양양하거나 의기소침한 일이 일상이던 시절이었다. 그렇게 궁핍한 시절에 아이들이 섬긴 영웅이 황금박쥐이다.

    물질적 결핍이 많았기에 TV의 영웅은 황금빛으로 번쩍거려야 했을까? <황금박쥐>에는 실제로 황금빛 박쥐가 등장한다. 당시의 흑백 TV로는 실제 색상을 알 수는 없으나, 아기사슴 밤비의 눈동자를 지닌 이 귀여운 박쥐는 주인공인 해골 황금박쥐의 팔에서 삐져나오는 신비로운 전령과 같은 존재다. 실제 황금색 박쥐가 소환하는 해골 황금박쥐는 초인적 슈퍼 영웅으로 어린이 시청자들에게는 경외의 대상이었고, 어린이들이 자신과 동일시할 수 있었던 그 밖의 등장인물은 정의로운 '우리 편'인 과학탐험대원들이었다. 한 명의 소년을 포함한 이 탐험대가 아틀란티스 대륙의 폐허에서 발견하여 소생시킨 1만 년 전의 슈퍼히어로가 바로 황금박쥐다. 부활한 뒤에도 황금박쥐는 평소에는 밝혀지지 않은 모처에 잠적해 있다가, 주인공 소녀 메리가 위기의 순간에 간절히 기도하면 예의 그 호탕한 웃음소리와 함께 빛의 속도로 나타나서 악당을 물리치고 '우리 편'을 구해준다.

　　텔레비전에 <황금박쥐>가 등장하기 이전인 1960년대 초반에 우리나라에는 장편 탐정소설 <황금박쥐>가 이미 어린이들의 사랑을 받고 있었다. 김성래 작가의 청소년 대상의 일종의 모험 소설인 이 <황금박쥐>를 나도 초등학생 시절인 1970년대에 읽었는데, 꽤 재미는 있었지만, 내용은 별로 기억에 남아있지 않는다. 이 소설에서 황금박쥐는 북한 '괴뢰도당'의 앞잡이인 신출귀몰한 악당이었던 것으로 기억한다. 당시 우리 사회의 반공 교화 분위기 속에서 탄생한 작품이었을 것이다.

　　이 국산 <황금박쥐>에 비해 한국과 일본이 합작해서 제작한 것으로 알려진 TV 만화영화 <황금박쥐>는 동네 꼬마들 사이에서 선풍적인 인기를 끌었다. 아마도 수많은 만화영화 주인공 슈퍼히어로 중에서도 비슷한 예를 찾기 어려울 정도로 황금박쥐가 무소불위, 무적의 막강한 전투력의 소유자였기 때문인지도 모르겠다. 자신의 수십 배 크기의 괴수를 가볍게 집어던지고, 맘대로 하늘을 날아다니며, 무기인 실버 배터를 휘둘러 무엇이든 박살을 내버리는 환상적으로 강력한 영웅은 이제 겨우 초등학생이 된 어린아이들에게는 세상에서 제일 힘센 사람인 아버지를 능가하는 마법의 존재로 비쳤을 것이다.

　　아이들은 이 영웅을 흉내 냄으로써 그에 대한 경의를 표하였다. 기본적으로 망토를 두르고 팬티(처럼 보이기도 하는) 차림인 황금박쥐를 모방하여, 사내 녀석들은 삼각팬티 차림에 보자기 하나를 망토처럼 두르고는 긴 막대기 하나씩 손에 들고 황금박쥐가 날아다니는 흉내를 냈다. 이런 유아적 행동을 하던 '나'가 지금 환갑이 된 나와 동일한 개체라는 것을 명료하게 의식하면서도, 판이한 두 가지의 '나' 사이에서 어떠한 괴리감도 느끼지 않는다는 것이 신기하다. 그때의 내가 지금의 나와 동일한 인격체라는 것은, 아무리 어렸을 적의 '나'도 지금의 나 안에 여전히 남아있다는 말과 다르지 않다.

　　그런데 이런 영웅이 해골바가지여야 한다는 것이 참으로 괴이하다. 그나마 황금 해골이라 고귀하게 보일지 몰라도. 상식적으로 수긍이 잘 가지 않는 이런 주인공 인물 설정에 대하여 정신분석학적 비평도 제기되었다. 나의 심리학자 친구가 책에서 읽었다며 들려준 내용인데, 해골 영웅은 그 시대의 정서적 황폐와 아버지의 부재 현상을 반영하고 있다고 볼 수 있다는 것이다. 하긴, 해골은 시체이니 마음이 있을 리 없고, 해골은 안이 텅 비어 공허하니 실체가 존재하는 것 같지도 않으니. 사실, 당시는 참 먹고 살기 힘든 시절이었으니까 정서적 결핍도 심했겠지. 또, 워낙 가부장적이던 가족문화 속에서 친근한 '아빠' 같은 존재는 찾기 어려웠을 테고, 또 아빠들은 가족 부양하느라 밖으로만 나돌았기에 아빠는 괴물처럼 낯설고 어려운 존재였다.

혹시 이런 아빠의 상(像)에 대한 아이들 내면의 양면적 감정은 곁에 있는 듯, 없는 듯, 가까운 듯, 먼 듯한 아빠에서 기인한 것일까. 서울 주택가의 아이들이 <황금박쥐> 주제가를 개사하여 부르던 노래가 있었는데, 노래는 엉뚱하게도 영웅을 조롱 조로 비웃고 있었다. 개사한 버전인 다음과 같은 노랫말이 당시에 꽤 널리 퍼져있었다는 것을 인터넷 곳곳에서 확인할 수 있었다.

> 어디, 어디, 어디에서 오느냐, 황금박쥐.
> 빛나는 대머리에 빤쓰 하나 걸치고, 무엇이 잘났다고 껄껄대느냐.
> 우주의 괴물을 전멸시켰냐.
> 아니, 아니, 매만 맞고 돌아왔다, 황금박쥐.
> 박쥐만이 알고 있다.

심리학자 친구가 빌려준 흥미로운 책에서는 저자가 이 버전의 노래를 '대머리박쥐가'로 명명하며 다음과 같이 분석한다.

> ['대머리박쥐'라는] 제목부터가 황금박쥐를 격하시킴으로써 불안을 해소하고 시청자 자신을 우월한 위치로 격상시키려는 필사적인 노력을 실행시킨다. "빛나는 해골은 정의의 용사다."가 "빛나는 대머리에 빤쓰 하나 걸치고"로 바뀐 대목에서 이러한 노력은 유난히 빛난다. [중략]

"빤쓰 하나 걸치고"라고 바뀐 부분에 이르러서는 웃음의 작업이 더욱 통렬하면서도 미묘해진다. 웃음의 기폭제는 '팬티'도 아닌 '빤쓰'로 작렬한다. 같은 파열음으로 시작하면서도 '빤쓰'는 '팬티'가 우아하게 보존하고자 하는 은밀한 사적 공간의 섬려함을 긴장된 소리(즉 경음)로 오염시켜 버린다. '팬티'가 숙명적인 언어의 필터로 한 번 왜곡되어 그 풋풋함을 잃고 구겨져 버리면 '빤쓰'가 된다. 'ㅍ'과 'ㅌ'의 귀한 듯 이국적인 사뿐함을 '빵꾸'나 '뻔데기' 따위에나 속해 있을 된소리의 뻣뻣한 어감이 뻔뻔하게 능욕해 버렸다.[7]

철없는 동네 꼬마 녀석들은 영웅을 능욕하며 낄낄거리고 재미있어했겠지만, 나는 이런 영웅능욕에 대하여 은밀하게 마음속에서 깊은 당혹감을 느끼고 있었다. 어찌 우리의 구세주 영웅을 모욕할 수 있다는 말인가! 한편으로는 이렇게 생각하면서도, 언제부터인가 만화나 영화에서 '우리 편'인 영웅이 악당에게 압도당하는 굴욕을 겪는 장면에 끌리는 나 자신을 발견하게 되었다. 대체 이건 또 무슨 감정이란 말인가? 어찌 나는 영웅의 패배와 고통을 보면 가슴이 아프면서도, 은밀히 실눈을 떠서 그 장면을 보고 싶어 하는 거지? 혹시 나는 그런 장면을 즐기는 건 아닌가? 나 자신의 양가적 심정에 대한 형언할 수 없는 이 당혹감은 장차 여러 해가 지난 뒤에 강렬한 충동으로 되살아나서 나를 엄습하게 될 것임을 이때에는 당연히 꿈도 꾸지 못했다. 이 이야기는 뒤에 사춘기의 수렁에 대한 회고에서 되짚어보려 한다.

이런 나의 상황과는 별개로 1970년대 초반 물질적으로 궁핍한 상황 속에서 일반적으로 볼 때, 어린아이의 눈에는 엄청나게 힘이 세 보이는 아빠는 그 때문에 아이의 존경을 받지만, 대개는 가족에게 물질을 충분히 제공해주지도 못하고, 함께 놀아줄 시간도 없는 존재였다. 이 시대 아이들의 영웅 황금박쥐는 금칠은 했으되, 헐벗은 해골에 불과했다. 아이들의 의식 저 아래 도사리고 있던 세상과 아빠에 대한 양가감정이 '대머리박쥐'의 불경스러운 가사를 탄생시킨 것은 아니었을까 하는 추측이 든다. 대머리박쥐처럼 아빠도 세상과의 싸움에서 이기고 돌아온 것이 아니라 '쥐꼬리만 한' 월급봉투만 겨우 받아온 것이다. 아버지는 더는 과거 농경사회의 가부장적 권위를 보유하지

---

7 서현석 (2009). **괴물-아버지-프로이트: 황금박쥐 | 요괴인간**. 서울: 한나래. 황금박쥐 편, 116, 117. 예리한 저자는 실은 황금박쥐는 '빤쓰'를 입고 있지 않았다는 점을 밝혀낸다. 즉, 적나라하게 하체가 나신으로 드러나 있으나 황금박쥐는 해골이므로 당연히 성기는 존재하지 않고, 이는 남성성의 거세를 상징한다고 볼 수 있다는 것.

못하게 되었다.

    나도 '대머리박쥐'를 열창하며 놀았던 것을 명료하게 기억하고 있으나, 평론가의 분석처럼 그 시절에 내가 아버지에 대해 양가감정을 품고 있었는지는 기억해낼 도리가 없다. 그러나 아빠가 나와 놀아주기를 줄기차게 바랐던 것은 기억이 난다. 하지만 아빠는 놀아줄 시간도, 의욕도 없는 것 같았고, 그래서 나는 풀이 죽어 있었다. 그렇다 하여도, 때때로 저녁상에 국도 찌개도 없이 김치와 멸치만을 반찬 삼아 밥을 먹어야 하는 것에 대하여 아빠를 원망하는 마음이 든 기억은 나지 않는다. 이웃의 어떤 아이는 맨밥에 간장만 찍어 먹었다는 얘기를 한 적도 있었다. 이게 1970년대의 소위 중산층의 생활수준이었다. 궁핍은 그냥 당연했었다. 내게는 2020년대 한국의 물질적 풍요가 경이이다. 나는 먹고살 만하게 된 지금도 밥풀 한 알을 함부로 버리지 못하고, 자식들은 스타벅스에 가서 라떼를 즐겨도 나는 2천 원짜리 저가 아메리카노 한 잔도 웬만해서는 사 마시지 못한다.

    끼니를 거의 걸러보지도 않고 1960년대에 자란 나도 궁핍을 회상할 수 있을 정도니, 1950년대에 자랐던 내 선배 세대의 결핍에 대한 기억에는 거의 한이 맺혀있을 것이라 짐작한다. 보릿고개 넘기며 피골이 상접하고, '추잉검'을 몇 시간씩 씹다가 벽에 붙여놓고 나중에 또 씹으셨던 나의 부모 세대도 다를 것 없었을 테고. 한(恨)은 강력한 감정 덩어리이며, 마음속 깊은 곳에 응어리진 이 덩어리는 차츰 자율성을 갖고 제멋대로 굴며 자아를 휘두른다. 이 덩어리를 카를 구스타프 융의 분석심리학에서는 콤플렉스라고 부른다. 거의 보편적인 궁핍과 가난 속에서 자라야 했던 1940~50년대 생 한국인들에게는 궁핍 콤플렉스가 도사리고 있을 터, 이 콤플렉스는 경제적 생존의 물꼬를 터준 권력자에게 열렬하게 반응하였으니, 현재의 노년층 다수가 미국과 군부 독재자들에게 바친 감정적 헌신은 엔간해서는 흔들릴 수 없으리라 예상한다.

    이러한 70대 이상의 노년층에 비하면, 밥은 먹고 지내며 한결 나은 생활을 영위했던 나와 같은 베이비 붐 세대의 중·장년층은 한 맺힘이 덜하여 궁핍 콤플렉스도 상대적으로 약했을 것이다. 따라서 콤플렉스에 사로잡히고 휘둘리는 정도도 상대적으로 약했기 때문에, 정신 에너지에도 여유가 생겨서 감히 황금박쥐와 같은 결핍/해골 상을 데려다 놓고 조롱하는

3. 황금박쥐의 빤쓰와 결핍   35

놀이를 할 수 있었는지도 모르겠다. 감히 무의식적 아버지상이 투영된 영웅을 손가락질함으로써 기존의 사회적 위계에 고개 숙이기를 거부할 내면의 힘이 생긴 것일까? 밥이 준 여유 속에서 '체제'가 아니라 사람이 주인이라는 민주 의식도 조금씩 싹트지 않았을까?

    이는 물론 대학물을 먹은 인구가 점증했다는 사실과 관련 있을지도 모르지만, 베이비 붐 세대 이후의 한국인들은 '나라님'에 대한 충성과 맹종 따위는 구시대의 폐습으로 여기기 시작했다. 전근대적 '백성'이 '시민'으로 성숙하기 위해서는 왕을 때려잡는 혁명이 요청된 것처럼, 어린아이가 어른으로 성숙하기 위해서는 감히 부모와 한 번 충돌하여 부모의 뜻을 꺾고 부모를 이기는 불효가 요청된다는 정신의학자들의 이야기가 떠오른다.

4   요괴인간과 엄격한 엄마

> 인간의 주된 목적은 먹고, 마시는 것 등이 아니라 사람이 되는 것이다.
> — 마리 루이제 폰 프란츠 in 카를 구스타프 융 편, 이부영 외 옮김 (2008).
> **인간과 무의식의 상징**. 집문당, 211.

　내가 어렸던 시절은 결핍이 상례였는데 오늘날은 과잉이 일반이다. <황금박쥐>를 위시한 TV 만화영화와 만화책에 심하게 탐닉했던 것은 감상할 시청각 콘텐츠가 희귀했기 때문이기도 할 텐데, 오늘날 아이 키우는 보통 가정은 작은 도서관을 방불케 할 정도의 아동용 장서를 전시하고 있고, 세상에는 디지털 미디어가 넘쳐난다. 결핍의 시절에는 손에 쥘 수 있는 것은 죄다 너무도 소중했는데, 과잉의 시절에는 가치 있는 것이 별로 없다. 1970년대에는 작은 선물에 행복할 수 있었던 데 비해 요즈음은 수십만 원 하는 고가의 선물도 어떤 아이에게는 별 감흥을 못 불러일으키는 것 같다. 나는 초등학생 시절에 크리스마스 선물로 10색 사인펜 세트를 받았을 때 신세계가 펼쳐지는 것처럼 기뻤던 그 감정을 아직도 떠올릴 수 있다. 그래서 배고팠던 시절이 더 행복했었다고 추억하는 이들이 많은 것일지도 모른다. 이런 주관적 회고가 실상을 정확히 반영하는지는 차치하고라도, 왜냐면 심리학자들에 따르면 사람은 나쁜 기억은 망각하고 좋은 기억을 주로 챙겨서 부정확한 과거의 상을 품기 마련이라고 하므로.

　비록 오늘의 한국 사회의 부의 수준과는 비할 수 없으나 1970년대 초반에 텔레비전을 갖고 있었던 우리 집은 당대의 중산층이라 할 만했으니, 나는 어린 시절의 결핍에 대해 구시렁거릴 자격이 없다. 게다가 오늘날에는 대부호 정도나 돼야 누릴 수 있을 법한 서비스를 1970년대 중산층 주제에 누렸으니, 바로 '식모' 누나의 가사 돌봄 서비스가 그것이다. 식모 누나 이야기를 끄집어내는 것은 나로서는 감정적으로 힘겨운 작업임을 고백한다.

　1970년대는 우리나라가 세계 역사상 기록적인 초고속 경제성장을 이룩한 시절로, 전통적 농경사회에서 산업사회로 급변하는 과정에서 도시 공장 노동자에 대한 수요가 폭증했으니, 산아제한이 이루어지지 않아 대가족 부양에 허덕이고 있던 농촌의 빈곤층 인구가 일거리를 찾아 대거 도시로 유입됐다. 이들 중 많은 청소년이 서울 구로동 등의 공단에 취직했고, 또 적지 않은 이들이 먼 친척 등의 소개를 통해 도시 중산층 가정의 가사 돌보미로 취업하여 숙식을 해결하며 낮은 급여를 받고 일했다. 도시인들은 전자를 '공돌이, 공순이'라 불렀고, 후자를 '식모'라 불렀다.[8]

　우리집도 몇 명의 식모 누나들이 거쳐 갔다. 기업체 '월급쟁이'였던 아버지의 수입이 대단치 않았음에도 어머니의 건강 때문에 무리를 해서 가사 도움 서비스를 이용했다. 식모 누나는 한집에서 함께 먹고 잤으니 실질적인 한 식구였다. 그러나 가족은 아니었다. 이러한 이율배반적인 동거인 관계 설정은, 특히 부잣집의 대저택이 아니라 방 두 개에 부엌방 하나 딸린 비좁은 서민 주택 환경에서는 결코 단순한 일이 아니었을 것이다. 나와 동생은 식모 누나와 자연스레 친해졌지만, 누나는 어머니의 명령에 절대복종해야 했고, 친자식인 우리에게도 엄격하고 무서웠던 어머니는 식모 누나에게는 한층 더 무서운 존재였을 것이다. 특히 모든 인간관계를 서열화하여 이해해서, '세상에서 제일 높은 사람이 누구야?'라는 질문을 툭하면 던졌던 당시 아동들에게 식모는 서열의 어디에 속하는 인물인지 규정하기 애매했다. 식모 누나는 분명히 어른처럼 신체가 커서 아이가 막 대할 수는 없지만, 어머니를 포함한 집안 어른들은 아이들보다 식모 누나를 특별히 높은 서열의 존재로 취급하는 것으로 보이지 않았기 때문이다. 우리집처럼 식모 누나와 동거하고 있던 주변의 다른 아이들은 제집의 식모 누나에 대해 함부로 말했다. 아마 나도 그랬을 것이다.

　현재 나는 자식을 둘 두었는데, 큰애는 아들, 작은 애는 딸이다. 이십 대 후반의 직장인인 딸이 내게는 아이처럼 보인다. 돌이켜보면 내 딸보다 십 년은 더 어린 십 대 후반의 소녀가 식모 누나였다. 반세기 전 함께 생활했던 식모 누나의 얼굴을 떠올려본다. 분명히 지금의 내 딸보다 훨씬 어린 앳된 얼굴이다.

8　1970년대 도시의 일반 가정에서 가사 돌보미로 젊은 여성을 고용하는 경우는 다양한 대중매체에서도 종종 엿보인다. 예컨대 소년중앙 1972년 1월호에 실린 길창덕 작 <만복이>에는 고교 교사의 집에 "밥하는 언니"가 등장한다. 1975년 MBC에서 방영한 연속극 <억순이>에서는 고 김자옥 배우가 상경한 '식모' 언니 역을 맡았다.

내 딸이 고등학생이었을 시절에 남의 집에 가사도우미로 들어가 살라고 보낸다는 상상을 해본다. 상상을 할 수도 없다. 지금은 상상도 할 수 없는 일을 1970년대의 궁핍한 농촌 사람들은 하지 않을 수 없었다. 어린 딸자식을 험한 서울의 생면부지 집안에 식모로 보내는 부모의 심경을 상상해본다. 잘되지 않는다. 일부러 더 상상해본다.

　대학교 3학년이던 내 딸이 해외로 교환학생으로 나갈 때 넉넉지 않은 살림에도 신용카드와 현찰을 두둑이 챙겨주고 좀 더 나은 숙박시설을 찾아주려 노심초사했던 내가, 오십 년 전 입에 풀칠하기도 힘들 정도로 찢어지게 가난한 농촌의 아비가 타지로 딸을 보내는 심정을 과연 상상할 수가 있는가? 아니, 상상해도 되는가?

　식모 누나와 텔레비전도 함께 많이 봤던 것 같다. 그러나 내가 눈을 빼고 기다리다가 봐야 했던 저녁 무렵의 어린이 만화 프로는 아마도 함께 본 일이 거의 없었을 것이다. 식사 준비할 시간대였으니까. 어쩌다 어머니께서 병원에 입원하셨을 때 식모 누나와 TV를 보면서 함께 저녁밥을 먹었던 일이 몇 번 있었는데(물론 평소에 어머니가 계실 때에 나는 감히 밥 먹으며 TV를 본다는 것은 상상할 수 없었지만) 그럴 때 <요괴인간>을 함께 본 일이 있었던 것 같다.⁹ <황금박쥐>와 거의 동시대에 등장한 또 다른 한·일 합작품인 이 만화영화 역시 아동 시청자 사이에서 큰 인기를 불러 모았다.

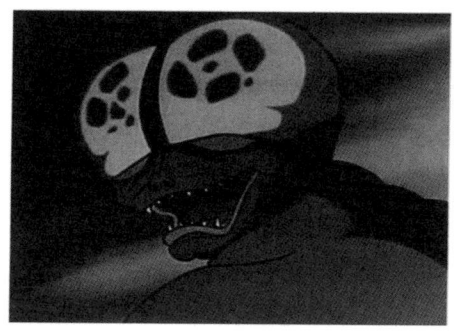

[그림4-1. 요괴인간]
다음의 유튜브 동영상 화면 캡쳐
https://www.youtube.com/watch?v=hPod1HighcE

9　일본의 원작 제목은 '요괴인간 벰 妖怪人間ベム.'

4. 요괴인간과 엄격한 엄마　　　　　　　　　　　　　　　　　　　39

<황금박쥐>의 오프닝이 상서롭지 않은 분위기를 띠고 있는 것에 비해 <요괴인간>은 음산한 기운으로 가득 찬 시·공간에서 매회 에피소드를 시작한다. 과학자의 실험실에서 우연한 조화로 탄생하게 된 세 명의 요괴인간 벰, 베라, 베로는 평상시에 각각 성인 남성, 성인 여성, 소년의 겉모습을 지녔는데, 이들이 전투 시에 요괴로 변신한 모습은 기괴하고도 기묘하다. 이들 셋은 인간 세상을 방랑하면서 온갖 요괴나 귀신을 퇴치하며 인간을 돕는데, 이들이 일관되게 표방하는 간절한 소망이 수상쩍은 음조를 띤 주제곡 안에 담겨있다.

　　어둠에 숨어서 사는
　　우리들은 요괴인간들이다.
　　숨어서 살아가는 요괴인간
　　사람도 짐승도 아니다.
　　빨리 사람이 되고 싶다!
　　어두운 운명을 차버리고
　　벰, 베라, 베로!
　　요괴인간

　　이들은 간절하게 사람이 되고 싶어 했다. 특히, 한날, 한시에 태어난 것 같음에도 불구하고 상대적으로 훨씬 어려 보이는 베로는 더더욱 제 또래인 인간의 아이들을 동경했다. 과연 사람이 된다는 것이 왜 그다지도 중요할까? 어린 나에게는 이해하기 힘든 소망이었다. 세월이 흐른 뒤에도 역시 이 소망은 이해하기 쉬운 소망이 아닌 것 같다. 그저 보통 인간들처럼 인간의 무리에 속해서 살고 싶다는 것일까? 어쩌면 세상이 온전한 '사람'으로 인정해주지 않는 요괴인간들은 우리 사회에서 동등한 인간으로서 인정을 받지 못하고 소외된 다양한 인간들을 대변하는지도 모르겠다. 지금도 잘 둘러보면 그런 사람들이 적지 않다. 일례로 동성애자에게 동등한 인권을 인정해줄 수 없다는 글을 한 인터넷 게시판에서 발견했는데 다음과 같다.

차별금지법 필요합니다. 그런데 인간 세상에 신의 섭리를 부정하는 요괴를 인간으로 간주하는 건 차별이 아니고 당연한데 일부 어리석은 인간들이 요괴의 목소리에 현혹되어 요괴를 인간으로 인정하려고 하는 것은 잘못된 생각입니다. 요괴를 인간으로 인정하는 것은 반대합니다.[10]

이 글을 쓴 사람에게 동성애자는 요괴인간과 다를 것 없는 부류로 인식되는 것 같다. 지금 나는 새삼스레 성적 지향의 다양성을 인정하자는 주장을 하려는 것이 아니라, 예로부터 인간 사회는 다수 대중과는 다른 점이 있는 여러 부류의 소수자들을 인간 이하로 취급해왔고, 혹시 <요괴인간>이라는 작품이 그런 우리의 습성에 대하여 비판적 의문을 제기하고 있는 건 아닐까 하는 추측을 끄집어낸 것이다.

그게 아니라면, 사람이 된다는 건 가장 인간다운 인간으로, 참사람으로 '레벨 업'하고 싶다는 것일까? 요괴인간들이 그들의 여정에서 만나는 사람 중에는 사람됨, 즉 인간성이 형편없는 악인들도 꽤 많은데, 그런 악인과 같은 인간이 되고 싶어 했을 리는 없을 것 같다. 그런 악인들보다는 훨씬 나은 사람이 되고 싶었던 것이 아닐까? 실은, '사람이 되고 싶다.'라는 의미는 내 이야기의 종착점까지 쭉 숙고하며 풀어나갈 주제이다.

그건 그렇다 치고, 요괴인간 형제들을 살펴보자. 개구쟁이 소년 베로는 손가락이 세 개라는 점 이외에는 시청자인 아동들이 동일시할 수 있는 주인공이었으나, 맏형 벰은 근엄하면서도 지나치게 과묵하고, 거기에 눈동자가 없는 날카로운 눈매를 지녀서 전투 시에 괴물로 변신할 필요도 없이 이미 무서운 외양이고, 누나 베라 역시 귀신처럼 찢어진 눈매에 호전적인 태도를 가진 엄청 '쎈언니'로, 웬만해서는 가까이할 수 없을 것 같은 인물로 보인다. 이들이 적들과 싸우기 위해 전투형으로 변신하면, 아예 더는 인간이라 할 수 없는 파충류나 갑각류 요괴의 형상이 돼버린다. 이러한 특수한 개체 3인의 이야기가 어떤 연유로 당시 아이들의 마음을 사로잡았던 것일까? 물론 이들은 사람을 살리는 '정의로운' 용사들이다. 그런 고귀한 가치의 수호자가 왜 이런 기괴한 모습을 하고 있어야 하는가? 해골 황금박쥐처럼 말이다.

이 어려운 의문에 대한 답은 좀처럼 떠오르지 않았지만, 마음속에서

---

10 프레시안, 2022.3.1

이런 목소리가 또 불쑥 솟아올랐다.
'무서운 베라가 무서운 엄마 같다.'

나의 부모님은 '엄부자모'가 아니라 '엄모자부'라 할 수 있다. 아빠는 자주 보지 못했지만, 바로 그 때문에 함께 있을 때 물질적으로나마 자식들에게 더 베풀어주려 하셨던 것 같은데, 엄마는 대개 집에서 함께 계셨지만 늘 엄하고 무섭게 자식들을 관리하셨다. 엄마의 자애로운 손길에 대한 기억이 거의 없고, 거의 모든 기억은 엄격한 지시와 무서운 꾸중에 관한 것들이다. 엄마가 외출하셨을 때는 식모 누나와 낄낄대며 장난도 치고 놀았지만, 엄마가 집에 계실 때에는 식모 누나는 주눅이 들어있었고, 나와 자연스레 장난을 치지도 못했다.

어느 날 누나가 큰 실수를 했다. 엄마가 외출하셨을 때 동네 만화 가게에 가서 만화책을 잔뜩 빌려와서 자기만 보지 않고 나와 동생에게도 보여준 것이다. 만화 가게 출입은커녕 돈을 쓸 수 있는 권한도 아직 없는 땅꼬마였던 우리는 누나가 가져온 만화책에 눈이 뒤집혀서 폭 빠져들었고, 그런 우리 모습이 외출하고 돌아오신 엄마의 눈에 띄었다. 그런 '불량'하고 '지저분한' 걸 봤다고 나와 동생은 혼이 났고, 식모 누나는 따로 뒤꼍으로 불려 나가 엄마에게 더 혼이 났던 것 같다. 나중에 저녁밥을 할 때 보니 누나의 눈두덩이가 부어오른 게, 운 티가 완연했다.

몇 해 전인가 인터넷 서핑 중에 불우 청소년을 위한 자선단체의 광고가 눈에 들어왔는데, 모델 역의 십 대 소녀가 오십여 년 전의 식모 누나 모습과 비슷했다. 어두운 표정이 특히 비슷했다. 컴퓨터 모니터 속 소녀의 그 표정을 보니 속이 아주 불편했다.

한 번은 식모 누나가 엄마의 허락을 받고 외출했다가, 엄마와의 약속을 어긴 채 하룻밤 외박을 하고 다음 날 아침에 집에 돌아왔다. 엄마는 그날로 누나를 쫓아냈다.

나는 무서운 베라가 엄마 같다고 느꼈다.

[그림4-2. 요괴인간 베라]
다음의 유튜브 동영상 화면 캡쳐
https://www.youtube.com/watch?v=GGlMfpzlxQE&list=
PLQxvQVr_D6rhVKhljt_oeLdNVMnX8x3BQ&index=4

5   요괴인간의 끔찍한 변신

> 결국엔 '인간'이 바로 '괴물'이다. 그 어떤 동물의 관점에서 보더라도, 인간은 자연계에서 가장 끔찍한 약탈자일 수밖에 없다. 지구의 역사에서 가장 흉악한 대대적 파괴를 이룬 흉험한 포식자다. 내면에 억압된 타자를 감추고 스스로 인지하지 못하는, 가면 쓴 흉물이다. 자신이 창조한 선과 악, 미와 추의 가치관에 의해 스스로 격하되는 이상한 동물이다.
> — 서현석 (2009). 괴물-아버지-프로이트: 황금박쥐 | 요괴인간.
>   한나래. 요괴인간 편, 155.

   한 식구처럼 한집에서 지내던 식모 누나를 단번에 쫓아낸 엄마. 울면서 집 꾸러미를 끌어안고 집 문을 나서던 누나의 모습이 어렴풋이 기억난다. 그때는 엄마가 무서워서 아무 말도 못 하고 그런 모습을 바라만 봤지만, 나중에 세월이 흐른 뒤, 한식구처럼 지내던 누나와 작별 인사할 기회도 안 준 엄마에게 화가 났다. 그러나 이 또한 밖으로 표현한 적이 없다. 표현하지 못한 그 화는 내 안에서 누나에 대한 죄책감이 되어 쌓여갔다.
   이제 딸자식을 키우며 그 시절을 회상해보면, 십 대 후반에 불과했던 누나는 타지인 서울에서 어디로 가서 그날 밤을 지낼 수 있었을지, 상상하기가 괴롭다. 내 딸이 교환학생 갔을 때 목적지 공항에 도착하는 시간이 밤 10시가 넘어간다는 것을 알고는 비용이 가볍지 않은 공항 호텔에 방을 예약해줬다. 딸이 타국에서 어두운 밤길을 헤매게 될 것이라는 상상을 견딜 수가 없었기 때문이다. 오십 년 전에 식모 누나는 타지인 서울에서 어디로 갔을까? 어머니의 만행은 나의 죄책감으로 남게 됐다. 오십 년이 지나서도 그때를 회상하면 가슴 속에 눈물이 흐른다.
   되레 오십 년 전에는 이 사건의 의미에 대해 곱씹어볼 수가 없었다. 그저 하나의 충격으로 기억에 남았을 뿐이다. 식구와 단박에 영영 이별하게 될 수도 있다는 엄청난 충격은 그때 의당 느꼈어야 할 이별의 감정을 전혀 느끼지도 못할 만큼 나의 자아를 얼어붙게 하여 무감각하게 만들어버린 것 같고, 그래서 인간으로서 느꼈어야 할, 그러나 느끼지 못한 그 감정은 나의 무의식에 고스란히 남아있게 된 것 같다. 어쩌면 이 때문에 나는 지금도 버림받은 청소년을 보면 가슴이 매우 아프고 눈시울이 뜨거워지는지도 모른다. 그래서 무리를 해서라도 불우한 청소년을 위한 자선단체에 기부금을 보내는지도 모른다. 융의 분석심리학적으로 말하자면, 어머니가 식모 누나를 쫓아낸 뒤에 내 안에 '버림받은 아이 콤플렉스'가 더 크게 자라났다고 할 수 있을 것 같다. 세 살 때 부모 품에서 떨어져 외갓집에 갔을 때 싹터서 자라나기 시작한 그 콤플렉스가.

    심리학자이자 철학에도 조예가 깊은 이수헌은 초등학교 동창으로, 졸업 후 한 번도 보지 못하다가 중년이 돼서 재회했다. 그는 교육심리학을 연구하고 대학 등에서 강의하는 교육자인데, 나와 서로 말이 통하는 것이 많아 늘그막에 가깝게 지내고 있다. 특히 유년기의 만화에 관한 관심을 공유하고 있어, 나와 함께 인터넷에서 '20세기 만화 카페'를 운영하고 있으며, 전술한 <황금박쥐>에 대한 비평서를 내게 빌려주기도 했다. 일전 만남에서 나의 식모 누나를 향한 죄책감에 대한 토로를 들은 후, 그는 이렇게 말했다.
    "네가 일종의 심리적 투사를 식모 누나한테 한 건 이해가 돼, 왜냐면 너 안에 '버려진 아이' 콤플렉스가 자리 잡고 있던 것 같으니까. 그런데 투사라는 건 네 마음의 한 조각을 다른 대상 안에다 집어넣은 것이거든. 따라서 그 대상을 순수하게 위해주는 인간적인 깊은 연민감이라기보다는, 그저 너 자신을 스스로 불쌍히 여기는 자조적 감상주의에 지나지 않을 수 있어."
    '투사'라는 말에는 수긍하지만, 감상주의가 별 가치도 없는 것처럼 말한 게 마음에 안 들었다. 타인의 예민한 감수성을 보고 감상주의적이라고 폄훼하는 자들은 대개 비인간적이고 인정머리가 없는 자들이다. 그에 비해, 어리석을지는 몰라도 감상에 젖는 이들은 정이 많고 이타적이다.
    하지만 수헌은 철학을 공부했던 습성이 몸에 배서 원래 그렇게 논리적으로 딱딱하게 말하는 친구이고, 나를 결코 막 대하지는 않으므로 그때의 불쾌감을 마음에 담아 두지는 않았다. 그는 내게 빌려줬던 <황금박쥐> 비평서에 적힌 다음과 같은 말을 친절하게 소환해주기도 했다.

> 요괴인간이 요괴로 변했을 때의 끔찍함은 억압된 것의 절실함에 대한 방증이다.[11]

그래, "끔찍함"이 바로 정확한 수식어다! 변신한 벰, 베라, 베로는 끔찍하다! 요괴로 변신한 3인의 눈은 동공이 없고 무감정해 보인다.[12] 입은 야수처럼 공격적으로 찢어졌지만, 눈은 부처의 평정심처럼 무심해 보이고, 그것이 더욱 이 요괴들을 무정하고 비정한 존재로 보이게 만든다. 이 비정한 괴물의 입이 쫙 벌어지고 이빨이 드러나는 모습은 끔찍하다. 셋 중에서도 베라는 여성적 머리카락이 그대로 유지되어 더더욱 기괴한 요물처럼 보이고, 그녀의 머리카락은 마치 시간이 천천히 흐르는 다른 차원으로 들어간 것처럼, 메두사의 뱀 대가리 머리카락이 꿈틀대듯 천천히 꿈틀거린다. 끔찍한 지옥에서는 시간도 천천히 흐른다.

<요괴인간>은 일요일 밤에 방영했던 것으로 기억하는데, 그 시간대는 대체로 부모님, 특히 다음날 다시 출근하셔야 하는 아빠가 원하시는 TV 프로그램을 봐야 하는 순간이었지만, 나의 간청 때문에 할 수 없이 나와 여동생이 <요괴인간>을 시청하는 것을 부모님께서 지켜보시게 되었다. 몇 차례 곁에서 우리를 지켜보신 뒤에 아버지는 나의 겁 많음을 <요괴인간> 탓으로 돌리셨다. "네가 밤에 어두컴컴한 마당이 무섭다고 나가지도 못하는 게, 저 시시껄렁한 만화 따위를 봐서 그런 거야!"

그랬다. 나는 초등학교 2학년 무렵에 알 수 없는 연유로 전과 달리 두려움이 많아져서 깜깜한 밤길을 무서워하게 됐다.[13] 그러나 나에게 <요괴인간>은 엄청나게 재미난 오락거리였을 뿐, 무서운 귀신과 흉측한

---

11 서현석, 앞의 책 – 요괴인간 편, 156.
12 셋 중에서 베로만 괴물로 변신했을 때 눈동자가 있을 때도 있고, 없을 때도 있었던 것 같다.
13 유년기에 아이가 비합리적으로 어둠을 두려워하게 되는 것과 인간의 유구한 진화 과정에서 어둠 속에 숨은 맹수를 두려워했던 것이 관련이 있다는 심리학자들의 주장이 있다.

괴물이 등장하는 장면을 봐도 조금도 무섭다고 느끼지 않았기에, 아버지의 <요괴인간> 탓이 매우 부당하게 느껴졌다. 그러나 이에 제대로 항변하지도 못했다. 그저, '난 <요괴인간>이 하나도 안 무서운데….'라고 뇌까리고만 있었다.

그건 그렇고, 착하고 정의로운 우리 편인 요괴인간은 왜 끔찍한 괴물이어야 하나? 게다가 이상한 건 그런 괴물의 모습을 보는 게 싫지 않았다는 점, 아니, 자꾸 더 보게 됐었다는 점이다. 그러니까 이렇게 말해도 되겠다. '끔찍한 괴물이 매력적이다.' 마치 해골바가지가 멋져 보였던 것처럼. 나의 이런 감상을 듣고 난 수헌은 아동심리를 이해하는 데 도움이 되는 유용한 이야기를 들려줬다.

"20세기 중반에 미국 시카고대학에서 활동한 오스트리아 출신 아동심리 치유전문가 브루노 베텔하임이란 사람이 있는데, 프로이트주의자인 이 사람의 주장에 따르면 아이들 안에는 어른들에게 짓눌린 분노, 화 같은 게 억압돼있다는 거야.[14] 말하자면 엄마나 아빠에 대한 복수심 같은 게 억눌려 있을 수 있는데, 물론, 이건 무의식에 억압된 거라 당사자인 아이는 전혀 의식하지 못하지. 그러나 아이들은 옛날이야기를 들으며 나쁜 놈(성인)이 잔인하게 벌을 받는 장면에서 자신들의 억압된 복수심과 화가 해소되는 감정적 경험을 하고, 그래서 무의식적으로 스트레스를 해소하게 된다는 거야. 예를 들어 <해님, 달님> 설화에서 마지막에 나쁜 호랑이는 똥구멍에 수숫대가 꽂혀서 죽고, <신데렐라> 원본에서는 마지막에 계모와 의붓언니들이 끔찍하고도 잔인한 형벌을 받는데, 이런 이야기를 들으며 아이들은 무의식에 쌓여있는 부모와 성인들에 대한 악감정을 해소해버릴 수 있다는 말이지.

나도 베텔하임의 이런 주장이 타당성이 있다고 보는 게, 미국의 아이들이 수십 년 동안 가장 좋아했던 그림책이 <괴물들이 사는 나라(Where the Wild Things Are)>라는 책이고, 이것과 성향이 비슷한 인기 있는 책들이 여럿 있는데, 이 책들이 아이들에게 선사해주는 기회가 바로 화를 터뜨리고 분출할 수 있는 상상의 경험이거든. 그리고 요즘 아이들까지 엄청나게 좋아하는 유년기에 관한 고전 영화가 뭔지 알아? 바로 <나 홀로 집에(Home Alone)>라고. 요새 아이들마저 수십 년 전의 그 오래된 영화에서 꼬마 주인공이 어른들을 그야말로 잔인무도하게 폭력적으로 응징하는 걸 보고

---

14 Bruno Bettelheim. 베텔하임은 경력 전반과 가정생활 및 죽음에 이르기까지 세상의 의혹 어린 시선의 대상이 되었던 독특한 인물로, 사후에 그의 사상과 치료 방법에 대한 비판이 상존한다. 그러나 찬사와 변론 역시 만만치 않다.

열광한다니까. 이건 몇몇 사이코 아이에 관한 얘기가 아니라, 보편적인 아동들에 관해서 하는 말이야. 애들은 무의식적으로 어른들에게 복수하고 싶은 거지.

비슷한 맥락에서 네가 요괴인간의 끔찍한 모습에 매력을 느꼈던 건, 꼬마인 너의 무의식에 괴물과도 같은 분노와 복수심이 억압돼있었고, 그런 어두운 감정을 닮은 끔찍한 모습의 괴물로 변신한 베로가 적을 쳐부수는 모습을 보면서 억압된 분노가 해소되는 경험을 무의식적으로 했기 때문은 아닐까 싶네."

그래, 내가 끔찍한 요괴인간을 끔찍하게 좋아했던 건 내 안에 무서운 엄마에 대한 절실한 반감과 분노가 짓눌려있었기 때문이었는지도 모르겠다. 나이를 먹고 어른이 되어 더는 어머니에 대한 억압된 분노의 자취를 감지하기 어렵게 된 이후로는 폭력적인 영상 따위로 감정을 해소할 필요도 느끼지 못하게 된 것 같다. 그러나 베라처럼 무서웠던 엄마를 대신하여 식모 누나에 대하여 내가 짙어지게 된 죄의식의 무게는 성장기 전반에 걸쳐 나를 짓눌렀고, 지금까지도 내 의식에 영향력을 행사하고 있는 것 같다.

초등학교 고학년 때, 아버지 회사에서 직원 가족들에게 회사 공장의 단체견학을 시켜주는 행사가 있었다. 멋모르고 어머니를 따라간 나는 전혀 매력적이지 않은 거대한 공장 건물 안에서 똑같은 옷을 입은 누나들 수백 명이 열심히 일하는 광경을 보고 너무도 이상하다고 생각했다. 왜 우리는 그들을 구경하고 있는가? 기계 앞에서 눈 돌릴 틈도 없이 일에 열중하고 있는 그 누나들을 우리가 구경하러 왔다는 것이 기이하게 느껴졌고 나 자신이 부끄러웠다.

이런 부끄러움은 또다시 발생했다. 어쩌다 친척 어른 손에 이끌려 '고아원'을 방문하게 됐고, 처음 만난 내 또래 '고아'들과 단체로 점심을 먹었다. 미소 띤 얼굴로 나를 바라보던 보육원 여자애들의 모습이 어렴풋이 기억난다. 보육원 원장 아저씨는, 오늘은 손님들이 오셔서 특별히 꽁치 통조림을 먹을 수 있게 돼서 감사하다고 했다. 평소에는 오직 보리밥과 김치뿐이었다 했다. 나는 고아들과 별로 말도 나누지 못했고, 멍한 채로 있다 돌아왔던 것 같다. 내가 줄곧 느낀 감정은 부끄러움이었다. '나는 부모님이

다 살아 계시는데도 잘할 줄 아는 게 뭔가? 공부도 잘 못하는 주제에.'
이런 생각에서였다.

　보육원 방문 후 우연히 집어 든 소설책은 '무말랭이' 비슷한 제목의 책이었는데, 여기서 가난한 소년이 오직 무말랭이만을 반찬 삼아 밥을 먹는 이야기가 나왔다. 나는 콩자반이나 멸치를 도시락에 싸주시는 어머니께 반찬으로 오직 무말랭이만을 담아달라고 떼를 써서 또 크게 야단을 맞았다. 나는 공장에서 일하는 누나들에게 너무 부끄러웠고, 보육원의 아이들에게 너무 부끄러웠고, 유복한 집에서 좋은 밥 먹는 게 너무 부끄러웠고, 식모 누나를 쫓아낸 집의 일원인 것이 너무 부끄러웠다.

　몇 해 전, 여성 대통령이 촛불시위 끝에 탄핵당했을 때, 나는 친구 수헌과 여러 번 가본 적 있던 서울 번화가의 한 식당에서 텔레비전으로 탄핵 뉴스를 시청하며 소주를 마시고 있었다. 대통령 탄핵은 당시에 큰 뉴스거리여서, 화이트칼라 직장인 일색이었던 식당 안 손님들도 집중해서 텔레비전을 보며 서로들 뉴스에 관하여 이야기를 나누고 있었다. 그때 마침 나는 수헌에게 유년기 기억에 관해 이야기하다가 식모 누나를 언급했다. 요즘은 가사도우미 한 번 부르기도 비싸서 겁이 난다고 말하며, '그땐 집마다 식모가 있었잖아, 식모가 밥하고, 설거지하고, 빨래하고, 청소하고, 다해줬어.' 이딴 말을 지껄이고 있었다. 그때 낯익은 초로의 식당 여주인이 우리에게 음식을 갖다주고 주방으로 돌아가는데, 조금 전만 해도 평소처럼 사근사근했던 것과는 달리 표정이 어두워 보였다. 그때 나는 내 목소리가 너무 컸던 건 아닐까 하는 생각과 함께 문득 '식모'라는 말을 함부로 사용한 게 아닌가 하는 생각이 일었다. 요식업을 하는 친구가 '찬모'라는 말을 일상적으로 쓰기에 '식모'라는 어휘도 그리해도 된다고 여겼었다.

　그리고 우리는 화제를 바꿔 뉴스에 관해 떠들었다. 우리는 둘 다 정치적 색채가 옅지만 이른바 '국정농단'에 대해서는 공분했기에 대통령 탄핵 결정 소식을 반겼고, 흥미롭게도 식당 내 다른 객들도 전부 뉴스를 환영하는 내색을 감추지 않았다. 여기저기서 탄핵당한 여대통령에 대한 비하 발언들이 들려왔다. 그때 곁을 지나치는 식당 여주인 얼굴을 또 얼핏 봤는데, 아까보다도 훨씬 더 표정이 어두워 보였다. 술자리를 파하고 식당을 나오는데 늘 친절하게 계산해주던 여주인은 보이지 않고, 아르바이트 학생이 계산해주기에 슬쩍 물었다, 사장님 어디 가셨냐고. 아르바이트 학생은, 사장님이 몸이 불편해서 안에 들어가 계신다고 답해줬다.

　내가 입수한 확실한 물적 단서는 식당 여주인의 표정이 매우 불쾌해 보였다는 관찰 결과 단 하나뿐임에도, 나는 그 단서를 바탕으로 삼아 순전한 공상을 펼쳐본다. 육십 대의 여주인은 평생 죽을 고생을 해서 어렵게 식당을 운영하여 이제 겨우 먹고 살 만해졌으나, 50년 전에 시골에서 무작정 상경하여 남의 집 식모살이하며 겪었던 고초를 트라우마로 지니고 있을지도 모른다. 식모 일, 공장 일, 그 밖의 산전수전 다 겪으며 살아남았지만, 고향의 병든 노부모는 일찍 세상을 하직하였고, 타지인 서울에서 겨우 일군 가정도 자식들 머리 커진 뒤로 자기 맘대로 되진 않으니 험난하고 외로운 인생살이에서 마음 둘 곳 없지만, 이렇게 밥이라도 먹게 해준 박정희 대통령 각하와 그 따님에게 고마움을 품고 살았는데, 세상이 어떻게 돌아가는 건지 그 불쌍한 대통령님을 강제로 권좌에서 끌어내리고 저리도 모질게 모욕을 줄 수가 있는 것인가! 더는 이렇게 무지렁이처럼 살 수만은 없으니 독한 마음 품고 광화문으로 나갈 것이다. 거기서 요즘 뺀질뺀질한 젊은 놈들, 넥타이 매고 다니며 배웠다는 헛똑똑이 놈들은 쥐뿔도 모르는 나라님과 미국의 은공에 대해 보은할 것이다. 육이오 난리 후에 미국이 캠벨 수프 구호물자 보내줘서 우리 엄마, 아버지 굶어 죽지 않고 겨우 살아나셨는데, 아무것도 모르는 요즘 것들은 북한 빨갱이 놈들과 손잡자는 소리나 하고 처질러 있잖은가. 박정희 대통령, 박근혜 대통령, 미국의 은인들께 진심으로 감사할 줄 아는 우리 대한민국의 진짜 백성의 진심을 목청 터지라고 외칠 것이다. 태극기 휘날리며! 성조기도 함께!

　분석심리학자 이부영 교수께서 이런 글을 쓴 적이 있다.

　지방색, 파벌주의, 혈연주의, 개인의 신격화와 집단적 숭배는 어머니의 품속에 영원히 의지하려는 아득한 옛날부터 인류에 전승된 '친족본능'을 토대로 파생된 것이다. 오랜 군사독재는 국민 정치의식의 후진과

모권과의 병적인 밀착을 촉진하여 모성성과 건전한 관계를 저해하였다. 그러나 민주 정부의 출현은 여러 시행착오 속에서도 차츰 개인의 자각과 자립정신을 키워주고 있고 개인과 사회와의 관계를 조금이나마 자유로이 정립할 가능성을 열어 놓았다.[15]

"모권과의 병적인 밀착"이란 백성들이 어머니처럼 기댈 대상을 외부에서 찾다가 결국 무의식적으로 독재자들을 그런 대상으로 받아들여, 마치 어머니를 떠받들고 어머니의 애정을 간구하듯 정치 지도자에게 집착하는 현상을 지칭한다고 볼 수 있다.

나는 유복한 집안에서 자라 대학 교육도 받고 식자층에 끼어서 '개인의 자각'을 중시하는 민주 정신을 키울 수 있었는지 모른다. 그런데 지방색, 파벌주의, 혈연주의에 찌든 패거리들이 자기들 배 채우느라 힘있고 못 배운 다수를 착취하는 험악한 한국 사회에서 생존해야 했던 빈농 출신들의 처지는 과연 어떠했을까? 지방으로부터 버림받고, 파벌에는 끼어보지도 못했으며, 혈연이래 봤자 죄다 째지게 가난한 이들뿐인 식모 누나는 마음 한구석에 박정희 대통령과 육영수 여사와 그 직계 후손 박근혜 대통령을 엄마처럼 섬겨왔을지 모른다. 이런 '후진적 정치의식'과 '개인적 자각의 부재'를 무지몽매하다 손가락질할 자격을 나는 보유하고 있지 못하다. 비록 시대의 스승이신 이부영 교수께서 예리하게 짚어주신 우리 시대에 깊게 팬 상처의 원천을 머리로 이해한다고 생각했지만, 그 상처가 배양한 태극기 부대의 식모 누나의 힘겨운 삶을 감히 누가 평가할 수 있을까?

식당 여주인은 아르바이트 학생 말대로 갑자기 속탈이 나서 표정이 어두워졌고, 그래서 방에 들어가 누워있었던 것인지도 모른다. 그렇다면 나의 순전한 공상과 상상은 어디에서 뻗어 나왔는가? 바로 죄책감이 그 근원이었을 터.

초등학교 고학년 시절, 학교의 장난꾸러기들은 TV 광고 노래를 개사하여 이렇게 부르곤 했다. '식순아 밥 탄다, 밥 타, 밥 탄다.' 식순이는 식모를 더 비하한 호칭이다. 나도 그 녀석들과 키득거리며 '식순이'라는 말을 썼던

---

15 이부영 (2011). **분석심리학—C.G. 융의 인간심성론**, 제3판. 일조각, 398.

기억이 난다. 왠지 그 말을 쓰기가 싫었지만, 그냥 다 함께 키득거리며 그 말을 썼다.

어머니가 집에 안 계실 때 식모 누나와 격하게 말다툼했던 일이 떠오른다. 완력으로도, 말로도 이길 수 없던 나는 분해서 씩씩대며 이 말을 하고야 말았다. "식모 주제에!" 이 한마디에 완벽하게 무기력하게 된 누나의 처참했던 표정이 기억난다. 나는 이미 어릴 적에 살인에 가까운 죄를 저지른 것 같다는 생각이 든다.

나는 누나를 쫓아낸 어머니를 대신하여 죄의식을 짊어지고 있었던 것이 아니다. 그녀를 쫓아낸 어머니와 나는 공범이었다. 공범은 괜히 제 발이 저려, 7, 8년쯤 연상의 여인네, 특히 어렵게 산 여인들에게서 오십 년 전 누나의 모습이 겹쳐져 보이게 된다. 그래서 TV 뉴스에서 태극기 부대를 보고 처음에는 비웃고 욕했다가, 한 명, 한 명 표정이 보이는 초로의 여인들에게서 식모 누나의 얼굴이 겹쳐 보이게 된 이후로는 더는 그러하지 않았다. 더 그러지 못했다.[16]

---

16 만에 하나, 이러한 토로가 냉소주의를 품고 있다고 본다면 그것은 명료한 오독이라고 반론하며 사상가 루소의 다음과 같은 말을 붙여놓겠다: "요컨대 당신의 학생에게 모든 인간을, 나아가 인간을 얕보는 인간들조차도 사랑하도록 가르쳐라. 그를 어떤 한 계층에만 있게 하지 말고 모든 계층에 있게 하라. 그의 앞에서 측은한 마음과 동정심을 가지고 인간에 대해 이야기할 일이지, 멸시하면서 이야기하지 말라. 인간들이여, 인간을 결코 욕되게 하지 말라." 장 자크 루소, 김중현 옮김 (2003). **에밀**. 한길사, 404.

6   요괴인간과 버려진 아이 콤플렉스

> 내면에 억압해둔 어둡고 위험한 감정들을 하나씩 꺼내 그것을 자신의 일부로 인정하고 밝고 건강한 의식 속으로 받아들이는 일을 '양가감정을 통합한다.'라고 일컫습니다. 양가감정을 통합하면 자아가 강해집니다. 내면을 억압하는 데 쏟던 에너지를 거두어 자아가 흡수하기 때문입니다. 양가감정을 통합하면 또한 자율적이고 창조적인 사람이 됩니다. 억압하고 외면해둔 내면에는 엄청난 지혜와 창조성이 들어있기 때문입니다. 내면의 부정적인 측면에도 불구하고 자신이 한 인간으로서 존엄하고 사랑받을 만하다는 사실을 진심으로 믿게 되며, 그때 진정한 마음의 치료가 이루어집니다.
>
> ― 김형경 (2006). **천 개의 공감**. 한겨레출판, 63.

<요괴인간>의 한 에피소드에서는, 어떤 마을의 모든 엄마가 마녀의 마법에 걸려 자신의 자녀를 살해하려 든다는 무시무시한 이야기가 등장한다. 하루 중 특정 시간에 마녀의 마법 주문이 발동되면 평범한 엄마들의 눈이 돌아가서 살인귀로 변모해버리는데, 당시에 이 장면은 소름 끼치도록 무서웠다.[17] 그 마을 아이들을 살리기 위해 아빠들이 몰래 아이들을 한 명씩 납치하여 동굴 속의 안가에 피신시킨다는 이야기의 전개 또한 충격적이었다. 결국 이러한 마을의 비밀을 파헤친 우리의 주인공 요괴인간들의 활약으로 사악한 마녀를 무찌르고, 마법이 풀린 엄마들은 정상으로 돌아와서 가족들이 다시 해후하게 된다는 이야기였다.

나를 낳아주시고 키워주신 엄마가 돌변하여 부엌칼을 들고 나를 죽이러 다가온다는 설정뿐만 아니라, 그런 엄마 몰래 나를 납치해서 동굴 깊숙한 곳에 숨겨놓는 사람이 알고 보니 아빠라는 설정은 충격적이었다. 두 가지 다

---

[17] 2015년 개봉한 블록버스터 영화 <킹스맨: 시크릿 에이전트>의 끝에 미쳐버린 엄마가 아기를 죽이려 드는 장면이 나오는데, <요괴인간>의 이 장면을 떠올리게 한다.

당연하고도 자연스러운 부모-자식 관계와는 판이하고도 이질적이기 때문이다. 두 가지 모두 일반적인 부모-자식 관계와는 딴판으로, 아이와 엄마, 아이와 아빠의 거리감을 극단화한 설정이다. 이런 이상한 설정을 극화한 장면을 시청한 아이가 충격을 받는 것은 놀라운 일이 아니겠으나, 실은 내가 이 장면을 보고 충격을 받은 것은 어찌 보면 그 장면이 내가 무의식적으로 나의 엄마, 아빠에게 품고 있었던 거리감과 크게 공명한다고 느꼈기 때문인 것 같다. 나는 엄마를 무서워했고, 아빠를 멀리 있다고 느꼈었다. 나는 나의 부모에게 거리감을 느끼고 있었다.

    나의 이런 소회를 경청한 수현은 요즘 인기 있는 유명 정신건강의학 전문의의 말을 전해주었다.

> [그 사람]은 그럼 왜 사회성 발달에 문제가 생겼을까요. 사람이 다른 사람과 잘 지내는 능력, 즉 사회성이 발달하려면 어떻게 성장해야 할까요. 사회성이 발달하려면 누군가를 만났을 때 반가웠던 경험을 많이 해야 합니다. 이게 굉장히 중요해요. 사람을 만났을 때 반가운 마음이 들려면 어때야 할까요. 어렸을 때 처음 인간관계를 맺는 타인, 바로 '부모'를 만나면 반갑고 '부모'와 같이 있는 시간이 즐거워야 합니다. 저는 그래서 늘 부모가 자식에게 물려줘야 할 최고의 유산은 남과 잘 지내는 능력이라고 강조합니다.
> ─ 오은영의 화해, 한국일보, 2021.7.5

    나는 유아기에 부모를 만나면 반갑고 부모와 같이 있고 싶었으나, 충분히 그러지는 못하였다. 나는 부모와 같이 즐겁게 지낸 기억이 많지 않다. 어쩌면 이 때문에 나는 남과 잘 지내는 능력이 떨어지는가 보다. 어쨌든, 어린 내 소망과는 달리, 나의 부모와 나 사이에는 거리가 있었다.

    아마도 내가 부모와 거리감을 느끼게 된 주된 이유는 세 살 때 부모와 분리된 경험 때문이었을 것 같다. 부모에게 분리되어 외할머니와 보낸 시간, 그리고 다시 부모 품으로 돌아오는 시점까지 산발적인 기억들이 잊히지 않은 채 기억저장소에 보관되었지만, 그 저장소에 들어가려는 나의 의식적인 시도는 언제나 두려움을 불러일으켰고, 그런 의식의 시도가 통과해야 할 수문장이 6세 무렵에 우연히 만난 황금박쥐였던가 보다. 황금박쥐는 나의 유아기 기억 소환 시도에 대한 무의식적 저항의 표상이었다.

실로 나는 50대에 이를 때까지도 유아기에 부모와 분리된 경험에 대해서 구체적으로 생각해보지 못했다. 생각하는 것 자체를 피하고 두려워했다. 그러다가 유튜브에서 우연히도 <황금박쥐> 오프닝 시퀀스 장면을 보고 알 수 없는 미묘한 감정을 느꼈고, 그 장면을 처음 본 시점이 6, 7세 무렵이었을 것이라는 데 생각이 미쳐, 그 시점 이전으로의 의식의 퇴행을 최초로 감행해보게 된 것이다. 그래서 황금박쥐가 초저녁에 등장하는 장면은 언제나 가슴을 설레게 하는 동시에 나를 두려움에 사로잡히게 한 것이다.

이런 집요한 의식의 퇴행, 또는 회고를 통하여 기억해낼 수 있게 된 나의 유아기, 특히 부모와 분리됐던 시기의 내 마음의 흐름은 꽤 부정적인 정서로 채색되었고, 여기에서부터 나를 평생에 걸쳐 짓누른 열등의식이 자라나기 시작했을 것으로 추정한다. 그 열등의식이란, 내가 '제 부모로부터도 버림받은 존재에 불과'하다는 망상이다. 물론 지금의 나는 이것이 망상인 줄 잘 알고 있으나, 여섯 살 먹은 나에게는 망상이 곧 인식이었다. 자라면서 나는 이런 인식을 토대로 세상을 바라보게 되었으니, 마음속 깊은 데서 자신의 열등함을 확신하는 아이가 당당해지기란 불가능에 가까운 일이었다. 나는 세상을 대할 때 당당하지 못한 나를 부끄러워하고, 질책하고, 자학하고, 또 반성하며 살아갈 평생에 걸친 운명의 궤적에 오르게 된 것이었다.

내가 버려진 아이였다는 것은 망상이지만, 내 안의 깊은 곳, 내 무의식의 작은 아이 콤플렉스에게는 그 느낌이 진실이었다. 그래서 내 무의식 안에는 버려진 아이 콤플렉스가 안정되게 자리 잡은 것이다. 지금껏 이 콤플렉스 녀석을 명료하게 감지한 게 한두 번이 아니다. 가장 뚜렷하게 감지했던 것은 둘째 아이 출산 때였다. 내 딸이 태어났을 때 아내가 난산하여 요양이 필요했고, 여러 날에 걸쳐 갓난아기는 산후조리원의 신생아실에서 간호사의 보살핌을 받아야 했다. 하루는 내가 직장 일을 무리하여 빨리 끝내고 헐레벌떡 산후조리원으로 달려왔는데, 아내의 방으로 가기 전에 지나쳐야 하는 신생아실에서 한 아기가 심하게 울고 있었다. 둘러보니 간호사도 보이지 않아

혹시나 하는 마음에 신생아실에 들어가 보니, 바로 내 딸이 그 방에서 홀로 그렇게 울고 있는 것이었다. 그때 얼른 아기를 들어 올려 품에 꼭 안아줬고, 그리하여 아기가 울음을 멈췄을 때의 기분을 잊을 수가 없다. 마음속으로 이렇게 다짐했다. '내가 앞으로 결코 다시는 네가 혼자 울게 놓아두지 않겠다!' 그때만큼 내 안의 버림받은 아이 콤플렉스가 강렬하게 반응했던 적도 없었을 것이다.

내면에 '버려진 아이 콤플렉스'가 자라고 있던 나는 외가에서 집으로 복귀한 뒤에도 부모와 친밀한 관계를 만드는 데 성공하지 못했다. 부모의 관심을 끌어야 하는데 세 살 어린 여동생과의 경쟁에서 밀렸다. 부모와 거리감을 느끼게 된 또 다른 이유는 엄마가 무서웠다는 것이다. 외갓집에서 절대적으로 자애로우셨던 할머니 품에서 생활할 때는 내 멋대로 굴었지만, 집에 돌아와서는 엄마에게 야단맞을까 봐 두려움에 시달렸다. 엄마는 자신의 건강과 시댁과의 갈등 때문에 대체로 기분이 나빴고, 사람들에게 무척 까칠했다. 아마 동생 출산 후에 우울증을 앓으셨던 것 같다. 여러 해 떨어져 살아서 그런지 특히 손발이 맞지 않는 나와는 한집에서 즐겁게 시간을 보낸 적이 거의 없었다. 나는 엄마의 지시 사항을 이행해야 할 때 여러모로 서툴렀고, 반응이 빠릿빠릿하지 못하고 굼떴으며, 실수가 잦았다. 그런 나를 엄마는 야멸차게 꾸중했고, 끝없는 꾸중 끝에는 늘 엄마의 이런 한탄이 딸려있었다. "내가 쟤 때문에 속상해 못살아!" 나는 '속상하다'라는 말을 신체적으로 느꼈다. 대체 엄마의 속이 상한다는 것은, 엄마 뱃속에 얼마나 큰 상처가 생기고, 뱃속이 얼마나 아픈 것일까? 엄마가 입에 붙이고 살았던 '속상해.'라는 말은 점점 나를 위축시켰고, 나는 제 엄마의 뱃속을 몹시 아프게 만들고 '못살게' 만드는 나쁜 아이라는 죄책감을 증폭시켰다. 나는 엄마가 무서웠다.

무서운 엄마의 사랑을 받고 싶었을 것이다. 7살, 10살인 내가 엄마의 사랑을 간구했었는지, 그때의 내 의식을 온전히 기억해내는 건 불가능하지만, 오랜 세월이 흘러 그 시절의 내 행동을 떠올려보면 분명히 나는 엄마의 사랑을 원했을 것이다. 이것은 유년기 성장에 관한 학계의 연구에 비춰봐도 의심하기 어려운 추측이다. 10살짜리 나의 마음을 복원하는 건 불가능할지라도, 그때 내가 했던 행위들은 구체적으로 기억할 수 있다. 나는 엄마의 손을 잡고 다니고 싶었고, 엄마의 이불 속에 파고 들어가 엄마 종아리에 내 종아리를 비벼대고 싶어 했다. 엄마가 무서웠지만, 엄마를 사랑했다. 그러나 엄마는 냉정하게 내 손을 놓아버리거나, 내 다리를 밀어내곤 했다.

우리는 이미 망각해버린 지 오래지만, 아이의 마음속에는 심지어 엄마에 대해서도 이해할 수가 없었던 기억이 그득 차 있는데, 단지 아이들은 그것을 설명할 도리가 없어서 의식하지도 못할 따름이다. 이 기억들이 아이 마음속의 혼돈이다.

어릴 적의 혼돈을 뚫고 엄마의 마음을 이해하는 것이 가능해지는 데 평생이 걸렸다. 내가 이십 대 시절, 부모님 앞에서 나는 죽어버리는 게 낫다고 외쳤을 때 엄마의 눈물을 봤다. 삼십 대에 장가가기 전날 밤, 엄마는 나 어릴 때 너무 잘못한 게 많아서 미안하고 부족한 엄마라고 나직이 내게 고백했다. 사십 대에 손주들 데리고 인사드리러 방문하면 엄마는 아이들 볼에 입을 맞추고 끌어안으며 당신의 아들, 딸에게 주지 못했던 사랑을 손주들에게 줄 수 있을 만큼 마음의 건강이 회복되었음을 보여주었다. 오십 대에 아버지가 돌아가시고 어머니도 노환으로 병상에 누워계실 때, 다시 한번 내게 미안하다고 말씀하시며 눈물을 흘리셨다.

나는 안다, 나의 엄마가 나를 진심으로 사랑했다는 것을. 단, 젊은 시절에는 자식 사랑을 행동으로 실천할 수 있을 만큼 마음이 건강하지 못했으며, 당시 엄마 내면의 불안과 어둠을 만든 건 엄마 자신이 아니었음을 나이가 들고 나서야 이해하게 되었다. 엄마는 험한 시대를 살아내셨다. 일제 시절에 종군위안부로 끌려갈 뻔했고, 전쟁 통에는 죽을 고비도 넘겼으며, 나를 낳은 궁핍한 1960년대에는 건강이 악화하여 많이 고생했고 산후 우울증에 시달렸다. 거기에다가, 자식들에게는 차마 털어놓지 못한 통한의 사건들도 있었다는 것을 어림짐작으로 알고 있다. 아마 젊은 시절에 성적 폭력의 희생자였던 것으로 집작한다. 그 때문에 남녀관계에 대해서 병적인 두려움이 있었고, 남편을 의심했으며, 아들인 나의 여자관계에 간섭했던 것을 이해한다. 식모 누나를 단박에 쫓아냈던 것은 외박이 암시하는 성적인 불결함에 대한 병적인 피해의식 때문이었음도 이해한다. 후에 내가 초등학교 6학년이 됐을 때 우리 집에서 새롭게 일을 시작한 식모 누나는 아주 오랫동안 한식구로 지냈었고, 후일 엄마는 그 누나를 고향의 총각과 한 쌍으로 맺어주고 축복해주었다.

    힘겹게 살아온 인생살이의 뒤안길에서야 엄마는 평생의 짐과 상처를 조금씩 떨구고 내적인 평온을 키웠고, 그리하여 미처 나눠주지 못했던 사랑을 자식들, 손주들, 그리고 '이웃'에게 나눠줄 수 있었다.

7 남자는 힘센 자를 숭배한다 — 철인 28호

> 인문 사회계열 전공의 학생들은 [중략] 자신의 커리어를 선택함으로써
> 아동기에 이별을 고하지 않는다. 반대로 그는 오히려 아동기와 함께
> 남아있으려 한다.
> — 클로드 레비 스트로스, **슬픈 열대** (Claude Levi-Strauss, *Tristes Tropiques*,
>   New York: Atheneum, 1981), 54. (인용문은 한석훈 번역)

1970년대 초, 한국 땅에 어린이를 위한 텔레비전 만화영화의 천국이 도래했다. <황금박쥐>와 <요괴인간> 같은 유명작 말고도, 오랜 기간에 걸쳐 방영하지는 않았지만 나를 사로잡았던 군소 작품들이 수두룩했다. 나는 그 작품들 하나, 하나가 미치도록 재미있었다. 저녁에 만화영화 한 편을 보면 그 감동이 꿈속에서도, 다음 날 학교에서도, 동네에서 아이들과 뛰어놀 때도 쭉 이어졌다. 그중에서 일본 거대로봇만화의 효시로 불리는 <철인 28호>와 일본영화사의 걸작인 <7인의 사무라이>의 정신을 SF로 구현한 <로빈 특공대>를 소환해보겠다.

나는 인터넷 카페에 TV 만화영화 작품들을 소개하고, 그것들과 관련된 나의 내면의 사연을 글로 풀어놓는데, 그 방식에 대하여 벗, 수헌이 제삼자적인 평론을 제시한 적이 있다. 그의 요지는, 나만의 이야기 방식에는 나의 성격이 담겨있다는 것이다.

"예를 들어, 내향적 성격을 가진 사람과 외향적인 사람이 서양 고전음악 연주를 함께 감상한 뒤에 대화를 나눌 경우, 두 사람 사이에 서로에 대한 오해가 일어날 수 있지. 외향적인 사람은 연주자의 경력과 대표 음반, 작곡가의 소소한 인생사 등에 대해서 백과사전적 지식을 쭉 나열하는데, 이에 대해 내향적인 사람의 반응은 시큰둥한 거야. 그리고는 내향적인 사람은 연주곡의

어떤 소절에서 무슨 감흥을 느꼈고, 왜 그 부분이 그렇게 마음에 들었는지 매우 주관적인 감상을 털어놓는다는 거지. 그런데 외향적인 사람은 이런 감상에 흥미가 없어. 결국 외향적인 사람은 대화 상대를 고전음악에 대해서 아는 것도 없으면서 허공의 뜬구름 잡는 이야기나 좋아하는 공허한 자로 평가하고, 내향적인 사람은 상대가 겉으로만 번지르르한 정보를 꿰고 아는 척할 뿐, 음악의 깊은 본질에 대해서는 이해도가 낮은 속물에 불과한 자로 평가하여, 서로에 대해 불만에 가득 차서 헤어지게 된다는 거지.[18]

하지만 음악 감상을 제대로 하자면 외향적 인식과 내향적 감수성, 양자가 다 필요하지 않겠어? 어느 한쪽으로만 치우칠 때 우리는 자신의 성격의 틀 안에 고지식하게 갇히게 될 위험이 있을 거야. 한데 너는 말이지, 만화영화에 관한 이야기를 풀어가는 스타일이 딱 내향적이라고 할 수 있어. 물론 나도 너의 스타일이 작품의 기저에 내재한 깊숙한 의미를 포착하기 위해서 꼭 필요하다고 생각하지만, 그런데도 외향적인 태도를 완전히 배격하지는 말고 작품에 대한 객관적인 사실이나 정보도 함께 풀어놓을 때 너의 이야기가 더 생생하고 온전해질 수 있을 거란 말을 해주고 싶은 거지."

나는 수헌이 무슨 말을 하는지 잘 이해하고, 그 말에 담긴 선의도 잘 안다. 그러나 나는 실로 내향적으로 만화 이야기를 풀어가기로 작정한 바 있다. 솔직히 말해서 구체적이고 세세한 정보 같은 것엔 별로 관심도 없다. 그런 건 나무위키에 잔뜩 쌓여있지 않나. 카페에 올린 글에서는 <황금박쥐>에 관해서도 최소한의 정보만 끼워서 소개했고, 앞으로도 내가 주관적으로 마음속 깊숙한 곳에서 느끼고 생각한 것을 진솔하게 풀어가는 '내향적' 방식을 고수할 생각이다. 그런데도, 내 이야기를 경청해주는 외향적인 독자들을 위해서 작품에 대한 최소한의 정보는 주워섬기기로 했다.

다시 <철인 28호>로 돌아가서, 이 만화영화의 원작은 일본이 2차 세계대전 말에 거대로봇을 비밀병기로 개발했으나 사용하지 못했다가, 후일 평화의 사도로 되살려낸다는 설정으로 이야기가 시작된다. 초등학교 저학년인 나는 철인 28호라는 멋진 로봇이 일본제라는 인식은 없었다. 이는 <황금박쥐>와 <요괴인간>은 물론, 앞으로 이야기하려는 수많은 일본

---

18 유사한 내용의 예시를 한국 융 연구의 태두인 이부영 교수가 기술한 바 있다.
이부영 (2011). **분석심리학 - C.G. 융의 인간심성론**, 제3판. 일조각, 148.

만화영화에 대해서도 마찬가지다. 그 모든 것들이 일본 작품이라는 것을 알게 된 것은 아마도 초등 4학년 이후가 아니었을까 싶다. 게다가 <철인 28호>가 원래 일본 군국주의의 소산물이라는 걸 알게 된 것도 최근이다.

[그림7-1. 철인 28호]

    1971년, <철인 28호> 시리즈 일부가 KBS에서 방영됐다. 주인공 소년 탐정이 무선 리모컨으로 거대한 로봇 철인 28호를 조종하여 악당들을 무찌르는 이야기로 사내아이들의 열렬한 성원을 받았다. 어찌 보면 자그마한 소년들에게는 가정, 또래 집단, 학교가 치열한 성장의 각축장일 수도 있다. 만만치 않은 성장의 무대에서 언제나 자기편이 돼서 지켜주고 도와주며 '적'들을 혼내주는 듬직한 존재와 같은 거대로봇을 상상함으로써 소년들은 심리적 위안을 받았는지도 모른다. 어쩌면 이런 연유로 인하여 훗날 리메이크 버전에서는 철인 28호가 왕따가 된 소년의 수호자 역을 맡는 설정이 등장했을 것이다.

    <철인 28호>는 아동기 성장의 불안에만 반응한 게 아니라 역사와 시대상을 반영하기도 했다. 태평양전쟁 패전 뒤 폐허가 됐던 일본열도가 한국의 6.25 전쟁 특수(特需)로 경제적으로 소생하면서 1950년대 이후에 철강, 기계 등의 중공업이 부활했고, 유사한 발전상은 약 20여 년 뒤 한국에서도 일어났다. 철제 기계인 철인 28호는 그러한 일본 중공업의 부활을 한 몸에

담아낸 상징물과도 같다.

　원작이 어쨌든 간에, 1970년대의 나와 내 또래 남자애들은 강력한 파워를 지닌 로봇, 철인 28호 자체에 마음이 사로잡혔고, 그런 엄청나고 거대한 로봇을 자기 마음대로 조종하는 주인공 소년의 모험에 폭 빠져 있었다. 대체로 여자애들은 로봇이나 전투 같은 소재에 관심이 덜 했다. 스케치북에 철인 28호를 그리고, 또 그리고, 색연필로 색칠했던 기억이 또렷하다. 당시에 두껍고 흰 도화지 묶음인 스케치북은 나름 값나가는 학용품이어서 아껴 써야 했었기에, 종이를 낭비하지 않도록 정성스럽고 꼼꼼히 그렸던 것도 기억한다. 늘 16절지나 8절지 스케치북에만 그림을 그리다 언젠가 한 번은 4절지 도화지를 마주한 적이 있었는데, 그때 그 종이의 광활한 면적에 감격했던 기억이 남아있다. 마치 온 세상을 다 거기에 담을 수 있을 것만 같았다! 학교에서 미술 시간에도 남자애들과 키득거리며 철인 28호를 그렸고, 나름 그림에 재주가 있던 나의 철인 28호 그림은 아이들의 부러움을 사기도 했다. 대체 꼬마 남자애들은 왜 그렇게 철인 28호에 홀딱 빠져버렸던 것일까?

　만화 이야기를 풀어놓은 카페의 글에서 남자와 여자의 성향의 차이에 대해 거론하다가 나 자신에 관하여 하나 더 불쑥 밝힌 것이 있으니, 그건, 내가 기본적으로 페미니스트라는 것이다. 어찌하여 1960년대 초반에 태어난 늙은 남자인 내가 페미니스트인지 설명하기 위해서는 내 인생 전반을 훑어야 하는 지리멸렬한 회고가 요구되므로 생략하여 말하자면, 내 어머니의 힘겹고도 치열한 삶과 나를 키워주신 외할머니의 불굴의 삶을 연민하면서도 존경하는 한편, 내 아내와 딸의 앞날을 더욱 밝게 만들기를 소망하기 때문이라고 말하겠다. 이런 소망을 이루기 위해서는 기존의 양성 관계를 진지하게 개혁하고 조정해야만 한다는 확신을 품게 되었기 때문이다.

　아, 그리고 페미니즘은 19세기 이래로 발달하면서 다양한 분파를 만들었는데, 그들 중에는 내가 환영하지 못하는 그룹도 있다. 특히 남성을 잠재적 성범죄자로 취급하며 남성 혐오를 부추기는 비뚤어진 심보에 사로잡힌 부류에 대해서는 매우 비판적이다. 나도 남자로서, 공연히 성희롱범 취급받는 건 싫으니까. 여성의 남성 혐오나 남성의 여성 혐오, 양자 다 궁극적으로 자명하게 자기 파괴적이다. 나는 양성이 서로를 배척하지 않고 서로를 동등한 인간으로서 존중하며, 서로의 차이를 인정하고 더 나은 인간 사회를 만들기 위하여 협동할 길을 모색하는 페미니즘에 찬동한다.

그리고 내가 페미니스트임을 카페 글에서 밝힌 것은, 내가 여성과 남성의 관계 및 성별 특성에 관해 논할 때 무관심하거나 무책임한 태도를 보이는 인간이 아님에도 불구하고, 기본적으로 남성이 세상을 대하는 태도가 여성의 그것과는 꽤 다르다고 판단한다는 주장을 내놓기 위해서다. 남자는 여자에 비해서 일반적으로 물건에 관심이 많고, 그래서 여자보다 기계에 더 관심이 많은 편이고, 다시 말해 거대로봇에 관심이 많다. 남자와 달리 여자들은 물건보다는 사람과 인간관계에 더 관심이 많은 편이다. 일반적으로 말하자면. 물론 어떤 한 여성은 대다수 남자보다 훨씬 더 로봇에 관심이 많을 수도 있으나, 그런 개인이 남자 중에 더 많다는 말이다.[19] 남자가 물건과 기계에 여성보다 관심이 많은 원인이 선천적인지, 후천적인지에 관하여 숱한 논쟁이 있었으나, 어느 한쪽이 완전히 결정적이라는 결론에 이르지는 못했다고 본다. 나는 둘 다 중요한 원인이지만 내심 선천적으로 유전된 것의 영향력이 좀 더 강하다고 보는 편이다. 솔직히, 선천과 후천의 경계가 어디인지도 잘 모르겠지만.

자, 그래서 남자인 나는 로봇에 관심이 많다. 많은 정도가 아니라 폭 빠졌는데, 실은 이건 내가 남자라서 물건에 관심이 많아서라기보다는 로봇이 함의하는 위력에 매혹당했기 때문이라고 봐야 할 소지가 크다. 그렇다, 거대로봇 철인 28호는 막강하고, 힘이 엄청나고, 천하무적이다. 거대 괴수들을 무찌르는 황금박쥐처럼, 무시무시한 요괴들을 척살하는 뱀처럼, 철인 28호 역시 지상의 어떤 적들과 맞붙어도 승리한다. 남자는 이 힘에 또 열광한다.

남자가 성인이 되어 세상의 물자를 차지하려는 경쟁의 장에 들어가서 제 처자식을 먹여 살리기 위해서는 이 경쟁에서 승리하게 해줄 강한 힘이 필요하다는 세간의 상투적인 통념을 굳이 강조하려는 것은 아니다. 단지, 남자들은 어린아이 시절부터 나름 또래 집단 경쟁의 장에 이미 들어와 있고, 이 장에서 승리하기 위한 강한 힘을 이미 동경하기 시작한다는 사실을

---

[19] 이런 주장에 대한 과학적 근거를 캐나다의 논쟁적인 심리학자이자 베스트셀러 작가인 조던 피터슨 교수가 깔끔하게 정리하여 제공한다. 이참에 미리 밝히는 것들이 많아지고 있는데, 나는 이 탁월한 논쟁가의 인간관과 사회관에 대해서 찬동하는 것도 많고, 반대하는 것도 많다. 즉, 그의 페미니즘에 대한 태도에 대해서도 내가 찬동하는 면과 반대하는 면이 상존한다. Jordan B. Peterson (2018). *12 Rules for Life: An Antidote to Chaos.* Toronto: Random House Canada.

짚어두고 가고자 한다.

    그러니까 사내 녀석들이 거대로봇에 열광하는 데에는 남성적인 기계에 대한 흥미뿐만 아니라 폭력과 한 걸음 더 나아가, 권력에 대한 동경도 한몫한다는 의미다. 물리적 힘과 권력에 대한 사내아이들의 동경은 <철인 28호> 이후에도 즐비하게 쏟아져 나온 수많은 폭력적인 만화와 만화영화를 통해서도 다각도로 바라볼 수 있다. 세월이 흐르고 난 뒤에 보니 철인 28호의 모습은 비록 투박하고 조야했지만, 사내아이가 선망하는 강한 힘이 똘똘 뭉친 결정체와도 같은 모습을 갖추고 있었다.

8   SF 7인의 사무라이 — 로빈 특공대

> 어린이들이 어른들에게 매우 인상적인 사건들은 잊어버리지만, 흔히 아무도 주목하지 않은 어떤 사건이나 이야기를 무척 생생하게 회상한다는 것은 잘 알려진 사실이다. 우리가 이러한 어린 시절의 기억 가운데 하나를 자세히 살펴보면, 우리는 보통 그것이 어린이의 정신적 구성의 기본적 문제를 묘사한다는 것을 발견한다.
> — 마리 루이제 폰 프란츠 in 카를 구스타프 융 편, 이부영 외 옮김 (2008). **인간과 무의식의 상징**. 집문당, 169.

그런데 철인 28호의 막강한 물리적 괴력과는 결이 다른 힘을 앞에서 언급한 또 한 편의 만화영화에서 목격할 수 있다. <철인 28호>와 거의 동시대에 방영했던 <로빈 특공대>는 <철인 28호>만큼이나 국내에서 텔레비전으로 직접 시청했던 아동 팬의 수가 적었던 것 같은데, 이는 당시에 전국적으로 TV 보급률이 높지 않았기 때문일 것이다. 그런데도 내가 운 좋게 볼 수 있었던 <로빈 특공대>의 일본 원제는 <레인보우 전대(戰隊) 로빈>인데, 주인공인 소년 파일럿 로빈이 저마다 독특한 개성과 능력을 지닌 6명의 로봇 대원들을 이끌고 우주의 악당들과 용감하게 싸워 이긴다는 내용을 담고 있다. 모두 7명의 팀이기에 일곱 빛깔 무지개, '레인보우 전대'라 명명했으리라.[20]

---

20   오늘날 이 제목을 달고 세상에 나왔더라면 다양한 성적 지향성을 지닌 성 소수자 대원들이 힘을 합쳐 싸우는 이야기로 오인되었을 것이다. 언어적 표현이 시대에 따라 변천하는 양상이 흥미롭다.

[그림8-1. 로빈 특공대]
다음의 유튜브 동영상 화면 캡쳐
https://www.youtube.com/watch?v=eijrwPkh1uU&t=2s

 우선 철인 28호와 로빈 특공대 양쪽 다 막강한 전투력의 보유자로서 사악한 적들과의 싸움에서 연전연승하는 활약상을 보여주는데, 이들의 힘은 내 이야기의 초반에 다룬 황금박쥐나 요괴인간의 그것과는 대별되는, 다른 차원의 힘이라 하겠다. 황금박쥐나 요괴인간은 초자연적이고 초인간적인 힘을 발휘한 데 비하여, 철인 28호와 로빈 특공대는 과학기술에 바탕을 둔 힘을 지녔다는 차이가 있다. <황금박쥐>에도 과학탐험대가 등장하여 최첨단 기술을 장착한 비행체를 몰고 다니지만, 이들은 아쉽게도 '외계'의 적에게 상대가 되지 않고, 오직 황금박쥐의 초자연적이고도 신비한 힘만이 이들을 구해줄 수 있었다. 그러나 <철인 28호>와 <로빈 특공대>의 세계에서는 최고의 힘이 최고의 과학을 기반으로 한다.
 이렇게 어린이 시청자들이 동경하고 존경하는 힘의 원천이 초자연에서 자연계로, 또 인간계로 이동했다 할 수 있다. 과학은 인간의 행위이므로. 20세기 한국 아동들이 과학의 힘을 우리 시대의 섭리로 수용하고 존중하는 데에서 한 걸음 더 나아가 우리의 삶을 지켜주고 향상해줄 최고의 길로 떠받들게 된 데에는 학교의 '자연' 수업 못지않게 만화책과 만화영화 장르의 영향력이 작용하지 않았을까? 다른 모든 아이의 경우에 대해서 말할 수는 없지만, 나의 경우에는 <로빈 특공대> 이후에 <우주소년 아톰> 및 그 공상과학적 후예에게 사사 받은 과학 지식과 기술에 무척 큰 영향을 받았다고 주장하겠다.

인터넷 카페에는 내가 만화영화 작품에 대하여 '내향적인 설명'을 이어가겠다고 천명했지만, 시청자층이 넓지 않은 이 작품에 대해서는 역시 구체적인 정보를 다소 나열할 필요가 있었다. TV 프로그램의 원작인 만화는 일본의 유명 만화가 이시노모리 쇼타로가 만들었는데, 이 작가의 또 다른 히트작인 <무적 009>에 대해서는 풀어놓을 긴 이야기들이 많다.[21] <무적 009>와 <로빈 특공대> 두 작품 다 여러 명의 개성 있는 팀원들이 힘을 합쳐 승리한다는 기본 구도를 지니고 있다. 멋진 헬멧을 쓴 소년 용사 로빈이 대장으로서 이끄는 이 특공대의 대원들을 소개한다.

1 박사 또는 교수(기억이 희미함): 다소 촐싹대는 난쟁이이지만 고성능 전자두뇌를 장착하여 박학다식한 특공대의 브레인.
2 벨: 다람쥐와 고양이를 섞어놓은 것 같은 귀여운 레이다 로봇.
3 릴리: 간호사 모자를 쓴 날씬한 미녀 로봇으로, 하늘을 날지만, 전투력은 없고 다친 대원이나 사람들을 치유하는 능력을 갖춤.
4 페가수스: 로빈이 탑승하는 만능 전투기이자 변신 가능한 로봇.
5 울프: 명사수이며 하늘을 나는 전투 로봇.
6 샘슨: 천하장사 거인 로봇(일본 원본에서는 '벤케이'라는 이름. '샘슨'은 구약성서에 나오는 역사 '삼손'의 영어식 발음을 가져온 것일 듯).

아쉽게도 <로빈 특공대>의 구체적 내용을 또렷하게 기억하는 이들을 만나보지 못했다. 로빈 특공대의 각 대원은 인간이 지닌 특정 능력이 극대화된 존재다. 박사는 지성, 귀여운 조수는 사회성과 예술성(춤), 로빈은 리더십과 용기, 간호사는 인성과 치유력, 울프는 운동능력과 공격성, 샘슨은 완력 등이 특출하다. 우주의 악당으로부터 지구를 지키는 지난한 과업의 성공적 수행을 위해서는 인간의 이 모든 역량을 한데 모아야 하고, 누구 하나 중요하지 않은 대원이 없듯이, 우리 사회도 사람들의 다양한 역량을 모두 필요로 한다. 다양한 인간역량을 존중하고 키워줄 것을 촉구하는 미국의 교육학자 하워드 가드너의

---

21 1967년 작 <사이보그 009 극장판 2기 괴수전쟁>의 도입부에는 대양을 항해 중이던 009 팀원들의 비행 선박이 하늘을 나는 로빈 특공대 팀과 조우하여, 서로 손을 흔들며 인사하는 장면이 나오기도 한다.

다중지능이론에 따르면 인간은 언어, 수리, 신체운동, 공간 감각, 자연친화성, 자기성찰, 대인관계 등의 영역들에서 적어도 한두 영역에서는 개인적인 강점을 지닌다고 한다. 수헌의 주장에 따르면 이러한 다중지능이론적 통찰의 전범을 여러 애니메이션 작품들에서 어렵지 않게 발견할 수 있다는 것이다.

그리고 전체 이야기 전개는 떠오르지 않지만, 특정 장면만 기억나는 것이 있다. 전 특공대원들이 하늘을 날아 전투 지역으로 이동할 때 상대적으로 덩치가 크고 튼튼한 페가수스와 샘슨만 전투기처럼 비행하고 나머지 대원들은 페가수스의 조종석과 샘슨의 뱃속에 안전하게 탑승해서 가는 장면이었는데, 나는 대원들이 안전해서 안심했고 그래서 기분이 좋아졌던 것을 기억한다. 모두가 함께 안전하다는 것이 나에게는 중요했었나 보다. 로빈 혼자 외톨이가 돼서 적들과 교전하게 될 때 불안을 느끼기도 했다. 아마도 나는 부모와의 분리 불안을 겪고 있었던 것이 아닐까 싶다. 그런 불안의 흔적은 수십 년이 지난 지금도 나의 내면에 잔존하는 듯하니, 한 가족의 아버지로서 군 내무반 점호하듯이 매일 밤 장성한 자식들의 귀가 상황을 확인하지 않고서는 편히 잠자리에 들지 못하는 행태가 그 흔적일지도 모르겠다.

초등 1, 2학년 시절에 시청한 작품인데도 인상 깊게 기억하고 있는 한 에피소드는 각기 최고의 실력(성능?)을 갖춘 로빈 특공대 대원들에게 비등한 실력의 적들이 도전하여 1:1 대결을 벌이는 이야기였다. 이 대결에서 비행 로봇 페가수스와 총잡이 울프, 그리고 장사 샘슨이 각각 비행술, 사격, 완력으로 적들을 압도하여 승리한 장면을 기억한다. 어린이 시청자는 우리 편 로봇들이 최고라는 데 안도하고 또 흡족해하며, 주인공들이 각자 자신만의 영역에서 최고의 실력을 갖췄다는 사실을 경배한다. 그런데 여기서 중요한 건, 로빈 특공대원 개개인이 자기 분야의 최고 실력자라는 것뿐만 아니라, 우리의 특공대는 색다른 분야의 실력자들이 다 함께 모여서 완성된다는 것이다. 주인공 로빈이 훌륭한 전사이지만 울프가 곁에 있을 때 더욱 든든하게 느껴지고, 샘슨까지 합세하고 전 대원들이 함께 힘을 모아 진격할 때 더더욱 '우리 편'에 대해서 안심하면서도 자신감이 생긴다. 바로 이런 심정을 간파하여 액션 드라마로 창조해낸 대표작이 명장 구로사와 아키라의 <7인의 사무라이>라 할 수 있고, 그 전통을 이어받아 할리우드는 <황야의

7인(The Magnificent Seven)>을 거듭 제작했으며, 아류 액션물들은 지금까지 등장하고 있다.

<7인의 사무라이>가 출범시킨 하나의 이야기 원형이 TV 만화영화 <로빈 특공대>로 승계되고, 수십 년이 지나도록 계속 되풀이하여 재생산되는 이유는 이 원형이 우리들의 마음을 잡아끌기 때문일 것이다. 시청자들은 왜 이 이야기 원형에 열광할까? 50여 년 전에 <로빈 특공대>에 열광했던 내 마음을 떠올려본다. 7인의 특공대원들이 다 함께 있을 때 느꼈던 안도감과 자신감은 어쩌면 일상의 현실에서는 늘 모자라고 서투르며 무능한 나 자신과 달리, 모든 것이 채워지고 우수하며 유능한 완전체의 현현(顯現)을 목도할 때 우러난 것 아니겠는가. 어쩌면 결핍되지 않고 모든 것을 제대로 갖춘 온전한 나에 대한 잠재된 소망이 7인의 특공대 전원이 함께 있는 장면에서 대리 충족된 것은 아닐까?

또한 내가 온전해지기 위해서는 단순히 몸통에 팔, 다리, 머리통이 붙어있으면 되는 게 아니라, 세상을 살아가는 데 필요한 다양한 능력들이 죄다 장착돼야 하리라. 그래서 특공대 7인 각각의 특별한 능력들이 한데 모여 있어야 내가 온전하다 할 수 있을 것이다. <7인의 사무라이>나 <황야의 7인>에서도, 우리 편은 7명밖에 안 되고 적의 수는 헤아리기 어려울 정도라, 중과부적이 확실한데도 불구하고 시청자들은 우리 편의 막강함을 깊이 신뢰한다. 심지어 불가능해 보이는 싸움에서도 승리할 수 있으리라 믿으며. 우리의 인생은 불가능해 보일 만큼 어려운 과업이 아니던가. 인생에서 살아남기 위해서는 나의 온 힘을 다 끌어모아서 온전한 나로서 용감하게 돌진해야 한다는 것을 우리는 마음 깊숙한 곳에서부터 알았던 게 아닐까?

그렇다면 '온전한 나'가 되는 것은 '사람이 되는 것'과 어떻게 다를까? 이 질문은 보다 발전되고 풍부한 정보를 제공해주는 텍스트인 <무적 009>를 배경으로 다시 제기해봐야겠다. 비록 나를 매료시킨 작품이지만, <로빈 특공대>는 초등 2학년 때까지만 봐서 기억해낼 수 있는 장면과 감상이 부족하기 때문이다.

9   이기적이고도 앙큼한 성장
— 빠삐, 마린보이, 사파이어, 레오

> 신화는 의미의 영역에 참여한다는 느낌을 정신과 감성에 부여하는 상징들의 체계이다.
> — 조셉 캠벨, 박경미 옮김 (2004). **네가 바로 그것이다.** 해바라기, 45.

    심리학 공부를 오래 해서 인간의 성장과 발달이론에도 조예가 깊은 수헌은 나와 함께 만화 카페 관련 일로 자료를 정리하며 이런 말을 해줬다.
    "우리가 여덟, 아홉 살 때 좋아했던 만화영화의 주인공들은 그때의 우리랑 비슷한 또래였어. 아마 제작자들은 주 시청자층이 자신과 동일시할 수 있는 캐릭터들을 의도적으로 주인공으로 설정했겠지. 그리고 이런 초딩 저학년 나이의 주인공들은 극 중에서 자기 또래의 친구와 의미 깊은 관계를 맺는 경우가 없었던 것 같아. 다들 자신을 지지해주는 가족 같거나 성인인 주변 인물들과 관계 지으며 활동하는 모습이더군."
    글쎄, <로빈 특공대>의 로빈은 아마 중학생 정도로 설정된 주인공이었겠지만, 다른 여러 주인공 캐릭터들은 귀여운 어린애의 모습이긴 하다. <요괴인간>의 베로는 열 살 정도는 되어 보이는데 늘 자신보다 어려 보이는 아이들과 친구가 돼보려 열심이고, 성인인 벰, 베라의 보호를 받는다. <황금박쥐>의 과학탐험대 주인공 사내아이와 메리는 이보다는 더 성숙한 연령대로 보이지만 건장한 청년과 박사님 같은 성인 남성들이 보호자로서 함께한다. 철인 28호의 조종사 소년은 4, 5등신의 체구로 실제 나이보다 더 어려 보이고, 주로 중년의 박사님과 활동한다. 앞서 본 이 작품들 이외의 또 다른 동시대 작품 중 <우주의 왕자 빠삐>의 주인공 빠삐도 4, 5등신으로 보이고 귀여운 어린아이 모습이며, 인도 출신 마법사와 미국인 전직 레슬러를 성인 조력자로 둔다. <마린보이>의 주인공 마린보이는 초등 고학년, 또는 중학생쯤으로 보이고 또래인 듯한 인어공주와 돌고래가 친구이지만, 해상 기지의 성인 대원들 및 나이 많은 박사님들과 주로 함께 작업한다. <밀림의 왕자 레오>의 주인공 레오 역시 어린이 사자인데, 친하게 지내는 동물 대부분은 그와 비슷한 연령대로 보인다.

　수헌이 관찰한 것처럼, 많은 주인공이 아동 시청자들과 연령대가 유사하다. 이들이 또래 집단보다도 성인들과 주로 관계를 맺고 성인들의 지원을 받는 것 역시 사춘기 이전 아동이 부모와 성인에게 의존하는 정도가 크다는 인간발달론적 상식에 부합한다. 즉, 나와 내 또래는 초등학교 저학년 시절에 우리와 비슷한 나이의 만화 주인공이 든든한 어른들의 지지와 지원을 받으며 활약하는 모습을 보고 심리적 안정감을 누릴 수 있었을 것 같다.

　차분히 나의 7, 8세 무렵을 회고하면, 학교에 처음 들어가서 주변의 또래들과 이런, 저런 상호작용을 계속 실험해본 것 같은데, 아직 사회적 에티켓이나 타인에 대한 배려 등을 제대로 배우지 못한 탓에 서로에게 매우 무례하고 배려심 없는 언행을 예사로 주고받았음을 기억해낼 수 있다. 예를 들어 옆 친구 얼굴을 빤히 쳐다보다가, "넌 왜 그렇게 여우처럼 생겼니?"라고 질문하여 그 애를 화나게 만들고, 또 다른 녀석의 외투에 코를 갖다 대고 킁킁대다가, "너한테서 참 이상한 냄새가 난다."라고 말해 그 애를 기분 나쁘게 한 적도 있었다. 다른 아이들도 나에게 "넌 왜 그런 이상한 말을 쓰니?"라고 물은 적이 몇 번 있었는데, 난 우리 엄마가 쓰는 '노상(늘)'이란 말과 '다마네기(양파의 일본어)'라는 단어를 교실에서 썼을 뿐이었다. 어떤 여자애는 아침에 갈치 조림을 먹고 온 나에게 "너 입에서 생선 냄새 팍팍 난다."라고 말하며 짜증을 낸 것도 기억난다. 무안했던 난 후다닥 수돗가로 뛰어가서 수돗물로 입안을 헹궜다.

　우리, 모두는 서로에게 무례하기 짝이 없었다. 그러나 매우 솔직했다. 이런 솔직하고 거친 상호작용을 통해서 한 해, 두 해 자라나며 무엇이 사회적으로 통용되고 바람직한지를 끊임없이 학습했고, 이런 학습 과정이 장래의 사회적 삶을 위하여 필수라는 것은 두말하면 잔소리다. 그래서 아이들은 또래들과 어릴 적부터 한데 어울려서 사회성을 터득해야만 한다. 이 과정이 생략된

아이들은 나중에 나이 먹어서 부족한 사회성을 보충하기가 여간 어렵지 않다.

<빠삐>, <마린보이>, <레오> 등에는 초등학교 저학년 학생들이 자신과 동일시하기 쉬운 어린 주인공들이 출연한다. 이들 군소 작품에 관한 단상을 간략히 메모해두겠다. 대망의 <우주소년 아톰>의 추억에 대하여 늘어놓을 이야기가 많으므로, 빠삐 등에게는 미안하지만 이번 이야기는 짤막하게 풀고 가려 한다. 그래도 내 이야기 전체의 흐름에서 중요한 주제를 건드릴 것이다.

내가 초등 저학년일 때 MBC에서 방영한 <우주의 왕자 빠삐>는 상당한 인기를 끌었던 바, P자가 새겨진 메달의 힘으로 슈퍼히어로로 변신하며 날아다니는 빠삐와 아톰 중 누가 더 셀까에 대해서 친구들과 논쟁을 벌였던 것을 기억한다.[22] 우리 주장의 근거는 대체로 어떤 장면에서 빠삐가 어느 정도 크기의 괴물을 물리쳤는데, 이건 아톰이 언젠가 '이따만한' 로봇을 제압한 것보다 더 수월했고, 따라서 빠삐가 더 강하다는 식이었다. 꼬마들 수준에서는 꽤 논리적인 설전이었던 것 같다.

[그림9-1. 우주의 왕자 빠삐]

'빠삐'의 팀에는 특이하게도 인도 출신 마법사와 미국인인 전직 프로레슬러가 포함돼있었다. 기억나는 장면은, 클라크라는 이 전직 레슬러가

---

22 일본의 원작 제목은 <유성소년 빠삐 遊星少年パピィ>. 우리말에서 쓰는 '유성'의 한자인 '流星'과는 다른 한자이다.

과거 선수 시절에 링에서 상대방 선수를 집어던졌는데, 상대방이 그만 경기장 지붕을 뚫고 날아가 버릴 정도로 지나치게 힘이 세서 결국 경기 참여가 금지됐고, 낙담한 선수는 방황 끝에 빠삐의 팀에 합류하게 됐다는 것. 클라크는 초인적인 힘으로 자동차를 역기 들듯이 번쩍 들어 올리기도 한다. 일본 원작에서는 '스트롱맨'이라는 이름을 가졌다고 하는데, 어쩌면 MBC의 담당자가 '슈퍼맨'의 클라크 켄트의 이름을 갖다 붙인 건지도 모르겠다. 외모도 클라크 켄트와 비슷하기도 하다.

<빠삐>의 시절에 유명한 또 다른 작품은 <마린보이>인데 그 주제가가 워낙 인기 있어서 운동회 응원가로도 많이 불렸다.[23]

바다의 왕자 마린보이, 푸른 바다 밑에서 잘도 싸우는
슬기롭고 씩씩한 용감스러운, 마린보이 소년은 우리 편이다.
착하고 아름다운 인어 아가씨야, 마음씨 고운 흰고래야, 정말 고맙다.

[그림9-2. 마린보이]

내 세대가 여전히 정확하게 기억하고 있는 <마린보이>의 주제가이다. 이 작품에 대해서 기억하는 것들은 이런 것이다. 거친 파도 한가운데 자리 잡은 '우리 편'의 본부 기지, 반구(半球)형 동체에 삼각형 날개와 뾰족한 침과 같은

23　일본의 원작 제목은 <해저소년 마린 海底少年マリン>.

선두(船頭)를 가진 잠수정, 마린보이가 수중에서 호흡할 수 있게 해주는 산소 껌, 마린보이의 무기인 전기 부메랑, 착한 돌고래, 그리고 토플리스의 인어 아가씨. 나는 등장인물의 '토플리스'를 인지할 만큼 성적으로 조숙하지 못했지만, 학급의 한 특출난 녀석이 이 이슈를 끄집어내서 유아적인 사내 녀석들 모두에게 인지적 충격을 안겨줬던 것을 기억한다. 녀석은 이런 말을 했다. "인어 아가씨는 브라자를 안 차고 있다고!"

빠삐와 마린보이처럼 강력한 전투력을 가진 남자 주인공을 내세우는 작품 대부분과는 달리 특이하게도 여성적인 감수성과 정서, 인간관계의 갈등 등을 다룬 <사파이어 왕자>라는 작품도 꽤 인기를 끌었다.[24] '마초'주의가 지배했던 당시 사내애들 집단에서도 여성적인 작품이 배척받지 않았던 것은 남장(男裝) 여성인 사파이어 왕자가 출중한 펜싱 실력을 발휘했기 때문인지도 모른다. 또는 이 작품의 작가가 <아톰>을 만든 데즈카 오사무여서 그림의 모양새가 아이들에게 친숙하게 느껴졌을 수도 있다. 그게 아니면 사내 녀석들도 내심 여성성에 대한 호기심을 품고 있었기 때문이었는지도 모를 일이다. 초등 1학년 때 여성 담임 선생님께서 나의 그림 일기장에 댓글로 '그 그림책이 정말 재미있었나 보지?'라고 써주셨는데, 옆에 있던 한 녀석이 그걸 훔쳐보더니 "'보지'래!"라고 외치면서 호들갑을 떨어서 놀랐던 기억이 난다. 50년이 지난 지금도 난 그 녀석이 과했다고 생각한다. 만 7세 아동이 여성 성기를 뜻하는 비속어를 그토록 민감하게 의식하고 있었다니….

이 작품의 주요 인물로 꼬마 천사가 있는데, 이 천사는 사파이어 공주가 태어날 때 실수로 여자 마음과 남자 마음을 둘 다 사파이어에게 줘버려서 신의 벌을 받아, 지상으로 내려와 사파이어에게서 남자 마음을 회수해야 하는 상황이다. 천사는 남자 마음을 되찾아야만 하늘로 돌아갈 수 있지만, 사파이어가 지상에서 악과 싸우고 승리하기 위해서는 남자의 마음도 꼭 필요하다는 것을 깨닫자 갈등에 빠지고, 사파이어 역시 천사 친구가 자신의 남자 마음을 가져가지 못하게 한다.

---

24 일본의 원작 제목은 <리본의 기사 リボンの騎士>.

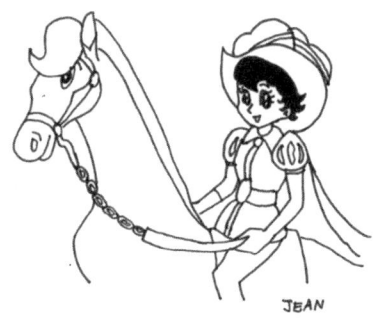

[그림9-3. 사파이어 왕자]

　혹시 인격의 모든 부분을 고루 키워주려면, 즉 '전인적 성숙'을 이루기 위해서는 내면의 양성성(兩性性)까지도 다 인정하고, 드러내고, 발휘할 수 있어야 한다는 심오한 심층 심리학적 메시지를 이 작품이 품고 있었던 것일까? 여성 내면에는 남성성이, 남성 내면에는 여성성이 내재한다는 생물학적 사실을 거부할 수도 없지 않은가. 남성 작가 데즈카 오사무의 섬세하고 여성적인 내적 성향이 얼마나 그의 작품세계에 깊이와 힘을 더해줬는지 확인하면, 이런 메시지에 대한 추측이 전혀 근거 없는 건 아니라는 생각을 아마도 할 수 있을 것이다. 데즈카의 또 다른 작품으로 1970년대 초에 TBC에서 잠시 방영했던 <우주의 세 용사(원제 '원더 쓰리 ワンダースリー')>에서도 주인공인 외계인 3인 중에서 홍일점 여성 외계인이 대장으로 등장하여 지구의 운명을 결정하는 임무를 수행한다. 일본에서 '만화의 신'으로 추앙을 받는 데즈카는 무엇보다도 '아톰의 아버지'로 알려져 있으니, <아톰>을 깊이 헤집어 볼 때 이 위대한 작가의 내면에 관해서 더 자세히 살펴볼 필요가 있겠다.

　그리고 데즈카 오사무의 <밀림의 왕자 레오> 또한 이 시절에 큰 인기를 끌었는데,[25] 이 대서사극의 이야기는 구조뿐만 아니라, 이야기의 무대, 배경, 등장인물, 아니 동물까지도 먼 훗날 디즈니 스튜디오가 제작한 <라이온 킹>에서 부활한다. 그 이야기 구조란 기본적으로 아버지를 잃은 어린 주인공이 시련의 여정을 통하여 역경을 이겨내고 결국 아버지를 뛰어넘는

25　일본의 원작 제목은 <정글 대제 ジャングル大帝>로, 우리나라에 수입되면서 '정글'이 '밀림'으로 변화했다. 하찮은 문제지만, '동물의 왕국'과 같은 프로그램을 보면 사자가 정글이나 밀림에서 서식하는 경우는 극히 드물고, 대체로 사바나 평원에서 먹고 살지 않던가?

영웅으로 재탄생한다는 '영웅 서사'를 말하는데, 정신의학자 융은 이런 서사가 태곳적부터 인류에게 전승된 원형적 이야기라고 말한다. 영웅 서사는 유구한 세월에 걸쳐 수많은 문화권에서 다양한 형태로 되풀이하여 전승되어왔고, 그래서 현대의 우리 또한 이 서사를 접하면 큰 감동에 사로잡히게 된다는 것이다.

[그림9-4. 레오]

나는 <레오> 이외에도 나의 어린 시절의 여러 만화 작품에서 영웅 서사가 적용되었다고 생각하고, 그런 서사가 왜 자그마한 어린이의 내면에 커다란 감동을 일으킬 수 있었는지 깊이 사고해볼 필요가 있다고 본다. 영웅이 그저 나와는 전혀 무관한 외계인 같은 존재라면 내가 감동하기는 어렵지 않을까? 내 안에도 그것과 통하는 뭔가가 있으니 내가 감동하는 것 아니겠는가. 미국 대중문화의 영웅 슈퍼맨도 평범한 소년 시절의 서사를 포함함으로써 대중의 관심을 더 받은 것처럼. 아무것도 아닌, 하찮은 소시민에 불과한 나라는 필부 안에도 영웅적인 그 무언가가 잠재되어 있다고 상상할 수 있을까?

'네가 바로 그것이다!'
호오! 간만에 내면의 음성이 들리는군! 내가 '그것'이라고? 내가 영웅이라고? 글쎄, 초라한 초로의 남정네가 저 자신한테 그런 위안의 말 한마디를 들려주고 싶을지도 모르지. 그리고 이건 내가 언젠가 책에서 읽었던 말이야.[26] 그래, 아마도 내면의 음성이란 결국 내가 나한테 던지는 자위의 말인 듯.

한데 그렇다 치고, 믿을 수 있는가, 당신이 영웅이라는 것을?

물론, 믿을 수 없다. ㅋㅋㅋㅋㅋ.

그러나 수십 년을 넘나드는 평생의 여정에서 단 한 번이라도, 단 한 사람에게라도 영웅이 되어본 적이 없었는가? 기억해보라! 구원의 열쇠를 찾고 싶다면.

---

26 신화학자 조지프 캠벨이 이렇게 외쳤다: '네가 바로 그것이다. Thou art that!'

10   아톰 — 착하고 올바르게

아이가 학교에 갈 나이에 다다르면 자아를 구축하고 외계에 적응하는
시기가 시작한다. 이 시기에는 일반적으로 많은 고통스러운 충격을 받게
된다. 동시에 어떤 아이들은 다른 아이들과 전혀 다르게 느끼기 시작하고,
자신이 다른 사람과 다르다는 이 느낌은 많은 아이의 고독감의 일부가
되고 있다. 이때는 세계의 불완전성, 외계뿐 아니라 자기 자신 내부의 악이
의식적인 문제들이 된다. 어린이는 외계의 여러 가지 요구뿐만 아니라
긴급한(그러나 아직 파악되지 못한) 내부의 충동에 대처하지 않으면
안 된다.

— 마리 루이제 폰 프란츠 in 카를 구스타프 융 편, 이부영 외 옮김 (2008).
인간과 무의식의 상징. 집문당. 169-170.

    일본 만화의 대부, 데즈카 오사무의 <우주소년 아톰>은 한국에서도
선풍적인 인기를 끈 작품이다.[27] 1970년에 TV에서 방영된 이래로 몇 번
리메이크돼서 나의 세대뿐만 아니라 20세기 말에 아동기를 보낸 이들에게도
친숙하다. 내 기억 속에서 가장 강렬한 감흥을 유발하는 1970년판 <우주소년
아톰>의 한 부분은 어린이들이 합창으로 힘차게 불렀던 도입부의 주제가이다.

   푸른 하늘 저 멀리, 날아라 힘차게 날으는
   우주소년 아톰, 용감히 싸워라.
   착하고 올바르게, 랄랄라 착하고 올바르게
   과학의 힘 정의의 승리, 우주소년 아톰.

---

[27] 일본의 원작 제목은 <철완 아톰 鉄腕アトム>. 1970년에 TBC에서 <아톰>이라는
제목으로 방영했고 어린이 월간지 소년중앙에서 <우주소년 아텀>이라는 만화를
연재했으며 이후에도 여러 차례 리메이크되었는데, 우리나라에서는 <우주소년
아톰>으로 널리 통용됐다.

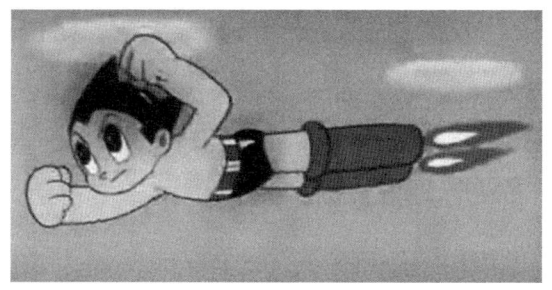

[그림10-1. 아톰]
다음의 유튜브 동영상 화면 캡쳐
https://www.youtube.com/watch?v=tXcakNpbp-M

　무슨 연유에서인지, 전두환의 제5공화국 때인 1983년에 TV에서 방영한 리메이크 물에서는 원조 주제곡의 멜로디는 거의 유지됐으나 기존의 노랫말이 개작되어, "착하고 올바르게"와 "과학의 힘, 정의의 승리"라는 부분이 삭제되고 "언제나 즐거웁게"가 삽입됐다. '언제나 즐거운', 아니 언제나 즐거워하기만 할 것을 강요하던 3S(스포츠, 섹스, 스크린) 문화정책을 내건 군부독재 치하에서는 "착하고 올바르게"와 "정의의 승리"마저도 어린이들에게 들려주기에는 너무도 불온한 용어였을까? 그러나 바로 그 삭제된 부분이 아직도 나의 가슴을 뛰게 만드는 <우주소년 아톰>의 핵심이다. '언제나 즐거웁게'라는 노랫말은 허망하며 유해하기 그지없다.
　여덟 살 먹은 나는 진실로 '착하고 올바르게' 살고 싶었다. 아톰과 같은 놀라운 '과학의 힘'을 배워서 익히고 싶었고, 신기한 능력으로 착한 사람을 구별해내어 도와주는 아톰처럼 '정의의 승리'에 이바지하는 훌륭한 사람이 되고 싶었다. 바로 그런 고귀하고도 숭고한 목표를 어린이들이 힘차게 "푸른 하늘 저 멀리"라며 합창하고 꿈꾼다는 것이 지금도 나를 가슴 벅차게 한다. 타락과 불의가 판치는 이 세상에다 대고 순수한 어린이들이 이상을 합창한다는 것이 나를 매혹한다. 예수는 우리가 어린아이처럼 돼야 천국에 들어갈 수 있다지 않았던가.
　<우주소년 아톰> 주제곡을 들을 때면 내가 가장 좋아했던 계절인 5월에

"날아라 새들아, 푸른 하늘을, 달려라. 냇물아, 푸른 벌판을"이라며 '어린이날' 노래를 불렀을 때와 똑같이 가슴이 벅차오른다. 도시에서만 자라서 실제로 냇물이 달리는 걸 본 적이 없었기에, 상상으로 푸른 벌판을 달리는 냇물을 그려보며 5월의 신록을 찬양했다. 식모 누나가 고향인 충청도 들판의 맑은 냇물 이야기를 해줬을 때 얼마나 놀랍고도 가보고 싶었던지! 나 살던 동네 주택가 개천에는 잿빛 구정물만 흘렀고 연탄재와 쓰레기 더미뿐이었거늘. 때때로 쥐의 사체까지... 진짜로 아이들이 풍덩 뛰어 들어가서 헤엄칠 수 있는 맑은 물이 흐르는 냇물이 누나네 마을에 있다니! 8, 9세 아이가 푸른 하늘, 푸른 벌판, 푸른 냇물이 신이 주신 것인지, 지구의 지각형성과정에서 나타난 것인지 알 수는 없었지만, '푸른 것'이 아름다우니 푸른 것에 감탄하고 칭찬해줘야 마땅하다고 느꼈었다. 그런 아름다운 푸른 하늘을 날아다니는 아톰은 그저 흉내라도 내서 똑같이 되고만 싶은 이상적 영웅상이었다.

  초등학생 시절, 집안 어른과 학교 선생님도 늘 아이들에게 그런 훌륭한 사람이 되라고들 말씀하셨다. 학교의 '글짓기' 숙제에다 그런 훌륭한 사람이 되겠다고 쓰고, 그런 사람이 되기를 꿈꿨다. <우주소년 아톰> 에피소드 한 번 보는 것이 '바른생활' 교과서 한 권 떼는 것보다 더욱 강력한 도덕 교화적 효과가 있었을 것이다. 아이는 착하고 올바르고 힘센 아톰을 진심으로 닮고 싶었기 때문이다.

  그것이 50여 년 전 일이다. 이제 와 돌아보면, 착하고 올바르게 산다는 것이 얼마나 힘들었는지, 참담한 기분마저 든다. 착한 놈은 이용당하거나 비웃음 받고, 올바르게 살려고 했다가는 세상을 모른다고 따돌림당한다. 빛나는 과학의 힘을 배우고 싶었고 순수했던 열정은 인생의 뒤안길 어디로인가 사라져 버린 지 오래다. 우주와 인간을 공부해 보겠다는 청년기의 열정은 현실도피나 무능함으로 손가락질을 받았다. 정의는 과연 승리하는가? 모르겠다. 빌어먹을 놈의 그 '현실'의 힘이 승리하는 것 아닌가? 과학은 '돈이 돼야' 힘이 있고, 정의 역시 '돈이 돼야' 승리한다. 착하고 올바른 '아톰'은 죽었다. 한데, 그 죽은 아톰이 왜 여전히 내 가슴을 벅차게 하는가?

  수현에게 내가 어릴 때는 <우주소년 아톰> 주제가처럼 '착하고 올바르게'가 삶의 모토였다는 회고를 들려줬다. 어릴 때 집안일도 많이

하고 부모님 방을 청소하고, 아버지 구두 닦아드리고, 주무실 때 이부자리 깔아드리고, 꼭 자기 전에 인사드리고 내 방으로 가고, 이 모든 행동은 착한 아이가 되고 싶었기 때문에 기꺼이 수행한 것이었다. 그런데 학교 공부는 정말로 싫어해서 맨날 빈둥빈둥 놀기만 하다가 성적이 반에서 바닥권까지 떨어졌던 적도 있었다. 4학년 기말고사 때 무슨 이유 때문이었는지 진짜로 죽도록 시험공부가 하기 싫어서 공부를 하나도 안 하고 시험을 보게 됐는데, 갑자기 어머니에게 야단맞을 생각을 하니까 공포심이 엄습했다. 그런데 마침 짝꿍 녀석이 나와 비슷한 패닉 상태에 빠져 있기에 둘이서 몰래 작당하고 답안지를 채점할 때 서로의 오답을 고쳐줬다. 문제는, 초범인 주제에 너무 욕심을 내서 우리 둘이 반에서 1, 2등을 해버린 것이다! 결국 당연히 의심한 담임 선생님에게 끌려가서 심문당하고, 자백하고, 그래서 어머니는 학교로 달려오시고, 하여 한마디로 작살이 나버렸다. 같은 반 아이들한테 손가락질받았던 것은 트라우마로 남았다. 그때 엄청나게 덴 바람에 고학년 때부터는 좀 공부를 알아서 하게 됐고, 그래서 나중에 대학까지 들어갈 수 있었다고 말할 수는 있겠다.

수헌은 4학년 때 나와 같은 반이 아니어서 그 사건을 알지 못했었지만, 이러한 평을 내놓았다.

"너는 집과 학교에서 태도가 완전히 다른 두 얼굴의 소년이었나 보다. 지킬 박사와 하이드 씨처럼. 집에서는 그렇게 부모님께 효도하는 착한 아들이었다면서 학교에선 공부도 안 하고 시험 부정행위까지 저지르다니!"

그렇다. 그런데 실은 그게 다가 아니었다. 수업 시간에 딴짓하다 선생님에게 걸려서 벌 받는 것쯤은 심심찮게 되풀이되는 일상사였고, 교칙 어기고 학교 주변에서 불량식품 사 먹고 만화 가게 다니다 걸려서 교무실에 끌려가기도 했고, 심지어 문방구에서 도둑질도 했다. 친구는 바람잡이, 내가 주범이었다. 한 번은 순진하고 아무것도 모르는 신출내기 한 녀석을 더 끌어들여서 문방구에서 플라스틱 모델 하나를 훔치는 데 성공했을 때, 그 신참은 충격을 받은 얼굴로 우리 패거리에게 말했다, "너희들, 나쁜 애들이구나!"

나는 그 말을 하던 그 애의 표정을 잊지 못한다. 그래, 나는 실로 범생이와는 거리가 먼 악동이었다. 나는 어른이 돼서도 내가 그때 왜 그렇게 어긋나게 됐었는지 이해하지 못했다. 특히, 집에서는 참으로 착한 아들로서 효자 노릇 하느라 열심이었거늘…. 그러나 역시 심리학자 수헌은 나도 이해하지 못한 나를 꿰뚫어 보는 것 같았다.

"네가 그럴 이유가 다 있었던 것이네. 넌 외가에서 오래 있다 돌아왔다고 했지, 학교 들어가기 전에. 네 여동생은 줄곧 부모님과 함께였고. 부모님께서 여동생을 귀여워하셨지? 너도 동생처럼 귀여움을 받았었니? 그래, 그렇지 못했을 거야. 작고 예쁜 딸내미가 귀여웠겠지, 훨씬 크고 무뚝뚝한 네가 귀여웠겠어? 당연히 넌 귀염을 받진 못했겠지. 그런데 너도 어린애이므로 부모님의 사랑을 받고 싶었겠지? 그러나 부모님께선 동생만 예뻐하셨어. 뭘 해도 언제나 동생만 칭찬받고, 부모님은 동생만 안아주고 쓰다듬어 주니 너도 그런 사랑을 받고 싶었겠지? 그래서 그렇게 효도할 수밖에 없었던 거야, 그렇게 해드리면 부모님이 너도 사랑해줄 거라고 믿고, 너 자신도 모르게, 무의식적으로."

수헌은 어린 내 모습이 눈앞에 다 그려진다는 듯이 설명해줬다.

"사람이 모든 삶의 영역에서 한결같이 반듯할 수는 없겠지. 어린 넌 집에서는 자기 속내를 감추면서까지 부모의 사랑을 받기 위해 열심히 효도했지만, 학교에 오면 그간 억압된 네 내부의 불만들이 삐져나올 수밖에 없었던 거야. 그래서 원체 온순한 녀석임에도 불구하고 집 밖에선 악동 행각을 벌였고, 그것 또한 너의 무의식 차원에서, 너 자신도 의식하지 못한 채 진행된 일들인 거지."

수헌은 내가 말썽꾸러기 아이였어도 본래 정체는 착하고 올바른 아톰과 같다는 말을 해주고 있던 것일까? 이런 말을 덧붙여줬다.

"원래 아동기, 청소년기에 탈선하며 자신에 대해 많이 알게 된 사람들이 성인이 돼서는 얌전해지곤 하지. 반대로 대학 졸업할 때까지 모범생으로만 살았던 사람이 직장인이 돼서는 엄청나게 타락하고 탈선하기도 하고. 내 주변에도 그런 경우가 적지 않고, 명문대 출신에 고시 패스한 장 차관이니 판 검사들이 뒤로는 엄청나게 타락한 예도 꽤 많아. 실은 나도 중학생 때 잠시 '노는 애들'하고 어울리고 삐딱했던 적이 있었거든. 왠지 범생이가 되는 것에 대해 저항감이 있었다고나 할까."

수헌의 위로는 이러했다. 나는 어린 시절에 상대적으로 폭넓게 자신을 드러내 봤고, 즉 자신을 다 살아내 봤기 때문에 자기 내면의 양면적인 복잡성을 잘 수용했고, 그래서 중년 이후에 오히려 착하고 올바르게 사는 게 어렵지 않은 것일 수도 있다고. 물론, 나 스스로 내가 현재 착하고 올바르게 살고 있다고 믿지는 않지만.

그래, 난 진짜로 아톰을 사랑했고, 그저 아톰처럼 좋은 사람이 되고 싶었을 뿐인데, 그게 내 맘대로 되지는 않았던 게다. 그런데 그게 그냥 내가 못된 성격이거나, 선천적으로 사악하거나, 아님, 그저 의지박약형이어서가 아니라는 말이다. 수헌의 '진단'에 의하면. 부모와의 관계에 나도 모르게 지나치게 집착하다 보니, 나도 모르게 나 자신을 억압해서, 나도 모르게 무의식적으로 일탈 행위들을 벌였다는 말이다. 과연 맞는 말인가?

솔직히, 잘 모르겠다. 부모와의 관계에 지나치게 집착한 나의 선천적 무의식의 경향이 문제의 원인이라고 지목해봤자, 자기 위안을 위해서든, 자기성찰을 위해서든 득이 될 것도 없을 것 같고....

어쨌든, 나는 결과적으로 아톰처럼 착하고 올바르지도 못했을뿐더러, 아톰이 가진 힘과 능력도 없고, 삶에서 승리하지도 못한 것 같다. 아홉 살 때는 아톰처럼 하늘을 나는 것이 불가능하다는 것을 깨닫고 크게 좌절했고, 아톰처럼 힘이 세기는커녕 팔씨름으로 옆자리의 진수 녀석한테도 졌다는 게 분했다. 이러구러 노년에 가까워지는 지금까지 여전히 아톰은 선망의 대상이다. 하늘을 날지도, 힘이 세지도 못하지만, 착하고 올바르게 살았다고 나 자신에게 말이라도 해주고 싶다. 그래서 "착하고 올바르게"라는 주제가를 들으면 아직도 가슴이 설레는가 보다.

그래! 어쩌면 아톰처럼 살아낼 영웅적인 부분이 아직도 내 안에서 뛰쳐나오고 싶어서 꿈틀대고 있는 것은 아닐까? 그걸 살아내 봐야 하는 거 아닐까? 죽기 전에? 단 한 번이라도?

'네가 바로 그것이다!'

11   아톰 — 과학의 힘, 정의의 승리

> 만약 학교 교육을 받는 과정에서 학생이 자기 자신의 영혼을 잃게 된다면,
> 즉 가치 있는 사물들과 그러한 사물들에 결부된 가치들을 음미하는
> 능력을 상실하게 된다면, 더 나아가 자신이 배운 것을 적용하고자 하는
> 욕구, 그리고 무엇보다도, 장차 생겨날 그의 미래의 경험으로부터 의미를
> 끌어내는 능력을 상실하게 된다면, 지리나 역사 과목에 대하여 미리
> 처방된 양만큼의 정보를 얻는다거나 읽고 쓰는 능력을 얻는다거나 하는
> 일이 무슨 소용이 있겠는가?
> — 존 듀이, 엄태동 옮김 (2001). **경험과 교육**. 원미사, 68.

　　일본의 <철완 아톰>은 1950년대에 만화책으로 세상에 나왔는데 <아톰>의 만화책 판은 TV 만화영화와는 여러 면에서 달라, 훨씬 심각하고 복잡한 주제들을 다루며 장편 에피소드도 적지 않다. 아득한 기억 속의 초등학교 1학년 무렵, 반에서 1등 하던 반장 홍근이네 집에 어머니 손에 이끌려 놀러 갔다가(그런 '엄친아'를 좀 보고 배우라는 어머니의 깊은 뜻), 그의 책장에서 <아톰> 만화책 전집을 발견했던 순간의 놀라움을 또렷하게 되살려낼 수 있다. 1주일에 단 한 번, 감질나게 20여 분씩만 TV로 볼 수 있었던 <아톰>을 여러 권의 두꺼운 만화책으로 곁에 두고 항상 볼 수 있는 삶이 가능하다는 점이 놀라웠고, 급기야 어머니에게 나도 그 전집을 사달라고 떼를 쓰다 울고 말았다. 그 전에 컬러 그림 동화책을 한 권은 사주셨던 어머니는, 그러나 엄친아 학습 효과를 회의하셨는지 <아톰> 전집은 사주지 않으셨다.
　　당시의 어린이들에게 아톰은 영웅이었다. 천재 과학자 텐마 박사가 죽은 아들을 대신해줄 존재로 만든 로봇인 아톰, 어린이들과 같은 작은 체구의 아톰이 지닌 '과학의 힘'을 어린이들은 동경해 마지않았다. 자신처럼

작은데도 커다란 어른들 명령에 자신처럼 복종하지 않아도 될 만큼 강하다는 것이 대단해 보였을 것이다. 또한, '사슴이 착한 건 힘이 없어서이고 호랑이가 포악한 건 힘이 세기 때문이다.'와 같은 세계관을 어린 시절에 은연중에 품고 있었는데, 그런데 아톰은 엄청나게 힘이 센데도 포악하지 않고 착하다. 현실과는 다른 멋진 세상을 만들어가는 아톰, 그래서 그는 영웅이다.

아톰은 7가지의 특별한 능력을 지녔다. 첫째, 발밑의 제트 분사기로 하늘을 자유자재로 난다. 둘째, 60개 국어를 구사한다. 셋째, 사람의 선악을 파악할 수 있다. 넷째, 청력이 천배까지 증폭된다. 다섯째, 눈에서 헤드라이트 같은 광선이 뻗어 나와 어둠 속을 밝힐 수 있다. 여섯째, 엉덩이에서 기관총이 나온다. 일곱째, 십만 마력의 힘을 가졌다. 이런 능력을 활용하여 지구 내외에서 출몰하는 악당들을 무찌르고 약자를 구해준다.

슈퍼히어로 아톰, 그러나 그는 순진무구한 어린이다. 엄청난 힘의 소유자이지만 그 힘을 자신의 탐욕을 채우기 위해 사용하지 않는 순진무구한 영웅상은 한 세대가 지난 뒤에 <드래곤볼>의 주인공인 손오공에게 계승된다. 손오공은 오직 마음이 깨끗한 사람만 탈 수 있는 근두운의 탑승 자격이 있다. <아톰>의 한 에피소드에서 사람이 들어있는 큰 자루를 아톰이 메고 어디론가 피신하는 도중, 이를 수상하게 본 경찰이 검문하려 하자 아톰이 그 커다란 자루를 솜덩어리처럼 가볍게 한 손으로 공중에 집어 던지고 되받아 보이며 솜뭉치라고 경찰을 속이는 장면이 나온다. 십만 마력의 힘을 이렇듯 귀엽고 무해하게 쓴다.

어찌 보면 아톰은 무의식이 없는 존재다. 망각 기능이 없다 보니 기억을 저장해두는 무의식의 창고 따위도 필요가 없다. 프로이트식으로 볼 때 성적인 에너지인 리비도가 무의식에 억압되어 있지 않다. 인간이 아니다. 우수한 전자두뇌가 있지만, 인간과 달리 두려움과 같은 감정을 못 느끼고 모순이나 역설을 수용하지 못한다. 입체 퍼즐을 맞춰보라고 학교 선생님이 시키면 빈틈없이 완벽한 루빅스 큐브 같은 정육면체를 순식간에 만들 줄은 알지만, 상상력과 낭만이 가미된 예술품을 만드는 일은 도저히 시도도 하지 못한다. 프로이트식으로 볼 때 억압된 성적인 에너지를 예술로 승화시키고 카타르시스를 느낄 필요가 전혀 없다.

그렇게 과학의 힘으로 만들어진 아톰의 변함없는 정의로움은 자동적이고 절대적이다. 그렇듯 자동장치화한 정의로움이 도덕적으로 찬사를 받을만한 가치가 있을까? 선과 악의 선택의 갈림길에서 갈등과 고민을 거쳐 힘겹게 정의를 쟁취하는 과정 자체가 진정으로 가치 있는 것 아닐까? 훗날 나이를 먹어 이런 생각이 들기는 했지만, 일단 어린 나로서는 아톰의 우수함과 정의로움 그 자체가 동경의 대상이었다. 그러나 아톰처럼 우수하기란 불가능한 바램이었고, '착하고 올바르게'라는 구호는 번번이 이런저런 장애에 부딪혔다. 나는 무능하거나 열등하다. 거기에다 착하거나 올바르지도 못하다.

하지만 내가 이러한 것에 대해 세상 탓이나 읊조리는 루저의 하소연일랑 그만 접고, 내가 살아오며 아톰을 본받지 못한 이유를 내 안에서 찾아보려 한다. 사회의 현실에 지레 겁먹고 비겁하게 옳은 길을 포기해버리는 것은 내 내면의 장애 때문이 아니겠는가. 내 안의 장애를 똑바로 쳐다보고 그것을 깊이 이해하여, 더 늙어서 무능해지기 전에 그것을 극복하려는 최후의 시도를 해보고 싶다. 이것이 내 안의 못 살아낸 부분을 살아보는 것이리라. 이것이 그나마 내 안에 숨어있을지도 모를 빈약한 영웅을 살려내는 길이리라. 우선은 아톰의 도움을 받아보자.

<아톰> 팬들이 시리즈 중에서 가장 재미있는 에피소드 중 하나로 꼽는 것이 '지상최대의 로봇' 편인데, 백만 마력의 힘을 가진 강력하고도 공격적인 로봇 플루토가 세계최강의 일곱 로봇과 1:1로 대결하여 하나씩 파괴해나가는 이야기가 흥미진진하게 전개된다. 애초에 십만 마력에 불과했던 아톰이 이 가공할 적에 맞서기 위해 백만 마력으로 업그레이드된다. 나는 아톰의 힘이 십만 마력인지 백만 마력인지를 두고 코흘리개 친구들과 설전을 벌였던 것을 기억한다. 덕분에 '마력'이란 어려운 개념을 이해할 수 있었다.

아동 잡지 소년중앙의 별책 부록에서 이 에피소드를 읽을 때, 악당 플루토가 보육원을 수호하는 최고 성능의 선한 로봇인 엡실론을 파괴하는 장면에서 분통이 터졌다.[28] 왜 착하고 정의로운 로봇이 사악한 로봇에게 파괴당해야 하는지 이해할 수가 없었다. 이 에피소드의 후반에서 악당

---

28 어릴 때 이 장면에서 들었던 의문이 용케 기억이 나는데 그건, 세계 최고성능의 로봇이라는 엡실론이 왜 고작 시골의 자그마한 보육원을 돌보는 일을 할까 하는 것이었다. 그런 로봇은 국가 방위와 관련된 거창한 일 따위를 담당해야 격에 맞지 않는가 하는 생각을 했다는 건, 그만큼 내가 일찍이 대중매체에 세뇌가 되어, 존재의 가치를 외면적 사회적 지위와 연결하여 평가했음을 뜻할 것이다. 세계 최고 고성능의 로봇에게 마치 페스탈로치처럼 시골의 작은 고아원 아이들을 보호하는 일을 맡겨준 데즈카 오사무의 깊은 휴머니즘에 관하여 숙고해볼 필요가 있겠다.

플루토는 아톰과 아톰의 여동생 덕분에 개과천선하게 되지만, 예기치 않았던 거대한 적 로봇을 만나 비극적으로 산화하고 만다. 악당의 회개 자체가 열 살 내외의 아동에게는 소화하기 힘든 주제였을 테고, 회개하여 선해진 자가 죽어야 한다는 내용 역시 이해할 수 없는 이야기 전개였을 게다. 과연 원래 악한 사람이란 있는 걸까? 몇 해 전(1968년)에 '나는 공산당이 싫어요!'라고 외쳤다는 저 이승복 어린이를 참혹하게 살해한 '북괴의 무장 공비'는 진짜 악당이지 않나![29] 그런 악당도 착해질 수가 있단 말인가?

[그림11-1. 플루토 대 엡실론.]
테츠카 오사무 (2002). **우주소년 아톰** 13, 학산문화사, 143.

이처럼 삶의 모순을 다루는 이야기로 또 기억하는 또 다른 에피소드에는, 지구인과 공존하게 된 초식성 외계인들이 처음으로 지구인에게 구운 새고기를 받아먹고 나서 그 맛에 홀딱 반한 나머지 갈등하면서도 새 구이를 계속 먹게 되고, 자신이 잡아먹은 새의 무덤 앞에서 눈물을 뚝뚝 흘리며 사죄하는 내용이 나온다. 육신의 유혹을 도저히 이기지 못해 죄를 저지르고, 그러고 나서 후회하며 죄책감으로 고통스러워하는 인간의 모습, 그러한 인간사의 적나라한 모순을 데즈카 오사무는 만화다운 단순미로 그려냈다. 그리고 그 모순됨에 대한 어린 시절의 명징한 기억은 세월이 흐른 뒤에 인간을 바라보는 나의 시선에 조금이라도 여유를 선사했으리라 추측한다. 선악 흑백론의

---

29 당시에 이승복의 죽음을 그린 반공 만화책을 고우영이 작화했는데, 이승복과 그 가족이 무장 공비에게 살해당하는 장면은 소름 끼치도록 무시무시했었다.

완벽주의에서 벗어날 수 있는 여유를.

<아톰> 만화책을 오롯이 집중하여 정독하는 동안 나의 내면에서는 선과 악에 대한 복잡한 감응이 진동하고 있었다. 위대한 만화책은 어린 독자에게 단순히 '바른생활' 교본 식의 표면적 '착함'을 맹종하도록 강요하기보다는, 자기 안의 종잡을 수 없는 '착함'과 '못됨'을 드러내 보고, 그 귀결을 스스로 체험함으로써 그 의미를 깨닫도록 인도해주었는지도 모른다. 아동기에 나는 '바른생활'을 따르기보다는 내면의 욕구를 표출하는 쪽을 무의식적으로 택했고, 그래서 시험 부정행위나 도둑질 같은 일탈마저 저지르게 됐다. 일탈의 감행은 사회적인 위기를 초래하였는데, 어른이 된 이후에 나는 그 위기를 매우 소중한 경험으로 가슴에 품을 수 있었다. 그 덕분에 나의 내면의 어둠을 인정했고 그것을 외면하지 않았으며, 성장과 성숙의 여러 국면에서 그 어둠이 다시 비집고 뛰쳐나올 때 그것을 온 마음으로 부여안고, 그 이기적 충동을 제어해보려는 의지를 낼 수 있었다고 믿는다. 제어에 늘 성공했던 건 아니지만, 지금껏 살아오면서 세상에 해악을 끼치지 않기를 진심으로 소망했다. 물론, 이제 60년쯤 살았으니 앞으로의 여생에 무슨 악행을 저지르게 될지는 미리 알 도리가 없으나….

만화책 <아톰>에는 아동용 서적답지 않게 단순한 이분법적 권선징악의 교훈을 넘어서서 세상의 모순과 악에 대한 깊은 성찰을 요구하는 이야기들이 곳곳에 배어있다. 내가 매우 슬프게 읽었던 에피소드로는 로봇의 평등권을 주장하다 인간 군중에 의해 파괴되는 인권, 아니 로봇권(?) 운동가인 한 청년 로봇의 이야기가 있는데, 그 청년 로봇의 비극을 아톰이 목격하도록 인도해준 한 친(親)로봇 사업가의 인생사가 기억에 남았다.[30] 뚱뚱하고 대머리에 콧수염을 기르고 검은 색안경을 쓴 이 사업가는 미녀 로봇과 사랑에 빠져 그의 남자가 되기 위해 자신의 몸도 사이보그로 개조한 인간이다. 그러나 인간과 로봇의 결합을 반대하는 세태를 극복할 수 없음을 깨달아, 아톰의 마음속에 '로봇권' 확보라는 이상을 심어주기 위해 애쓰고, 결국에는 자신도 반로봇주의자들의 테러로 목숨을 잃는다.

사회의 소외계층이 직면한 불의를 우회적으로 고발한, 시대를 앞서가는 이와 같은 데즈카의 이야기들은 조금씩 민주주의라는 개념과 조우하기

---

30 1970~80년대에 봤던 <아톰> 만화책 전집이 2010년대에 새로이 출간되어, 재독하며 내용을 재음미할 수 있었다.

시작하던 어린 나에게 사회 정의라는 추상적 가치의 중요성에 대한 구체적인 인상을 심어줬다. 내가 비록 청년기에 학생운동에 적극적으로 참여하는 활동가가 되지는 않았으나(비겁한 탓에), 어른이 된 이후 소심하게나마 줄곧 사회의 구조적 악에 반대하고 민주주의를 신봉하는 한 명의 시민으로서 자신을 규정하려 해온 것이 만화책에서 받은 깊은 인상과 무관하지 않을 것이라고 믿는다. 곰곰이 생각해보면, <아톰> 같은 만화책이 한 인간의 일생에 지속해서 끼치게 되는 영향은 상상외로 클지도 모른다.

나의 선악관, 정의관 같은 가치관 형성에 <아톰>과 같은 작품이 끼쳤을지 모를 영향에 관하여 이야기를 하니, 수헌도 맞장구를 쳤다.

"아동의 발달단계에서 가치관이 형성되는 민감한 시기에 한 아이의 마음을 사로잡은 작품이 있다면, 그게 위대한 고전 명작이든, 아니면 싸구려 만화책이든, 평생토록 지속되는 영향력을 행사할 수 있다고 생각해. 물론, <아톰>이 싸구려 만화책이란 말은 절대 아니고, 하하! 결국 <아톰> 애독자인 우리 같은 인간들은 '착하고 올바르게'와 '정의의 승리'라는 순수한 메시지를 평생에 걸쳐 내면화한 것 아닐까?"

나도 이렇게 아전인수격으로 믿고 싶다. 그런 내면화가 성공했는지는 여생의 내 행보가 평가해줄 테고.

12 　　아톰 — 친여성적 평화주의자

> 여성성과 평화를 결합하게 되면, 여성을 보호가 필요한 수동적 피해자로 규정하는 남성성이 이상화되며 더욱 정당화된다.
>
> — J. Ann Tickner (1992). *Gender in International Relations: Feminist Perspectives on Achieving Global Security,* New York: Columbia University Press, 59.
> (인용문은 한석훈 번역)

　　<아톰> 만화책 시리즈의 후반에 아톰이 수십 년 전 과거의 세계로 이동하는 쓸쓸한 장편 에피소드가 있다. <아톰> 시리즈의 외전 격인 이 이야기 속에서 아톰은 우여곡절 끝에 베트남 전쟁으로 추정되는 전시 상황에 끼어들게 되고, 힘없는 마을 사람들을 구하기 위해 미군(이 거의 확실한) 폭격기 편대를 무력화시키려고 맹활약을 공중에서 벌이지만 끝내 에너지가 소진돼 지상으로 추락한다. 아톰을 마을의 수호신으로 여긴 주민들은 아톰의 유지를 받들어 의식이 꺼진 아톰의 몸을 천신만고 끝에 일본으로 돌려보낸다.

　　초등학교 고학년 시절에 입수한 <아톰> 만화책을 통해 이 이야기를 접했던 나는 데즈카 오사무의 반전(反戰) 평화주의 메시지에 크게 공감한 동시에 '과학의 힘'에 대한 맹목적 동경에 대해 의구심을 품게 됐다. 즉, 아톰의 막강한 무력을 영웅시했었는데, 그런 무력을 가능케 하는 과학의 힘이 악을 퇴치하고 사람을 구할 수도 있지만, 폭격기를 만들어서 사람들을 죽일 수도 있는 양날의 검과 같음을 인식한 것이다. 아마도 아톰처럼 한결같이, 변함없이 '착하고 올바르게' 앞으로 나아갈 때만 과학의 힘이 정의의 승리로 이어질 것이다. 그러나 사람은 변함없이 착하고 올바를 수가 없다. 따라서 과학의 힘이 정의의 패배를 낳기도 한다. 그렇기는 해도, 비록 나도 삶 속에서 착하지도, 올바르지도 못한 자신을 끝없이 발견하며 살아가고 있기는 해도, 어린이들이 힘차게 아톰 주제가를 합창하는 것을 들으면 여전히 가슴이 벅차오른다.

그러니까 나는 자신의 불완전함과 이기심을 뛰어넘는 어떤 경지에 다다르는 게 가능할지도 모른다는 황당한 상상을 인생의 황혼기에도 버리지 못하고 있는 낭만주의자다. 어쩌면 혹자는 몽상가라고 할지도....

그런데 과거 세계로의 여행을 다룬 이 에피소드에서는 아톰이 우주 저편의 머나먼 별에서 온 외계인인 스칼라라는 젊은 여성과 친구가 되어 낯선 환경에 적응해 가는 장면이 나온다. 이 여성 캐릭터가 매우 독특하다. 자신의 별에서 최고 과학자의 연인이었던 스칼라는 연구밖에 모르는 지루한 남자에게 싫증이 나서 도전적인 사업가의 유혹에 넘어갔다가 결국엔 두 남자를 다 버리고 모험을 좇아 지구까지 날아오게 된다. 지구로 오면서 자신의 별에서는 원래 메뚜기와 같은 모습이었던 신체가 지구인의 모습으로 변화된 이 여인의 이야기를 사춘기에 막 돌입하던 12세 무렵에 읽고는, 여성이란 존재에 대한 묘한 의문을 품게 됐다. 수십 년이 흐른 훗날, 재출간된 <아톰> 만화책을 모조리 구해서 다시 읽다 보니 스칼라 이야기가 작가 데즈카의 탁월한 상상력을 유감없이 보여주는 데 그치지 않고, 아동용으로는 너무 깊은 내용을 품고 있다는 생각이 들었다.

여자란 자신과 후손을 안정적으로 먹여 살려줄 남자를 찾는 이들이고, 남자는 그 처자식을 먹여 살리기 위해 세상과 싸우느라 상처 입은 자신을 위로해줄 여자를 찾는 자들이라는 생각을 때로 했었다. 아, 물론 현실에서는 남자는 상처를 입어도 여자에게 아프다고 내색해서는 안 되고, 그렇다 보니 실제로 남자가 여자의 위로를 받게 되는 일은 잘 안 일어난다는 생각도 들긴 하지만. 또는 상처를 입었다고 여자에게 말하는 순간 남자의 매력이 사라져서 여자가 등을 돌리기도 한다는 생각도 들지만. 또는, 이런 식의 사고 자체가 내 안의 루저 콤플렉스의 작용일지도 모르고. 그건 그렇고, 남자에게 의존하는 여자의 속성에 대한 나의 이런 견해가 완전히 보편타당하다고 주장하는 건 아니다. 왜냐면 나의 어머니의 경우, 먹여 살려줄 남자를 구했지만 거기서 그치지 않고 자기만의 뭔가를 계속 더 추구하셨다. 내가 기억하는 예전의 우리 어머니 말씀 중 하나가 '여자도 꿈이 있단다.'였다. 내가 대학에 들어간 뒤에 하신 말씀이었다.

스칼라가 안정된 삶 너머의 꿈을 추구했던 여성상을 대변하는 것 같기도

하다. 그러고 보니 스칼라라는 이름 자체가 <바람과 함께 사라지다>의 여주인공인 스칼렛 오하라의 합성어일 것이라는 매우 타당한 추측이 든다.[31] 한데 스칼렛 오하라가 일면, 남자에게 의존하면서도 그 의존을 뛰어넘어 자기만의 존재를 천명하려던 이중적인 여성이라고 볼 때, <아톰>의 스칼라 또한 그런 것 같기도 하지만, 어찌 보면 남성에 대한 의존성 자체를 아예 폐기해버린 초월적 인물은 아닐까 하는 생각도 든다. 자신을 원하는 두 남자를 다 차버리고 머나먼 별로 모험의 길을 떠나버리니까.

[그림12-1. 스칼라.]
테즈카 오사무 (2002). **아톰-현재와 과거1**, 학산문화사, 29.

내 짐작으로는, 데즈카 오사무가 젊었을 때 스칼라 같은 여성에게 차였던 게 아닐까 싶다. 그러니까 만화 속에서 스칼라가 버리고 떠난 외계인 과학자가 어쩌면 데즈카 자신일지도 모른다. 데즈카는 원래 의사였고, 우렁이 정충에 관한 과학적 논문으로 의학박사 학위를 받았다.

순진하고 탐구적이며 상상력이 풍부했던 데즈카가 그린 스칼라의 모습을 보면, 그가 여성을 매우 어려워했었고, 여성을 신비롭고도 이해 불가한 존재로 여기지 않았을까 추측해보게 된다. 스칼라는 종잡을 수 없는 성격이어서

---

31 <아톰>의 해당 에피소드에서 스칼라의 연인인 과학자의 이름은 오하라이고, 연적인 사업가의 이름은 버틀러로, <바람과 함께 사라지다>의 남자 주인공과 같은 이름이다.

남성이 대하기 어려울 뿐만 아니라, 동시에 매력적이고 아름답기도 하다. 이러한 여성의 양면성, 또는 다면성은 융 심리학에서 남성 무의식 깊숙한 곳에 숨겨진 여성성이자 영혼의 메신저인 '아니마'를 설명하는 방식과 유사하다고 수헌이 알려줬다.

> 아니마는 막연한 여러 느낌과 기분, 예견적 육감, 비합리적인 것에 대한 감수성, 개인적 사랑의 능력, 자연에 대한 느낌, 그리고—마지막 또 하나 중요한 것인—무의식과의 관계 등과 같은, 남성의 마음에 숨은 모든 여성적인 심리적 경향들이 인격화된 것이다.[32]

수헌이 카톡으로 보내준 융 수제자의 이 글은 너무 어렵다. '느낌, 기분, 감수성, 사랑' 등등을 아마도 남자보다는 여자가 더 잘 다룰 줄 안다고 말한다면, 그래서 그것들이 여성적 경향이라고 말한다면 나로서는 그런대로 수긍할 수도 있겠다. 하지만 '무의식과의 관계'란 대체 무슨 말일까? '무의식'이란 말 그대로 의식하지 못하는 것인데, 의식하지도 못하는 것과 어떻게 내가 관계를 맺을 수가 있다는 말인가? 암튼 아니마란 아리송하고 난해한 개념이다.

'남자인 나 안에 잠재돼있는 여성성'이란 개념도 실체적으로 이해하기가 쉬운 건 아니지만, 아마도 남자의 폐경기인 갱년기가 진행되며 남성 호르몬이 줄어들고 여성 호르몬 분비가 증가하여 중년 남정네가 여성처럼 센티해지는 것이 하나의 예가 될 수 있을 것 같다. 그래, 남자 안에 여성성이 있다면, 이것 또한 발휘하여 살아내는 것이 '전인(全人)적'이라는 수헌의 말에 고개가 끄덕여진다. 공격적이고 논리적인 남성성만 발휘하는 것보다는, 수용적인 감수성과 같은 여성성도 발휘할 때 세상만사를 더 효과적으로 처리할 수 있지 않겠는가. 전에 언급한 <사파이어 왕자>에서는 여성 안의 남성성을 살아내어 인생의 힘든 과업을 수행하는 이야기가 나오듯이, 인간은 자신 안의 반대 성을 인식하고 발휘하는 것이 삶에 도움이 된다고 할 수 있겠다. <사파이어 왕자>와 <아톰>의 스칼라 에피소드를 만들어낸 데즈카 또한 분명 자기 내면의 여성성에 깊이 관심을 기울였을 것으로 추측한다.

---

32 마리 루이제 폰 프란츠 in 카를 구스타프 융 편, 이부영 외 옮김 (2008). **인간과 무의식의 상징**. 집문당, 182.

어쨌든, 아톰은 변덕스럽고 모순적인 스칼라와 친해진다. 뭇 남성들은 품에 안을 수 없는 스칼라, 남성을 차갑게 차버리는 스칼라와 아톰은 어떻게 잘 통하고 친해질 수 있었을까? 만약에 수헌이 내게 말해주려던 것이 '스칼라의 성질이 아니마의 그것과 유사하다.'라는 자신의 견해였다면, 아톰은 보통 남자들과는 달리 아니마와 친하다고 말할 수 있겠다. 남자 안에 숨어있는 여성성인 아니마, 대개 남자들은 이성적으로 이해하기가 어려워서 혼란을 느낀다는 개념 아니마, 이것과 아톰은 어떻게 친해질 수 있었던 걸까?

'자기 자신을 미워하지 않는 남성은 여성과 진정으로 친해질 수 있다.'
 오! 간만의 내면의 음성! 일종의 착각이고, 내가 내심 원했던 것이 갑자기 툭 튀어나오는 현상에 불과하다고 생각했건만, 이건 도무지 내가 생각해낸 것 같지 않은데! 이 심오한 말씀은 과연 무슨 뜻이지? 그러니까 아톰이 자기 자신을 미워하지 않는다는 말인가? 어려운 말이고, 단번에 수긍이 되지는 않으니 좀 곱씹어봐야겠다.

 이를테면, 자기 자신을 미워하지 않는 남성은 자기 안의 남성성과 여성성을 다 인정하는 남성이겠지. 자기 안의 여성성을 포용하니 여성과도 친해질 수 있다고 할 수 있겠네.

 반대로 이렇게 말할 수도 있잖아. '자기 자신을 미워하는 남성은 여성과 진정으로 친해질 수 없다.' 자기 자신을 미워하는 남성은 자기 안의 여성성을 인식하지 못하니 인정하지 않겠지. 그래서 여성성을 도무지 이해하지를 못하니 여자와 잘 사귀지도 못하고, 그러다가 어떤 여자에게 한 번 거절이라도 당하게 되면 이제부터는 여성을 멀리하기로 작정하여 방어기제를 작동시키고, 최악의 경우 여성 혐오자가 돼버리고, 그래서 여성과 친해지는 건 요원해지겠지. 이게 맞는 얘기일까?

 하지만 아톰이 자기 안의 여성성을 포용했기 때문에 스칼라와 친하다고 말할 수는 없잖아, 아톰은 인공 로봇인데 내면에 여성성 같은 게 있을 게 뭐야. 그렇다고, 아톰이 남성인가? 우리는 염색체 배열로 생물학적 성을 정의하는데, 아톰은 그냥 기계잖아. 그렇다면 아톰은 소년과 같은 외양과는 상관없이 남성도, 여성도 아닌 무성이라 해야 하지 않을까? 흠.... 어쩌면 스칼라

같은 여인을 품지 못하고 이별해야 했던 데즈카 선생이 성을 초월한 아톰을
내세워서 신비롭고 종잡을 수 없지만, 매력적인 스칼라와 친구가 되게 함으로써
못다 한 자신의 꿈을 대리 충족시켜보려 한 건 아닐까? 순전 내 추측에
불과하지만.

    어쨌든 간에 데즈카는 자신 안의 여성성을 대단히 중시해서 그것을
인정하고 품으려 애썼던 것 같다. 그래서 내면의 아니마가 들려준 무의식
깊숙한 곳으로부터 전해진 메시지를 들을 수 있었는지도 모른다. 그 메시지가
아마도 인류 평화에 관한 것은 아니었을까? 폭력적 힘으로 세상을 지배하려는
남성적 기운이 세상을 또다시 집어삼켜 버리지 않도록, 인간의 아픔에 대해
깊이 연민하는 감정의 힘을 내적인 여성성 속에서 길어내고 싶었던 것은
아니었을까? 특히 제국주의 일본이 태평양전쟁에서 저지른 광기와 폭력에
마음 깊이 반기를 들었던 데즈카와 같은 전후세대의 예술가라면.

13   완전체의 강력함, 무적 009

아마 열셋, 혹은 열한 살 때였을 것이다. 당시 나는 건축용 돌을 가지고 노는 데 열중했었다. 내가 작은 집과 성을 세우고 도르래 위로 아치가 있는 문을 만든 생각이 분명히 났다. 이런 건축물들은 오랫동안 나를 매혹했다. 놀랍게도 이런 기억이 일종의 감흥을 동반하며 떠올랐다. '아하.' 나는 이렇게 생각했다. '여기 삶이 있다! 그 작은 소년은 아직도 여기에 있다. 그리고 창조적인 삶을 지니고 있다. 그것이 내게는 결여되어 있다. 그러나 어떻게 나는 거기에 도달할 수 있을까?' 현재의 성인이 된 남자와 나의 열한 살 사이를 연결하는 것은 불가능한 듯 보였다. 내가 그 당시의 시간과 다시 접촉하려면 다시 그곳으로 돌아가서 그의 어린이 같은 놀이를 모든 것을 운수에 맡기고 다시 해보는 수밖에 다른 도리가 없었다.
— 아니엘라 야훼 엮음, 이부영 옮김. (2009). **C.G. 융의 회상, 꿈 그리고 사상**. 집문당, 198.

'요즘 들어 더 어린 시절을 그리워하게 된 것 같기도 해요. 일전에 말씀드린 것처럼 키덜트 숍에 가서 아동기의 만화나 장난감을 사 모으는 것도 비슷한 심리겠죠?'

인터넷 만화 카페의 한 중년 회원이 이런 글을 올리자, 카페 관리자 수헌이 다음과 같이 댓글을 달았다.

'그럴지도 모르지만요, 그런 게 어릴 때가 그리워 단순히 그 시절로 되돌아가고 싶어 하는 퇴행인지, 아니면 어릴 때의 자기를 직시해서 현재의 자아를 제대로 키워보려는 성장 욕구를 나타내는지는 단언할 수 없겠죠.'

현학적으로 보이는 수헌의 댓글에 아무런 대댓글이 더는 달리지 않는 것으로 보아, 회원들은 수헌의 이야기에 관심이 없는 것 같다. 또는 밥맛 없다고 여겼거나. 나는 관리자가 그런 부담스러운 코멘트를 달면 회원들이

떠나버리겠다고 핀잔을 줬다. 비록 관리자 프로파일에 '심리학 전문가'라고
박아놨긴 하지만. 그런데 사실 나는 수헌과 같은 뜻을 공유하여 옛 만화영화
등을 재료로 삼아 지금의 나를 더 잘 알아내는 작업을 하고 있기는 하다.
<아톰>의 스칼라 에피소드가 던진 여성성의 이해 역시 나를 온전히,
'전인적으로' 이해하는 데 유용한 힌트를 던져주었다는 느낌이 든다. 이런
전인성과 더불어, 전술한 다중지능이론적 인간관이 한층 더 치밀하게 적용된
작품이 <무적 009>라고 할 수 있겠다.

[그림13-1. 009]
이시노모리 쇼타로 (2003), **사이보그 009**, vol. 1,
시공 명작 컬렉션, 385.

<가면라이더X> 시리즈로 유명한 이시노모리 쇼타로의 <무적 009>는[33]
1960년대 말에 처음 방영된 이후 2012년에 극장판 신작이 발표될 때까지
여러 작가의 손에서 재해석되고 개작됨으로써 일본 내에서 식지 않는 인기를
보여줬다. 그러나 우리나라에서는 1973년에 TV 시리즈의 일부만이 방영됐고,
<황금박쥐>나 <아톰>에 비하면 당대의 아동 집단 전체의 인지도를 얻는
데에는 성공하지 못한 편이다. 당연히 <무적 009>의 주제곡을 기억하는
이들도 매우 드물다.

---

33 일본의 원작 제목은 <사이보그 009[제로제로나인] サイボーグ 009>.

1, 2, 3, 4, 5, 6, 7, 8, 009!
저 넓은 은하수, 헤쳐나가며
달려라 009, 정의의 용사
평화를 지키는 정의의 사도
아아 아아, 무적의 009!

인상 깊은 가사는 아니지만, 태평양전쟁 패전 이후의 일본 사회상을 잘 반영하는 예의 반전·평화주의 메시지가 담겨있고, 비장감이 감도는 단조의 멜로디는 무인(武人)의 힘을 동경하는 소년들의 정서에 호소하고 있다. 그보다, 이 작품이 나를 단박에 사로잡았던 것은 강한 개성을 가진 9명의 대원이 각자의 재능을 발휘하여 합심해 싸운다는 설정이었다. <로빈 특공대> 이야기에서 언급했듯이, <7인의 사무라이> 이래 할리우드에서도 반복적으로 추구해온 이러한 설정에는 문화적 장벽을 초월하는 보편적 호소력이 담겨있다고 본다.

주인공 009와 다른 8명의 대원에게 부여된 '제로 제로' 표기는 물론 1960년대에 처음으로 출범하여 최고의 인기를 누리던 영화인 제임스 본드 007시리즈에서 빌려왔을 것임을 의심할 수 없다. 1964년에 도쿄 올림픽을 개최하여 전 세계에 경제적 부활을 과시한 일본이 3년 뒤에 제임스 본드 시리즈 제5편인 <007 두 번 산다(You Only Live Twice)>의 주 촬영 무대가 돼서 다시 한번 세계에 열도를 홍보했고, <사이보그 009>는 그 이듬해 발표됐다. '더블 오우 세븐'과의 연관성이 어찌 됐든, 나에게 '더블 오우'는 특출한 능력을 상징하는 표기로 인식됐다. 더블 오우의 계급장을 단 아홉 명의 사이보그 대원들의 프로파일 및 능력은 다음과 같다.

001: 러시아 출신 초능력자로 성장에 장애가 생겨 젖먹이 아기 형태임. 특별한 두뇌 능력으로 텔레파시, 예지, 순간이동 등이 가능하지만 큰 힘을 쓴 후에는 아기처럼 오래 잠을 자야 한다. 냉전 시대에 소련이 인간의 초능력 연구를 진지하게 감행했던 사실과 무관치 않은 인물 설정이겠다.

002: 날카로운 인상과 긴 코가 특징인 뉴욕 갱단 출신 청년. 마하 5의 속도로 비행한다. 매우 호전적인 인물로 출신지가 미국이라는 것은 일본인의 자국 점령국에 대한 무의식적인 적개심을 반영하고 있을지도 모르겠다. 그러나 2012년 리메이크에서는 002가 살신성인하는 인물로 그려졌다. 이 또한 미·일 간의 새로운 동맹관계의 추이에 대한 일본인들의 감정–혹은 소망–을 반영하고 있지는 않은지 추측하나, 그냥 오버 해석일 것임.

003: 전직 발레리나인 아름다운 프랑스 여인. 치유력과 고도의 시력과 청력, 그리고 비행기 조종 능력 등을 갖추었다. 근대화 노정 이후 일본인들이 서양 열강 중에서도 특히 프랑스의 예술과 문화에 대해 품어온 동경과 심미적 선망은 꽤 오래 지속됐다.

004: 구동독에서 탈출하다 애인을 잃은 불행한 과거의 청년. 손가락에서는 총탄이, 팔, 다리 관절에서는 미사일이 발사되고, 손날은 칼로 변하는 치명적인 위력의 전사. 독일의 군사기술은 메이지유신 이래로 일본 제국군뿐 아니라 숱한 만화가들의 벤치마킹 대상이었다.

005: 북미 원주민 출신의 거인. 20만 마력의 괴력과 초강력 방탄 피부를 지녔다. 그렇지만, 보다 기술적으로 진보한 파괴력을 보유한 타 대원들에 비해 실전에서는 그 위력이 대단하지 못한 인물로, 일본인의 북미 원주인에 대한 시선이 반영되었는지 모르겠다. 콜럼버스 이후에 유럽인들이 북미 원주민들과 교류하며 '거인 북미 원주민'의 전설이 발생한 이래로 대중매체에서 '힘센 거인 인디언' 캐릭터가 때때로 출현했다. 영화 <뻐꾸기 둥지 위로 날아간 새>, <프레데터>, 만화 <드래곤볼> 등을 예로 들 수 있다.

006: 통통하고 쾌활한 중국인 아저씨. 요리를 잘하지만, 입에서 바위를 뚫을 정도로 고온의 화염을 내뿜는다. 역시 결정적인 파괴력을 지닌 대원으로 취급되지는 않는다. '저력은 있으나 근대화에서 낙후된 중국'이라는 당대의 통념에서 크게 어긋나지 않는다.

007: 영국의 연극배우 출신으로 원작에서는 젊은이로, 리메이크 편에서는 중년 사내로 설정된 둔갑술의 명수. 짐승, 사물, 또는 다른 인물로도

자유자재로 변신할 수 있다. 유럽 열강 중 유일한 섬나라이며 국민 기질상 일본과 유사하다는 평을 종종 듣는 영국이라는 나라 출신의 대원이 변신의 명수라는 설정이 흥미롭다.

008: 아프리카 출신 흑인. 물속에서 고속으로 자유롭게 움직이며 큰 힘을 발휘한다. 심층 심리학에서 흑색과 물속은 흔히 무의식 영역을 암시한다. 아프리카는 인류 종의 발원지였으나 근대에 이르러서는 실력을 발휘하지 못한다는 점에서 현대에 소외당한 무의식과 공통점을 갖고 있다고 볼 수 있는데, 혹시 작가가 이러한 인식을 무의식적으로 품고 있었는지도.

009: 혼혈 일본인으로 원작에서는 전직 카레이서였으나 리메이크에서는 보육원 출신의 불우한 청소년. 8명의 대원을 통솔하는 리더로, 특수 가속장치에 의해 눈에 보이지 않을 정도의 고속으로 움직이며 적을 제압한다. 리더인 009는 일본인이지만 서양인과 혼혈. 1960년대에 일본문화가 떠받드는 가치에는 아직 서양문명의 세례가 필요했던가 보다.

9명의 팀원이 제각각 다른 문화권 출신이라는 점에서 시대를 앞서 다문화주의를 표방한 작품이라 평할 수 있겠다. 특히나 다문화주의에 대한 사회적 반감이 심한 일본의 작품이! 특이하게도 '순수한' 일본인이 아예 등장하지 않았고, 매우 사해동포주의적인 관점에서 세계 평화를 궁극의 목적으로 제시하고 있기도 하다. 상대적으로 흑인인 008의 역할이 홀대를 받은 면이 없지 않으나, 후속 리메이크에서 008만의 개성을 부각하려 애쓴 흔적이 엿보인다. 세계를 호령하는 최강국 미국이 다양한 인종과 소수자들의 공존을 보장하는 제도와 체제를 구축해왔다는 역사적 사실과 더불어, 갈수록 다문화적이 되어가는 세계를 목도할 때, 이질적이고 다양한 인간들의 조합과 공생을 내세운 <무적 009>를 긍정적으로 평할 수 있겠다. 동시에, 그런 미국이 21세기 초반을 넘기도록 여전히 인종차별로 일어난 내분을 봉합하지 못하는 모습을 고려할 때, 009팀이 지향한 이상이 쉽게 실현될 수 있는 것은 아니리라는 합리적 예상도 배제할 수는 없겠다.

<무적 009>에서 내가 잘 기억할 수 있는 건, TV 에피소드에서 평상시에는 009가 전투력이 약한 003, 006, 007과만 임무를 수행하다가 특별한 상황이 발생하면 전 세계에 흩어져있던 나머지 대원들 모두가 한데 모여서 힘을 합치게 되는데, 바로 그들이 전부 모였을 때 느꼈던 그 안도감, 만족감, 뭐 그런 감정이다. 앞서 말한 <로빈 특공대>와 마찬가지로. 전투기나 다름없는 002와 미사일을 발사하는 004, 또 거대로봇의 소박한 버전인 005 등이 모두 모이면 그야말로 무적의 부대가 완성되는 것이다. 요즘 쓰는 말로 '완전체'를 이루었다고 할 수 있겠다.

[그림13-2. 009]
이시노모리 쇼타로 (2003), **사이보그 009**, vol. 1,
시공 명작 컬렉션, 85.

　완전한 것은 '완벽'하다기보다는 '온전'한 것에 더 유사한 개념이 아닐까? (완벽하다는 말은 어쩐지 결벽증 환자처럼 들리기도 한다.) 결핍되거나 부족한 것보다는 당연히 온전한 것이 사람을 안심하게 해준다. 앞에서 데즈카 오사무의 여성성을 이야기하며 남성이 내적 여성성(아니마)을 자신의 자아에 통합시킬 때 더 온전해진다는 함의를 내비쳤다. 물론, 여성 역시 내적 남성성(아니무스)을 자아에 통합시킬 때 더 온전해지고. 그런데 여성성/남성성의 통합 말고도, 009팀 전체를 하나의 인격체처럼 본다면, 한 인간은 자신 내면의 다양한 능력, 힘, 성향 등등을 자아에 통합시킴으로서 더욱더 온전해진다고 말할 수 있을 것 같다.

 수헌의 말을 따르자면, <로빈 특공대>와 관련하여 거론했던 다중지능이론의 관점으로 이런 다양한 능력과 성향을 볼 때, 다양한 능력을 갖춘 개인들이 힘을 합쳐야 우리는 더 훌륭하게 작동하고, 따라서 더 나은 사회를 만들 수 있다고 주장할 수 있겠다. 너무 지당한 말처럼 들릴지 모르나, 오늘날 우리는 과연 다양한 재능을 인정하고 대우해주고 있는가?

 이건 순전히 나의 상상이지만, 어쩌면 각종 산업이 발흥하기 시작한 근대 이전, 즉 간단히 말해서 '옛날'에는, 계급적 차별을 논외로 한다면 개인들의 다양한 재주를 공동체가 나름 공평하게 인정해주지 않았을까 하는 생각이 든다. 왜냐면 공동체의 생존과 존속을 위해서는 농사, 수렵, 목축, 채집, 목공, 석공, 무술, 길쌈, 요리, 의약술, 양육 등등 할 것 없이 수많은 기능이 다 필요했을 테니까. 이런 사정은 현대에도 마찬가지이긴 하지만, 산업사회에서는 학력이 과도하게 중시되다 보니 학교에서 우대받는 언어와 수리 능력, 즉 시험에 유리한 능력만 과대 포장되고 그 밖의 다양한 '재주'들은 홀대받는 측면이 있다고 본다. 쉽게 말해서 예·체능적 재능이나 사회성과 관련된 재능 등등은. 그러나 <무적 009>가 보여주듯이 우리는 더 다양한 재주를 통합시킬 때 온전함을 느끼지 않겠는가. 그래서 학교에서도 다중지능이론의 관점에서 아이들의 다양한 재주를 소중히 여기는 방식으로 교육이 이루어지면 좋겠다는 생각이다. 실제 삶의 과제들은 많은 재주를 요청하니까. 물론, 학교 졸업 후의 직업 세계 역시 인간의 다양한 재주를 공평하게 대우해준다는 이상주의적 조건이 붙기는 하지만.

 초등학생으로서 <무적 009>를 시청할 때, 나는 주로 힘세고 파괴력이 강한 대원들이 소환되는 것을 가장 기뻐했던 것 같다. 그러나 지능과 지성이 더 발달한 중학생 때였다면 아마도 001이나 003과 같이, 전투력은 떨어져도 팀 전체를 위한 전술을 수립하고 대원들을 보호하는 데 이바지할 수 있는 이들을 중시했을 것 같다. 당연한 말이지만, 모두의 생존과 임무의 완수를 위해서는 강·온 양쪽이 다 필요할 것이다. 한데 초등생 땅꼬마는 무조건 강한 전투력의 대원들을 선호했다. 이것이 지능 미발달 때문인지, 아니면 땅꼬마가 원체 세상에 대해 공격적인 태도를 갖고 있었기 때문인지 단언하기가 어렵다.

14   009, 사회성 vs 공격성

> 일반적으로 부모들은 세상의 많은 악은 근원이 바로 우리 자신에게 있다는 사실을 어린이에게 알리는 데에 거부감을 느낀다. 모든 인간에게는 공격적이고 배타적이고 이기적이며 화를 잘 내는 성향이 있다는 사실을 어린이들에게 밝히고 싶어 하지 않는다. 그 대신 모든 인간이 본질적으로 착하다고만 가르치려고 한다. 그러나 어린이들은 자신이 항상 착하지는 않다는 사실을 알고 있으며, 또 비록 착한 행동을 하더라도 마음속은 그렇지 않은 경우도 많다는 것까지 알고 있다. 이런 점은 부모가 가르쳐 준 것과는 모순이 되며, 따라서 어린이는 자신을 괴물처럼 느낄 수도 있다.
>
> — 브루노 베텔하임, 김옥순, 주옥 공역 (1998). **옛이야기의 매력 1**. 시공주니어, 19.

009팀이 완전체를 이루었을 때 느꼈던 나의 만족감에 관한 이야기를 들은 수헌이 또다시 좀 어렵고 긴 이야기를 풀어냈다.

"흠.... 이건 좀 언어유희처럼 들릴 소지도 있지만, 내가 보기에 보통 때 009와 동행하는 003, 006, 007은 다들 성품이 좋고 평화적인 데 비해, 위기 시에 집합하는 002, 004, 005는 좀 무섭고 어두운 면이 많거든. 그런데 말이지, 이들을 아홉 명의 다른 사람들이 아니라, 한 사람의 인격의 다양한 부분들의 상징이나 은유라고 한번 가정해보면 어떨까? 그러니까 이를테면 내 안의 009와 비슷한 용감한 부분이라든가, 007과 비슷한 능청스러운 부분, 뭐 이런 식으로 보자는 말이지.

이걸 융 심리학 식으로 보면, 평상시에 009 곁에 있는 성품 좋은 대원들은 사회에 맞춰서 가꿔진 자아인 '페르소나'를 대표하는 것 같아. 동시에 위기 상황에 모이는 무서운 전사 같은 대원들은 무의식의 공격성을 대변하는 것 같다는 생각이 들어."

'페르소나'는 한 개인의 대(對)사회적 인격이라고 할 수 있다. 즉, 타인들에게 보여주기 위해서 우리가 쓰고 있는 인격의 가면 같은 것이다. 수헌의 설명은 길게 이어졌다.

"페르소나라는 어휘 자체가 원래 고대 그리스의 연극배우가 쓰던 '가면'이란 뜻이지. 하지만 '가면'이라고 해서 꼭 위선적인 모습을 말하는 건 아니고, 세상 사람들의 기대에 맞춰서 가꿔온 체면, 예절, 사회적 역할에 걸맞은 적절한 태도 등을 뜻하기도 해. 그런데 페르소나가 한 사람의 인격 전체는 아니므로, 페르소나처럼 겉으로 드러나지 않고 숨겨진 차원인 무의식도 포괄해야 그 사람의 전체 인격이라고 할 수 있는데, 무적 009대원들 중에서 공격적이고 무서운 대원마저 등장했을 때 네가 안도감을 느꼈다는 건 너의 내면에 숨겨진 공격성과 본능적인 야수성 같은 것을 소외시키지 않을 때 비로소 너 자신의 전체적인 인격을 통합시키는 만족감을 느꼈다는 말처럼 들리기도 하네."

내 안의 공격성과 야수성을 소외시키지 않는다면, 그럼 그런 것들을 내 것으로 인정한단 말인가? 어린아이가 스스로 공격적이고, 짐승 같고, 깡패 같은 놈이라고 인정한다는 건 우리의 가정교육의 가치관과는 정반대잖아. 물론, 성인인 나의 내면에 공격성과 야수성이 내재한다는 건 나로서도 충분히 인정할 수 있지만, 어린아이가 자신의 내면의 그런 것들을 인정함으로써 심리적으로 만족을 느낀다는 건 그다지 손뼉 쳐 줄 상황은 아닌 것 같다. 그러나 수헌은 정반대의 이야기를 했다.

"전에 무슨 얘기를 하다가 내가 베텔하임을 끄집어냈더라? 음.... 그래, 맞아! 요괴인간의 끔찍한 변신과 폭력에 대해 끌리는 심리에 관해 얘기할 때였지. 어린아이가 어른들에게 무의식적으로 복수하고 싶은 건 아이 내면에 동물적 공격성이 도사리고 있기 때문이거든. 베텔하임은 그런 공격성을 꾸짖거나 뜯어고쳐 주려 해선 안 된다고 주장하는 거야. 그리고 이런 주장은 사실 오늘날 인격 성장을 다루는 학문 세계에서는 보편타당한 당위가 돼버렸다고 할 수 있지. 내 말은, 공격성은 자연스럽게 생물체 안에 깃들어있는 것이라 그걸 제거할 수도 없고, 그걸 갖고 있다고 비판하는 것도 당연히 말도 안

된다는 거야. 우리가 할 수 있는 최선은 그 공격성이 공동체 생활에서 자신과 타인에게 피해를 끼치지 않게끔, 슬기롭게 다룰 방법을 익히도록 아이들을 양육하는 것이지. 마치 인간에게 식욕이 있다고 비판하는 것은 말도 안 되지만, 지나친 탐식으로 몸을 해치지 않는 섭생법은 익힐 필요가 있는 것처럼. 그래서 공격성을 비난하거나 억압하지 말고, 그걸 인정하고, 표출하고, 표현하는 등의 방식을 써서 공격성을 안정적으로 대하는 연습을 해나가야 한다는 말이야. 반대로 공격성을 인정하지 않고 꾹꾹 억누르면 무의식적 억압이 생기고, 그러면 그게 언제 어디에서 갑자기 폭발해버릴지 알 수 없는 위험천만한 상황으로 갈 수 있거든.

그러니 어린아이가 자기 내면의 공격성과 부정성을 인정하지 못하도록 억압하는 가정교육은 잘못된 거지. 그런 가정교육은 '착한 아이' 콤플렉스를 배태하게 돼 있어. 네가 어린 시절에 부모님과의 생활에서 얼마나 착한 아들이었는지 말했지? 그렇게 말 잘 듣고 부모님 마음에 들기 위해 항상 노력하는 어린 남자아이라도 내면에는 엄연히 공격성이 잠재해있기 마련인데, 그것을 집에서는 표현할 기회가 없었던 거지. 부모님의 사랑을 잃을까 봐. 공격성과 그것에 결부된 부정적인 감정들을 가족과의 관계 속에서 표출시키고, 그래서 그로 인해 일어난 갈등을 해결하고 극복하기 위해 노력하는 경험이 부족할 때, 그 아이는 자신의 공격성을 적절한 방식으로 풀어낼 방법을 익히지 못해서 무의식적으로(즉, 자신도 모르는 상태에서) 자신만의 방식으로 공격성을 해소하려고 시도하게 되지. 그래서 집에서는 그렇게 착한 아이가 바깥세상에 나와 종잡을 수 없는 방식으로 비행을 저지르기도 하고, 때로는 타인들과의 관계에서 아주 미묘한 수단으로 공격성을 풀어내기도 하고. 이를테면 빈정대기나 험담, 또는 편 가르기, 왕따 시키기 등의 방식으로. 심지어는 공격성을 자기 자신에게 향하도록 해서 자신의 장난감을 파괴해버리거나 자학을 하게 되기도 하는 거지."

네 말이 맞아. 젠장, 그러니까 나는 어려서 내 공격성을 엉뚱한 데다 풀어버린 거로구먼. 안에 쌓여있던 공격성 때문에 전투기 같은 002, 탱크 같은 004, 철인 28호 같은 005를 소환하기를 좋아했나 보군.

비록 가공할 무력을 소유한 주인공들을 내세우고 있음에도 <무적

009>는 궁극적으로 평화주의를 지향하는 작품이었다. 여러 편을 보지 못했음에도 불구하고 머릿속에 단단히 박혀 있는 장면 하나는 '악마의 무기상'이라 할 수 있는 사탄과 같은 인형 캐릭터인데, 이 사악한 존재는, A라는 나라에는 우월한 전투기를 판매해서 B 국의 공군을 괴멸시키게 하고, B 국에는 우월한 전차를 판매해서 A 국의 지상군을 파괴하게 하는 전략을 써서, 결과적으로 양국을 다 전화의 소용돌이에 빠뜨려 파국으로 이끈다. 우리의 009팀은 이런 무기상의 계략을 간파하여 치열한 전투를 벌이고 승리한다. 전쟁은 '좋은 나라(미국, 한국)'와 '나쁜 나라(나치 독일, 북한)' 사이에서 나는 줄로만 알던 초등학생인 나에게 국제무기상이 의도적으로 국가 간 전쟁을 일으킨다는 내용은 충격적이었다. 내심, 정말로 악마처럼 나쁜 놈이라고 생각했다. 그런데 '정의로운' 009대원들은 무력을 사용하지만, 그 궁극의 목표는 평화이다. 이는 거의 모든 만화의 주인공들이 지향하는 바와 똑같다.

어릴 적부터 평화로운 세상을 만들기 위해서는 먼저 힘이 있어야 한다는 생각을 당연시했다. 어쩌면 남북한이 대치하고 있는 한반도에서 자라나는 아동의 숙명이 아닐까 하는 생각도 든다. 그러나 과연 무력으로 평화를 이룰 수 있는 걸까? 칼은 칼을 부르지 않는가? 평화를 만드는 다른 상상을 좀 할 수 있으면 좋겠거늘, 현실 세계는 그것을 용인치 않는다. 황금박쥐, 요괴인간, 철인 28호, 로빈 특공대, 아톰, 009, 모두 무력의 화신들이다. 무력, 폭력, 공격성을 인정하고 수용해야만 하는 것이 인간 세상의 요청일지는 모르겠으나, 어린이들과 미래를 꿈꾸는 만화는 이를 뛰어넘는 상상을 최소한 제시는 해줘야 하는 것 아니겠는가.

'너의 본질이 사랑이라는 것을 상상해본 적이 있느냐?'
윽, 이게 뭔 소리인가! 내면의 음성 습격! 내 본질이 사랑? 당연히 그런 망상에 빠져본 적이 없지. 그런 건 종교에 빠진 광신도들이나 지껄이는 거야!

'네가 평생 해온 짓들이 사랑하기 때문에 한 것이거나, 사랑하지 못해서 한 것이란다.'

뭐, 그렇게 단순화시킬 수야 있나....

"그만해! 마치 나를 다 아는 것처럼.... 나도 나를 모르는데 어떻게 네가 다 알겠어! 나를 심판할 수 있는 건 오직 나뿐이야!"

흐미, 이거 미친놈처럼 혼자 소리를 지르고, 지랄이네. 옆에 아무도 없었으니 망정이지....

아니, 가만있어 보자.... 이 내면의 음성의 주인도 나 아니겠는가? 내 안에서 나오니 나일 수밖에. 혹시 이런 게 다중인격장애인가? 젠장, 이거 날이 갈수록 심해지는 것 같은데, 안 되겠다, 다음번에 수헌이 만나면 한 번 물어봐야지.

근데 내가 그 모든 걸 사랑 때문에 했다고? 흠.... 만약에 정말 그렇다면, 사람은 폭력이나 무력도 쓰는데, 이것도 사랑하기 때문에 그러는 건가? 아니면 사랑하지 못해서 그러는 건가? 아, 모르겠다, 골치 아파.

폭력적 힘으로 평화를 지킨다는 만화 속의 모순된 메시지는 어쩌면 인간이 영원히 품고 가야 할 채무 같은 걸지도 몰라. 짐승을 잡아먹고, 지구를 파헤친 폭력의 시조인 인간이.

15 폭력의 역사 A History of Violence (1)
― 타이거마스크[34]

> 적에게 너의 살을 주고 적의 뼈를 부수며, 적에게 너의 뼈를 주고 그 목숨을 취하라. 자신의 안전에 구애받으면 이길 수 없고 진정한 사무라이가 될 수 없다.
> ― 미야모토 무사시

    나는 다른 사람과의 경쟁을 지독하게 싫어할 정도로 좋아한다. 이런 식으로 말하는 건, 인간의 감정이나 기호는 언제나 양가적(兩價的)이어서, 모순되게 표현할 때만 모순되지 않은 것 같기 때문이다. 인간의 감정이나 기호는 일관되거나 통일됐다기보다는 호, 불호나 긍정, 부정의 양면성을 보이게 마련이지 않은가. 애증은 늘 함께한다. 그러므로 본래 모순됐다. 모순이라는 역설은 오로지 역설에 의해서만 제대로 표현된다. 나는 다른 사람과 싸우는 것을 지독하게 싫어하면서도 싸워서 이기는 것을 지독하게 좋아한다.
    어쩌면 나의 영·유아기의 무대는 예외적으로 비경쟁적이고 평화로웠는지도 모른다. 또래 중에 나를 공격하거나 괴롭히는 아이가 전혀 없었다. 무궁화나무가 있는 아기 때의 작은 집에서 동네 아이들과 놀았던 것을 기억하는데, 옆집의 사내아이도 여자아이도 매우 온순하고 호의적이었다. 외갓집에 보내졌을 때도 낯선 마을에서 마주친 동갑내기 여자애가 따스한 우정을 베풀어줬다. 그 애가 큼지막한 삼립 크림빵의 절반을 뚝 잘라서 내게 줬던 것은 당시로서는 실로 놀라운 호의였고, 그런 그 애의 웃음 띤 얼굴을 흐릿한 상으로나마 가슴 깊은 곳에서 기억한다.
    그러다가 공격적이고 호전적인 사내아이들을 처음으로 접한 것은 일곱 살

---

34 2005년 작 미국영화 <폭력의 역사>의 영어 원제는 A History of Violence인데, '역사'라고 하기보다는 '병력(病歷)'이라고 번역해야 원어의 의미를 정확히 전할 것이다.

무렵 새로 이사한 동네 골목에서였다. 그 아이들은 나를 밀쳤고, 내 장난감을 빼앗기도 했다. 아직 주먹다짐이란 것을 경험해보기 전이라 나는 그러한 불쾌한 도발에 어떻게 대응해야 할지를 알지 못했다. 한 사람이 다른 사람의 얼굴을 주먹으로 때릴 수 있다는 것은 만화책에서나 처음 접했던 것 같다. 그저 나도 그 아이를 밀치고, 장난감을 잡아당기며 겨뤘지만, 도무지 왜 가만히 있는 나를 괴롭히는지 이해할 수가 없었다. 그러면서 초등학교에 입학했고, 사내아이들의 세계는 한층 더 거칠어졌다. 아이들과 프로레슬링 흉내를 내며 힘겨루기를 하는 것은 다소 폭력적인 놀이에 가까웠지만, 어떤 아이들은 주먹질했고, 그에 맞서 치고받고 싸우는 일은 내 성향에 영 맞지 않는 일이었다. 공격성은 누구나 내재하고 있지만, 그것을 모든 이가 폭력으로 표출시키지는 않는다. 운동장에서 어떤 아이와 주먹다짐을 하다가 한데 엉겨 뒹굴며 뒤통수가 땅에 부딪혔을 때 맡았던 흙냄새를 잊지 못한다. 그 후로도 신체적인 위기의 순간이 닥치면 그 흙냄새가 반사작용처럼 떠오르곤 했다.

호전적인 사내애들의 성장환경은 호전적인 영웅을 탄생시킨다. 철인 28호나 아톰이 물론 강한 파괴력을 가졌지만, 아이들 눈에도 그들은 꽤 비현실적이고, 물론 아톰은 호전성과는 거리가 멀다. 실제로 뼈와 살이 부딪치는 소년들의 각축을 더 실감이 나게 보듬어준 것은 인간 대 인간의 격투를 그린 만화였다. 대표적인 것이 일본 만화영화 <타이거마스크>였다.

1960년대 말, 흑백 TV가 갓 보급되기 시작하면서 한국은 프로레슬링 열기에 휩싸였었다. 그 열기의 정점에 장영철과 김일 같은 레슬러들이 있었고, 내 또래는 김일과 그 동료들이 해외의 막강한 적들을 '물리치는' 대활약상에 열광해 마지않았다. 그런 해외의 적 중에서도 한국인들이 동족의 영웅인 김일이 꺾어주기를 가장 절실하게 원하는 적은 바로 일본의 레슬러들이었다. 지금까지도 스포츠계에서는 종목을 막론하고 한·일전이야말로 흥행의 보증수표 아닌가. 김일이 박치기로 세계적 레슬러인 안토니오 이노끼를 쓰러뜨릴 때, 가난한 삼천리 금수강산의 동포들은 환호하고 감격했다. 그렇게 김일에 열광했던 대한민국 소년들의 열화와 같은 지지를 받은 만화가 역설적으로 일본인 프로레슬러의 활약을 그린 <타이거마스크>였다. 물론 당대의 한국 어린이들은 <타이거마스크> 또한 그들이 사랑했던 대다수

만화영화처럼 일본 작품이었음을 알지 못했다.

    1960년대 이래 일본 스포츠만화의 전설로 자리매김한 야구 만화 <거인의 별>과 권투 만화 <내일의 조> 등이 1970년대 초반에 <태양을 쳐라>와 <도전자 허리케인>과 같은 제명으로 아동 잡지 소년중앙을 통해 한국의 독자들에게 소개됐다. 그러나 한국판은 무단 번안판으로 원작을 이리저리 변형시켜 다시 제작한 것이었다. 이 전설적 작품들의 원고를 쓴 카지와라 잇키가 집필한 또 다른 화제작이 <타이거마스크>다. 원작의 주인공 타이거마스크는 본명이 다테 나오토이며 전후 일본의 보육원 출신 청년으로, '호랑이 굴'이라는 비밀 레슬러 양성소에 발탁돼 가공할 위력의 프로레슬러로 키워진다. 호랑이 가면을 쓴 주인공 레슬러의 피 튀기는 격투기가 이 작품의 주요 내용으로, 매우 폭력적이고 비장하며 음울하기까지 하니 이전의 '아동용 만화'와는 분위기를 달리한다. 주제곡의 선율과 가사는 비장감을 한층 고무시킨다.

    거치른 사각의 정글 속에 오늘도 비바람이 몰아쳐 온다.
    더럽고 치사한 악당들에게 정의의 펀치를 날려주어라.
    싸워라, 싸워, 타이거, 타이거, 타이거마스크.

[그림15-1. 타이거마스크]
다음의 유튜브 동영상 화면 캡쳐
https://www.youtube.com/watch?v=ttndwyst-Xo

폭력적인 이 만화에 인간적인 맛을 첨가해주는 것이 주인공 나오토의 사연이다.[35] 그는 재정난으로 문을 닫게 된 자신의 출신 보육원을 회생시키기 위해 '호랑이 굴' 조직의 명을 어기고 시합 대전료 전액을 익명으로 보육원에 희사하고, 그 때문에 조직의 배신자로 낙인이 찍혀 조직이 보내는 수많은 적과 끝없는 혈투를 벌이게 된다. 익명의 선행이라는 설정이 고도성장기 일본인들의 심금을 울렸던 것인지, 그 후로도 이따금 일본의 매스컴에서는 어려운 이들을 위해 '타이거마스크' 또는 '다테 나오토'라는 이름으로 사실상 익명의 기부를 하는 중년 신사들의 이야기가 보도되곤 한다. 이렇듯 불우한 이웃을 위한 선행과 희생이라는 고매한 내용을 담고 있음에도 불구하고, 아무래도 <타이거마스크>는 끝 모를 대결 구도 속에서 고독한 싸움을 이어가는 주인공의 모습을 통해 소년 독자들의 남성적 힘 숭상 심리를 자극하고, 폭력적 또래 문화를 조장한 바 적지 않을 것이다. 비록 타이거마스크가 보육원을 돕기 위해 목숨을 건 시합을 마다하지 않는다지만, 유혈이 낭자한 '데스 매치' 부류의 격투기에 그 밖의 정의로운 이유는 없다. 심지어 주인공 타이거마스크는 악당들에게 '눈에는 눈, 이에는 이'의 태도로 무자비한 반칙도 서슴지 않는다.

아톰의 작가 데즈카 오사무는 <타이거마스크>를 두고, 도대체 이런 작품이 왜 인기가 있는지 모르겠다고 탄식했다고도 한다. 실로 1969년 작 만화영화는 TV에서 장장 105회를 연재했고, 1982년에는 <타이거마스크 2세>가 제작됐으며, 2013년에는 실사판 영화로까지 부활했다. 지금도 유튜브를 통해 손쉽게 접할 수 있는 만화영화 에피소드들에도 잔인하고 처절한 폭력 장면이 그득하다. 그 때문인지 일본 TV에서는 3년에 걸쳐 방영된 만화영화가 한국 TV에서는 중도 하차하는 한편, 만화가 이두호가 번안해 소년중앙에 연재한 내용에서는 주인공이 군 훈련소에 입대하게 돼서 프로레슬링계를 은퇴한다는 한국화한 설정이 끼어들기도 했다.

자고로 폭력성은 사내아이들에게 강력하게 어필한다. 사내아이들 집단에서는 힘이 세거나 주먹 센 녀석이 대장이다. 많은 남자가 어릴 때는 완력과 주먹을, 자라면서 총을, 성인이 돼서는 권력을 선망한다. 즉, 궁극적으로는 힘을 원하는데 다만 성장함에 따라 힘을 발휘하는 방식에 대한

---

35   우리나라의 만화책과 TV 만화영화판에서 주인공의 이름은 이창호였던 것으로 기억한다.

선호가 다소 변모할 따름이다.

　나의 소년기에는 힘센 남자의 활약을 그린 <타이거마스크>라는 초현실적 만화 작품과 현실 세계에서 벌어지는 프로레슬링이라는 스포츠 사이에서 일종의 동기화가 발생하면서 서로 상승효과를 일으키고 있었다. 1960~70년대의 한국과 일본 사회에서 프로레슬링이 구가하던 국민적 인기는 프로레슬링이 쇼로 폄하된 이후의 시대와 차원이 달랐다. 엄청난 인기를 누리던 한국 프로레슬링의 정점에서 군림하던 '박치기왕' 김일은 일본에서 활약한 전설적인 재일 교포 레슬러 역도산의 제자였다. 역도산에게 훈련받은 일본인 레슬러 자이언트 바바가 만화 <타이거마스크>에도 등장했고, 이 만화와 만화영화의 인기에 고무된 자이언트 바바의 제자가 현실 프로레슬링에서 호랑이 가면을 쓰고 '타이거마스크'라는 예명으로 활약하기도 했다. 상상의 세계와 현실을 구분하는 경계선이 성인처럼 또렷하지 못한 아동들, 특히 상상과 현실 양쪽에서 일어나는 프로레슬링 시합을 번갈아 관전했던 일본의 아동들에게는 만화가 만화에 그치지 않는 현실감을 품고 있는 것으로 느껴지기까지 했을 것 같다.

　일본 아동의 처지와는 조금 달랐겠지만, 나도 자그마한 흑백 TV 화면에 등장하는 만화영화 <타이거마스크>와 현실의 김일, 양자를 손에 땀을 쥐고 봤다. 김일의 박치기의 화끈함, 포박된 소를 수십 차례 수도로 내리쳐 죽이려는 모습을 TV로 생중계한 2인자 천규덕의 과도한 활약, 재일 교포 여건부의 통통 튀는 알밤 까기 공격, 막강한 실력의 안토니오 이노끼, 그 밖에 미국 등지에서 건너온 무시무시한 거인 레슬러들, 이런 것들이 동시대 아동들의 뇌리에 새겨져 있다. 나는 특히 '부처'라는 이름을 가진 검은 피부의 거구 레슬러가 맨손으로 두꺼운 서울시 전화번호부를 찢어버리는 모습을 보고 느꼈던 경악을 생생하게 기억한다. 김일과 몇 차례 대결했던 부처가 부처님을 모방한 인도인이 줄로 알았건만, 부처님과는 아무 관계 없는 '인간 백정(butcher)'이라는 의미의 예명을 가진 미국인이었음을 나중에야 알게 됐다.

　프로레슬링에 흠뻑 빠져 있던 초등 저학년인 내가 얼마나 순진했던가는 아직도 기억하고 있는 아버지와의 대화 내용을 소환해보면 알 수 있다. 아빠야말로 세상에서 제일 힘센 사람이라 믿었던 나는 김일의 레슬링 경기를

TV로 보다가 아버지에게 물었다, "아빠는 왜 레슬링 시합에 안 나가?" 그때 아빠가 웃으며 답해주신 말씀을 잊지 못한다. "야 인석아, 내가 저기 나가면 멸치야, 멸치!" 나의 인지 작용에 대혼란을 일으키는 충격적인 답변이었다. 일제시대에 공수도 배웠고, 나와 동생을 한꺼번에 번쩍 들어 올리는 천하장사 아빠가 저 밥상 위의 비리비리한 멸치라니!

<반지의 제왕>의 왕 역할을 맡은 명배우 비고 모텐슨이 주연한 <폭력의 역사>라는 영화를 보면 폭력의 고수인 아버지의 피를 이어받은 아들이 학교에서 '짱'을 간단히 제압해버리는 장면이 나오는데, 그러고 보니 우리 가문에는 '폭력의 역사'가 없는 것 같다. 아버지는 '멸치'였고, 나 역시 학교에서 싸움 서열과는 무관한 존재였다. 초등학교 때의 '짱'은 광호 같은 아이였고, 나 같은 '보통 아이들'은 감히 광호에게 대들 엄두도 내지 못했다. 세상의 멸치와 보통 아이들은 싸움의 대장인 타이거마스크와 김일을 숭배했다. 나도 그들처럼 강해지고 싶었다. 그러면서도 태권도 도장에라도 가볼 의지도 내지 않았다. 그저 강한 만화 주인공들을 부러워하기만 했다.

16   폭력의 역사 A History of Violence (2)
   — 최배달 '대야망'

> 공격성과 성에 관한 관심은 사회에 포용하기 가장 어려운 인간의
> 성질들이어서 아주 쉽게 무의식에 억압이 되기 때문에, 미발달되고
> 미성숙한 상태로 남기 십상이다.
> — 지크문트 프로이트

    한국 어린이들의 우상 김일의 강력한 라이벌이었던 안토니오 이노끼 또한 역도산의 문하생이었고, 이노끼가 대표하는 일본 레슬러들과 '우리 편'과의 시합은 아이들에게 가장 관심이 가는 대결이었다. 사실 나는 너무 관심이 커서 감정적으로 소진되는 스트레스를 안길 정도였다. 한국 레슬러가 야비하기 그지없(도록 설정돼있)는 일본 레슬러들의 반칙으로 머리에서 피를 철철 흘리는 모습을 보면[36] 분노가 들끓어 안타까운 신음을 내뱉었다. 그러나 이노끼는 반칙을 꺼리는 진정한 실력자의 모습을 견지했다. 위기를 간신히 넘기고 '일본 놈들'을 우리 편이 무찌른 이야기는 다음 날 학교에서 온종일 아이들의 화젯거리였다.
    언제나 그렇게 일본이 마음 한편에서 거슬렸다. 어른들은 그들을 '쪽발이'라며 욕했다. 어린 나에게도 일본이 늘 거슬렸으나 어른들 흉내를 내서 '쪽발이'라거나 '왜놈'이란 말을 입에 담지는 않았다. 그런 말들이 실감이 나지 않아서였다. 물론 일본이 왜 싫은지 잘 알고 있었다. TV에서는 '일제시대'에 순사들에게 붙잡혀 고문당하던 동족의 모습을 드라마로 노상 보여줬으니 어린 소년이라고 모를 리 없다. 그런 나에게 김일보다 더 세다는 그 엄청난 전설적인

---

[36] 미키 루크가 열연한 2008년 작 미국영화 <레슬러>에서는 자학적 폭력으로 생계를 유지하면서도 자신의 재능을 발휘하는 인간적인 프로레슬러들의 이야기가 펼쳐지는데, 그들의 동료애와 삶에 대한 사실적 묘사를 보면 김일의 말년의 병상을 이노끼가 병문안 차 찾아온 일이 떠오른다. <레슬러>를 보고 나서는 프로레슬링의 짜 맞춘 게임을 단순히 폭력적이라 폄하하기보다는 격투기적 재능을 지닌 남성들의 '쇼' 또는 '퍼포먼스'로 바라볼 수 있었고, 이 '퍼포머'들의 프로 정신에 경의가 느껴지기도 했다.

한국인 레슬러 역도산이 일본에서 활약했다는 풍문은 이해하기 어려운 사실이었다. 힘의 논리를 수긍하게 되던 소년인 나에게 모국과 이웃 나라 일본 사이의 얽히고설킨 관계에 대해 점점 더 복잡한 시선을 품도록 유도한 만화가 한 편 있었다. 그 만화를 통해 초등학생이었던 나는 김일의 스승인 역도산과 손잡고 활동한 적 있는 일본의 또 다른 한국인, 최영의의 이야기를 알게 됐다.

오늘날 '국민배우' 소리를 듣는 송강호의 무명 시절, <넘버3>라는 영화에 조연으로 나와 말더듬이 깡패 두목 연기로 사람들에게 깊은 인상을 남겼는데, 그가 졸개들에게 '무데뽀 정신'에 대해 일장 연설하며 일본 '극진 가라테'의 창시자 최영의를 언급한 부분이 유명하다.

"너 소냐? 나 최영의다. 그리곤 최영의가 소뿔을 잡고 가라테로 존나게 내리치는 거야. 소뿔이 빠개질 때까지.... 사람하고 붙을 때도 그런 식이다. 너 존슨이야? 나 최영의다.... 존나게 내리치는 거야."

만년에는 오오야마 마쓰다츠라는 이름으로 일본에 귀화했으나 최배달이라는 자작명을 오래도록 간직하며 한국인으로서의 정체성을 견지했던 최영의는 아직 지구상에 이종격투기라는 장르가 태어날 조짐도 안 보이던 시절인 1960년대에 전 세계를 돌며 숱한 무술인, 격투사들과 대결하여 화제를 뿌렸고, 극진 가라테의 시조가 됐다. 그의 파란만장한 일대기를 한국의 천재적인 만화가 고우영이 <대야망>이라는 제목으로 1970년대의 아동 잡지 '새소년'에 연재했는데, 전설과도 같은 이 무술인의 수련 과정과 숱한 강적들과의 대결에서 승리한 이야기는 '실화'라는 풍문 때문이었는지 한국의 아동들에게 큰 인상을 남겨줬다. 나는 성인이 될 때까지 초등 시절에 <대야망>에서 본 에피소드들, 그러니까 최배달이 산속에서 곰을 퇴치하고 아프리카인가에 가서는 고릴라를 제압했으며, '도장깨기' 식으로 1대 100 대결에서 승리했다는 등의 환상적인 '이야기'들이 전부 '실화'인 것으로 믿고 있었던 것이다.

[그림16-1. 대야망]
네이버 카페 '클로버 문고의 향기', 클로버문고 표지들,
2006.01.28. 버즈컴 게시물

기실 1970년대 초반은 세계무대에서 한국이 이른바 '최고'라는 수식어를 갖다 붙일 무언가를 전혀 보유하지 못했던 시절, 아직 권투 세계 챔피언도 나오지 않았고, 올림픽 금메달 역시 단 한 개도 따보지 못했으며, 미국은 감히 우리가 범접할 수도 없는 엄청난 부자 나라로 동경하던 시절이었다. 그런 시절에 <대야망>에 따르면 우리의 동족인 한 사내가 혈혈단신으로 미국을 위시한 여러 나라에 '태권도'를 전파하고 무술로 세계를 제패했다 하니, 가난한 이 나라의 소년들로서는 흥분되지 않을 수 없는 이야깃거리였다. 게다가 그는 '태권도'로 일본 무술계를 평정하여 한국인의 '우수성'을 식민 통치의 원흉 민족에게 알렸다 하니 얼마나 통쾌한 이야기였겠는가.

 다만 고우영의 만화에는 적지 않은 작가적 상상이 포함돼있었고, 최영의는 공식적으로 한국의 태권도인이 아니라 일본의 가라테인이었다는 사실, 그리고 그 한국인 영웅이 결국에는 일본 국적을 선택했다는 사실 등이 당시에 애써 감춰져야 했었고, 한국의 어린이들은 어른이 될 때까지 이런 사실을 알지 못했다. 그래서 자신들이 열광했던 만화영화 대다수가 일본제였음을 알지 못해 결국 훗날 일본과의 국가대항 스포츠 시합에서 <마징가 Z> 주제가를 열창하여 일본 관중을 어리둥절하게 만들기에 이른다.[37] 이처럼 내 또래들은 <대야망>의 최영의 이야기를 통해 민족적 정체성과 자긍심을 키우고, 종래에는 그 자긍심의 실체에 대해 자기 부정적 질문을 던지게 되는 역설적 성장 과정을 거쳤다 하겠다.

20세기 말에 일어난 한국과 일본 사이의 문화 교류에 이 같은 뒤엉킨 역사가 있다 보니, 21세기로 성큼 들어선 지금까지 두 나라 사이에서 과거사를 두고 감정싸움이 이어지고, 한국인들은 또 자기들끼리 서로를 '토착 왜구'니, '좌빨(좌익 빨갱이)'이니 하며 티격태격하는 현실이 일면 이해가 가기도 한다. 한국인들의 고생스럽고 비참했던 근대사의 중심에 일본에 의한 식민 지배가 떡하니 자리를 차지하고 있으니, 우리로서도 일본과의 관계에 대해서 허심탄회하게 사실(史實)을 논하고, 무사 공평하게 그 득실을 비평하며, 그래서 솔직 대범하게 양국관계에 대한 밝은 앞날을 구상하는 것이 참으로 어려운 일이겠다. 그나마 이제라도 과거에 일어났던 일은 가능한 사실에 근거하여 일어났던 그대로 기술하고 배우도록 노력해야 하지 않겠는가. 물론 그것이 지난한 일이지만.

나는 최배달은 가라테인임을 인정하고, 태권도는 우리 사회가 얼렁뚱땅 포장해왔듯이 '민족의 고유한 무술'이 아니라 가라테를 차용한 근대의 산물이라는 사실을 시인하고,[38] 일본의 제국주의와 식민 통치를 증오하는 한국인임에도 불구하고 1970년대의 수많은 일본제 만화를 사랑했음을 있는 그대로 털어놓겠다. 이 시점에서 이 정도 운을 띄워 놓아야 나중에 풀어놓을 더 많은 일본 작품들에 관한 솔직한 감상에 대해서도 뒷감당을 할 수 있지 않을까 짐작한다.

그런데 가라테가 됐든, 태권도가 됐든, 실은 남자아이들이 <대야망>을 탐독했던 핵심 동기는 민족주의적 애국심이나 반일 감정 등이 아니라 '주먹의 힘'에 대한 동경이었다고 믿는다. 지금처럼 사회가 안정되고 치안 질서의 틀이 잡히기 이전인 나의 유년기에는 '법보다 주먹이 가깝다.'라는 말이 아주 실감나게 들렸다. 학교 운동장 한구석에도, 등하굣길 골목에도, 유원지 길목에도

---

37 "축구 한일전에서 한국 응원단이 '마징가 제트' 주제가를 부르며 응원하자 일본 응원단이 어리둥절해 하더라는 얘기가 있다." [스튜디오] 우리 것으로 알고 부르는 어린이 애창곡. 조선일보 1998.7.27.
38 이러한 인식을 대중화한 책이 도올 김용옥이 1990년에 쓴 '태권도 철학의 구성원리'로, 국내 대학의 태권도학과에서 널리 읽히기도 하였다.

폭력의 위협은 상존했고, 약하고 나이 어린아이들 '삥'을 뜯는 양아치들은 곳곳에서 출몰했다. 아무도 어리고 작은 우리를 보호해주지 않는 것 같았고, 학교 선생님들은 오히려 폭력 실행의 시범을 보이기 일쑤였다. 그런 세상 속에서 주변 눈치 보며 살아가던 자그마한 아이들이 최배달의 일당백 시합과 '도장 깨기'의 전설에 열광한 것은 자연스러웠다.

    이 사내아이들이 한 살, 두 살 나이를 더 먹어가며 이번에는 일본이 아니라 홍콩에서 물밀듯 들이닥친 무술영화라는 색다른 매체에 사로잡히게 되니, 이 흐름을 전 세계에 퍼뜨린 최고 스타 이소룡은 한국뿐 아니라 세계 곳곳의 수컷 청소년들의 의식에 짙은 영향력을 드리웠다. 1970년대 초에 한국 극장가를 강타한 이소룡과 그 밖에 홍콩 무술영화들의 기세는 거의 20년을 이어져서, 1980년대에는 고속버스에 탑승한 모든 승객이 자신의 의사와 무관하게 버스 전면의 비디오 화면에서 나오는 유혈 낭자한 무술영화를 시청해야만 하는 문화풍토를 탄생시키기에 이른다. 폭력 세력들 간의 패권 다툼과 복수를 주된 소재로 삼는 피 튀기는 영상이 보편적 문화상품으로 받아들여졌다는 사실은 1980년대의 군부독재, 삼청교육대 등이 전 국민에게 제공한 암묵적인 정신교육의 후유증은 아닐지 추측해보게 된다. 1970년대에 만화 팬이었던 아이들이 성인 사회에 진입한 1990년대 이후에는 홍콩 영화의 기세가 한풀 꺾였어도, 토종 조폭 영화들이 그 폭력의 역사를 이어갔다. 김두한의 전설을 극화한 TV 극 <야인시대>는 또 얼마나 많은 남정네를 환장하게 했는가! 환갑을 넘긴 노인네들도 여전히 주먹의 왕, 이소룡과 최배달을 추억한다.

    아직도 주먹이 법보다 더 가까운 세상인가? 이 역사를 계승해야 할 것인가? 아톰이 가르쳐 준 평화주의는 함부로 주먹을 휘둘러선 안 된다고 말한다. 그러나 나를 지키기 위해서 주먹을 휘두를 실력을 갖춘다면, 그걸 비평화적이라 비난할 수는 없지 않나. 주먹은 공격성에서 나왔지만, 공격이 아니라 방어와 보호를 위해서 쓸 때는 옹호해줄 수밖에 없지 않나. 그것이 모든 만화와 액션 영화의 영웅적 주인공들이 우리에게 보여준 것 아닌가. 아니, 한 걸음 더 나아가, 공격성 그 자체가 비난받을 성향은 아니라고 심리학자가 일러주지 않았던가. 우리는 모두 생물이기에 선천적으로 내면에 공격성을 장착하고 있다고, 그리고 그걸 활용해서 생존할 수밖에 없다고. 그렇다면 그런 본성적 공격성을 나와 내 가족을 지키기 위해 발휘하는 대중매체의 주먹 영웅들을 어찌 비난하겠으며, 그런 영웅들에 열광한 청소년들을 어찌 손가락질하겠나.

　90세를 넘기도록 생산적인 활동을 이어가시는 미국의 영화인 클린트 이스트우드 옹, 나는 정치적으로 다소 왼쪽으로 기울어졌고 미국의 공화당을 싫어하지만, 이스트우드 옹께서 과거에 대선에서 공화당을 지지하며 보수의 기치를 받들었던 것을 진심으로 존경한다. 그가 보수주의의 최상을 작품을 통해 보여줬다고 생각하기 때문이다. 만년에는 다소 작품의 감이 떨어졌지만, 노년기에도 오랫동안 세계 최정상의 영화감독으로 추앙받은 그는 마지막 작품들에서도 정의로운 폭력의 사용을 옹호하였다. 약자를 구하기 위한 일에 사용되는 영웅의 공격성을 인류는 버릴 수 없을 것 같다.

　폭력의 역사는 유구하게 계승된다. 여전히 브루스 리는 멋지다. 이소룡도 사랑해서 주먹을 휘둘렀을까? 아님, 사랑하지 못해서 그랬을까? 그의 수상쩍은 사인(死因)을 다룬 수많은 추적기록을 접하고 나서도 여전히 답하기 어려운 문제인 것 같다. 그런데 이 주먹의 영웅을 대놓고 비판한 한국의 만화가가 있었다. 그에 관해서는 다시 이야기하겠다.

17 꺼벙이 — '열등생'의 힘이 없는 함(無爲)

> 군대에 있을 때 남자들은 이런 말로 자신을 위로했다. '뺑이 치고 있는 지금, 이 순간에도 국방부 시계는 돌아가고 있다.' 지금, 이 순간 내가 무슨 짓을 하고 있건 말건 간에 매 순간이 의미 있다는 말이다. 매 순간이 군 제대라는 지상 목적에 가까워지는 길이기 때문이다. 우리는 아무 일도 하지 않았던 유년기에도 매 순간을 의미 있게 살고 있었다. 무엇을 했냐는 '행위'와 무관하게, 매 순간은 성장으로 이어지므로.
> — 이수헌, Ph.D.

아마도 요즘 세상에 도시에서 생활하는 사람 대다수는 좀 '정신없이' 살고 있을 것이다. 그러니까, 우리네 인생길에서 내가 대체 어디로 가고 있는지 차분히 되짚어볼 여유가 없이 그저 매 순간을 허겁지겁 발걸음만 재촉하고 있지 않은가 하는 말이다. 그만큼 다수의 사람은 경제적 생존의 지속을 위해 바삐 움직여야 하고, 그런데도 충분히 안심할 만큼 재화를 비축하지 못하여 안달하며 더 열심히 재화 획득을 위해 매진하고 있는 것 같다. 부동산, 주식, 코인, 연금, 재테크, 일거리…. 머리가 희끗희끗해지는 나이가 돼서야, 힘이 빠진 탓에 잠시 가던 길을 멈추고 주저앉아 어디까지 왔는지 뒤돌아보니, 어린 시절 이래로 참 긴 길을 돌아왔고, 그저 벌어먹으려 내달아온 것만 같은 이 길이 맞는 길인지 아직도 통 감을 잡지 못하겠다.

이런 '정신없는' 21세기의 현대인들이 가던 길을 멈추고 관심을 기울이게 된 것 중에, 우리나라에는 템플스테이가 있고, 뉴욕 맨해튼에는 마음 챙김(mindfulness) 명상학원이 있다. 첨단 정보사회를 살아가는 바쁜 대도시인은 모두 마음을 쉬어주고픈 욕구를 안고 있는가 보다. 마음 챙김 명상학원에 다니는 한 뉴요커의 토로이다.

우리가 한 번에 한 가지만 생각하는 게 얼마나 어려워졌는지…
기술발달 덕분에 우리의 관심을 더 잘게 쪼개는 일이 점점 더 쉬워진다.
우리는 자녀의 운동 시합을 응원하는 관람석에서 직장 동료의 질문에
스마트폰으로 답변해준다. TV를 보면서 공과금을 결제한다. 교통체증
와중에 식료품 배달을 주문한다. 아무도 시간 여유가 없는 것처럼 보이는
시대에 우리의 디지털 기기 덕분에 우리는 한 번에 여러 곳에 있을 수
있다. 단, 우리가 진짜로 있고 싶은 곳에 온전하게 있는 것은 불가능해지는
피해를 감수하면서.[39]

아마도 우리네 삶을 더욱 능률적으로 조직할 수 있도록 도와줄 목적으로 탄생했을 스마트폰의 도래 이후에 우리의 정신없음이 더 심화한 것도 같은데, 실은 그 전조는 이미 수십 년 전부터 엿보였다. 내가 대학입시 준비에 여념이 없던 고3 시절인 1980년대 초에 학교에서 뜬금없이 전교생 의식에 대한 설문조사를 벌였는데, 고교 졸업 후 바라는 삶의 모습을 택하라는 설문에 가장 많은 학생이 '시골의 목가적 환경에서 평화로운 삶을 누리고 싶다.'라는 항목을 선택했다. 내가 잘 기억하고 있는 건 이 현상에 대한 담임 선생님의 탄식이었다. 그는 용감하고 활기차게 세상에 도전해야 할 젊은이들이 그따위 도피적인 환상에 젖어있어 어쩌냐며 한숨을 내쉬었다. '3당4락'의 쳇바퀴 속에서[40] 입시 준비의 피로에 찌들어있던 고3들은 어른들의 우려에도 그저 쉬고만 싶었다. 정신없는 삶이 신물 났다.

1980년대 초에 대입 경쟁에 찌든 청소년들과 비교해보면 오늘날 똑같은 경쟁 구도 속에서 경주하고 있는 청소년들의 모습이 겉으로는 달라 보일지 몰라도, 그들이 마음속으로 느끼고 있는 압박감과 어려움은 별 차이가 없을 것이다. 나는 이런 압박감을 고3 시절보다 훨씬 더 어린 나이에 감지했었는데, 그건 내가 엄살쟁이여서 그런 것 같다. 초등학교 4학년 때였다. 중간고사와 기말고사가 갈수록 혐오스러워졌고, 그러다 보니 학과목들도 갈수록 싫어졌고, 학교도 가기 싫어졌고, 맨날 땡땡이치고 놀고만 싶었다. 그때 그러한 나와 꼭 닮은 만화 주인공을 만나게 됐으니, 그가 바로 꺼벙이였다.

그런데 내가 1970년대를 관통하며 열광했던 일본산 만화 중에서 데즈카

---

39 *TIME*, 2014.2.3. (인용문은 한석훈 번역)
40 '3당4락(三當四落)'이란, "하루 세 시간 자면서 공부하면 대학 입학시험에 합격하고 네 시간 이상 자면 대학 입학시험에 불합격함을 이르는 말."–국립국어원 우리말샘.

오사무의 작품군은 상대적으로 평화적인 메시지를 제공하기는 했어도, 그 밖의 것들 대다수는 공격성과 폭력성으로 도배가 돼 있었다. 그것들에 그만큼 빠져 살았으면 폭력성 메시지에 쩔어서 중독됐을 만도 한데, 그들과는 완전히 다른 성격의 국산 작품들이 나를 매료시키기 시작한 것이다. 이른바 '명랑만화'라 불리던 아동 잡지의 만화들이었고, 그중 길창덕 작 <꺼벙이>가 대표 주자였다. 아아, 위대한 꺼벙이!

국산 명랑만화의 슈퍼스타 꺼벙이가 데뷔하기 전인 1970년대 초반에 길창덕은 소년중앙에 <만복이>와 <빵점도사>를 연재했는데, 이들과 <꺼벙이>는 사실 주인공만 바뀌었을 뿐, 주제, 내용, 분위기 등이 흡사한 연작들이었다 하겠다. 만복이는 비록 개구쟁이지만 여러모로 볼 때 도시의 평균적 초등학생이라 할 만했는데, 바통을 이어받은 빵점도사는 개구쟁이일 뿐 아니라 제목 그대로 시험에서 늘 '빵점'을 받아오는 학업적 열등생이었고, 어쩌면 이 같은 과도한 학업적 열등성을 전면적으로 제목에 공표한 것 때문에 학부모나 교육자 집단의 반발을 사서 단명했고, <꺼벙이>에게 자리를 내주게 된 것은 아니었을까 추측한다. 그러나 꺼벙이 역시 빵점도사 못지않게 학업적 열등생인 것은 마찬가지라 하겠다.

지금도 <꺼벙이>를 생각하면 먼저 길창덕 작가의 정겨운 펜의 움직임을 통하여 단순하면서도 단아하게 묘사하고 있는 도시의 주택가 정경이 떠오른다. 1970년대의 대도시 주택가는 아직 빽빽하게 들어선 3층짜리 다세대 주택에 점령되지도 않았고, 아직 승용차들이 가뜩이나 비좁은 골목길을 막고 있지도 않았었다.[41] 그때에는 1층, 또는 2층짜리의 개별 가옥마다 자그마하나마 마당이 있어서 나름의 수목을 키웠고, 차가 없는 골목길에는 연탄재 수거용 콘크리트 함 이외에는 거칠 것이 없어서 동네 아이들이 놀이터처럼 뛰어놀 수 있었다. 그러한 주거환경에서 1960~80년대에 자라난 이들은 해가 져서 깜깜해질 때까지 미친 듯이 골목에서 뛰어놀았던 유년기를 그리움으로 회고할 것이다. 길창덕은 그런 동네 골목길을 잘 묘사했다. 그리고 그런 동네의 모습에

---

41 당시 우리 동네에는 '자가용'이 단 한 대도 없었으며, 실로 동네 골목길로 진입했던 거의 유일한 차량은 주택의 재래식 화장실의 변을 퍼가는 '똥차'뿐이었다. 1970년대 말 언제부터였던가 변기의 내용물을 수거 차량의 파이프를 통하여 기계적으로 빨아들이는 방식으로 나름 '현대화'하기 이전까지는 수거원들이 똥지게를 지고 일일이 변기에서 퍼서 차로 옮기는 방식이어서, 수거차가 일을 마치고 떠난 자리에는 늘 떨어진 변 자국들이 즐비했었다. 이미 인구 6백만 명을 초과하기 시작한 대도시 서울의 수많은 주택의 변 수거 작업에 종사했던 수많은 그 노동자의 육성을 기록으로 남겨놓아야 하지 않을까.

배어있는 정서는 한가함, 여유로움, 평화 등이었다. 그런데 아이가 초등 고학년 시절부터 맞닥뜨리게 된 학교의 풍토는 시험성적으로 아이의 가치를 결정하는 경쟁주의적 경향이 점증하고 있었으니, 꺼벙이 마을의 한가로운 정서는 현실의 학교 정서와는 동떨어진 지평에 자리하고 있었다 하겠다.

[그림17-1. 꺼벙이]
소년중앙 1973년 10월호, 네이버 카페 '클로버 문고의 향기',
2021.02.1. 마젠타 게시물.

경쟁적 학업의 장에서 언제나 '승자'는 소수에 불과하다. 1등인 참다운 승자를 제외하고, 2등부터 몇 명이나 더 '우등생'의 범주에 포함해줄 수 있을지 확언할 수는 없더라도, 대체로 한 반에 60명 이상이었던 1970년대에 50명 이상은 그러한 우월한 집단에 낄 수가 없었을 것이다. 그러니까 대다수가 '패자'로서 자신을 인식하게 만드는 체제가 경쟁적 학업 체제라 하겠다. 아마도 1970년대에도 전국의 수많은 천진한 아이들이 서서히 자신을 패자, 즉 루저(loser)로 규정하기 시작했을 것이다. 나 역시 그랬다. 학교에서 시험을 보고 나서 루저의 우울한 기분이 들었던 나 같은 아이들은 자신처럼 우수하지 않은 개구쟁이며 심지어 자신보다 더 공부를 못하는 열등생인 꺼벙이를 보며 위안을 받았던 것 같다. 시험에서 빵점을 받아도 꺼벙이는 낙담하지 않고 명랑하고 쾌활하게 또 재미난 하루를 보내지 않는가! 어쩌면 이런 꺼벙이의 힘은 요즘의 심리학계에서 말하는 '회복탄력성'과도 상통하는 것 아닐까 하는 생각이 든다. 회복탄력성이란 삶의 힘겨운 경험 앞에서도 좌절해있지만 않고, 금세 훌훌 털고 일어나 또 가던 길을 가는 힘이라 한다.

나는 길창덕 작가가 자신의 만화의 개구쟁이 주인공들을 통해서 우리 아이들에게 너무 공부에 찌들지 말고, 성적에 좌절하지 말라는 메시지를 지속해서 던져주었다고 추측한다. 꺼벙이 직전의 연재만화인 <빵점도사>의 제목 자체가 이러한 의도를 드러내지 않는가. 아무리 학교에서 공부를 못해서 구박을 받아도, 결코, 기죽지 말고 자신을 가치 있고 소중한 한 존재로서 돌보라는, 그리고 그런 사람이 진정한 도를 닦는 이(도사)라는 애정 어린 메시지가 담겨있었던 것 아닐까? 그다음 주자인 꺼벙이는 이름 그대로 꺼벙하여, 학교와 사회에서 떠받들던 '모범생'이나 '우등생'과 같은 어휘가 표방하는 '우수함'이라는 가치와는 꽤 거리가 있어 보이는 주인공이건만, 그런 꺼벙이 역시 고귀한 인물상으로 작가가 제시하였던 것이 틀림없다고 믿는다.

한데 꺼벙이와 그 일당은 느리고, 서툴고, 공부를 잘못하고, 힘도 약해서 얻어맞는 등, 종종 평균 수준의 아이들보다 열등하다. 마치 1990년대의 소형차 프라이드가 쳐다보는 이들에게 프라이드를 느끼도록 해줬다는 세평처럼 전국의 수많은 '열등생'에게 상대적 우월감을 맛보도록 해줌으로써 나름의 위안을 제공한 것 이외에, 열등한 꺼벙이의 가치는 무엇인가? 아마도 그건 꺼벙이의 상식을 초월한 행동이었을 것이다. 마치 공부는 학교에서 꼴찌이지만 기상천외한 도구를 만들고 엉뚱한 짓을 벌이던 빵점도사처럼, 우리의 꺼벙이도 상식과 상상을 뛰어넘는 행위를 감행하여 주변 사람들을 놀라게 한다. 이를테면, 처음으로 개통한 지하철 타보려고 입고 있던 옷과 신발을 '세일'로 팔아서 차표를 산다든가, 잠자리 잡으려다 항구의 배에 올라타서 홍콩까지 가기도 하고, 전국 거짓말대회에 나가서 우승해서 가짜 승용차(그림)를 받아오거나, 길에서 엉터리 사주팔자 봐주고 번 돈으로 불우이웃을 돕기도 한다.

종종 꺼벙이의 행위는 아직 우리가 가보지 않은 길을 무모하게 달리는 것이었고, 이를 오늘날의 교육자들은 '창의적'이라 부른다. 어쩌면 1970년대의 우리의 학교는, 아니, 그때부터 지금까지 쭉 우리의 학교는 엉뚱하고 기발한 새로운 일을 벌이는 창의적인 인재들을 억압하고 오로지 어른들의 명령에 순종하여 시험성적 올리는 데 최적화된 '모범생'들을 양산하는 데에 온 힘을 기울여온 건 아닐까?

잠깐 말을 돌리자면, 나의 벗 수헌은 실은 엉뚱하고 기발하며, 두뇌가 영재급으로 매우 우수하다. 그렇기에 교육심리학자이자 철학자로서 자기 전문 분야에서 인정받고, 창조적인 내용을 담은 책도 펴내는 것이리라. 그런 그가 한 번은 내게 자신의 초등학생 시절에 대한 놀라운 술회를 들려줬다.

"난 국민학교 4학년 될 때까지 책을 무지 많이 읽었어. 계몽사 세계명작전집 50권짜리도 다 읽었고, 금성출판사 학생백과대사전 10권도 닥치는 대로 다 읽었었지. 그리고 탐구욕도 왕성했거든. 근데 4학년이 되더니 갑자기 아이들이 모든 교과목에 대해서 동아전과 내용을 달달 외워야 한다는 거야. 거기다가 무슨 산수 문제집 같은 것도 열나게 풀어야 시험을 잘 본다는 거야. 난 그때부터 슬슬 학교 공부가 지겨워지기 시작하더니, 5학년 돼서는 아예 교과서가 꼴도 보기 싫더라고. 그때 넌 같은 반이 아니라 모르지만 난 4학년 때만 해도 반에서 1등을 했었는데, 5학년 때는 반에서 30등까지 떨어졌고, 수업 시간에 맨날 딴짓하고 애들이랑 하도 장난을 쳐서 담임이 내 책상을 교탁 앞에다가 빼서 앉히고 특별 관리를 할 정도였다고.

나중에 내가 교육심리학 공부를 하고 어릴 때를 회고해 보니, 아마도 나는 요즘 잣대로는 ADHD 진단을 받았을 것이 확실해, 하하하![42] 거기다가 공부 안 한다고 집에서 혼이 나고, 그래서 너처럼 나도 만화책과 만화영화에만 푹 빠져버렸고, 그러다가 틱까지 생겼었어. 그거 있잖아, 아이들이 스트레스 심해지면 이상한 행동을 강박적으로 반복하는 거 말이야. 물론 틱은 중학교 갈 때쯤엔 사라졌는데, 그 강박행동을 하던 목 부근 근육의 기억은 거의 반세기가 지난 지금도 선명하게 남아있어.

그리고 이런 얘긴 어디 가서 못 하지만 술 먹었으니 너한테만 하는 건데,

---

42 ADHD (Attention-Deficit Hyperactivity Disorder). 주의력결핍 과잉행동장애.

내가 20년 전에 교육심리학 박사과정 공부할 때 해외논문들을 읽다가 이런 생각이 들었어. '아, 나야말로 낙후된 개도국 한국 교육체제에 의해 희생된 영재였구나!' 하하, 그래, 나르시시즘 폭발일지도 모르지만, 사실 세상의 지능지수가 매우 높은 극소수의 영재들이 경직된 공교육 체제의 성적 경쟁풍토에 좌절해서 주류사회에서 이탈해버리는 경우가 꽤 되거든."

수헌의 술회는 나르시시즘이 아니다. 나는 그의 IQ가 150이라는 것을 믿는다. 어쩌면 꺼벙이도 나름의 영재였는지도 모른다. 영재성의 분야가 국·영·수가 아니었을지는 몰라도, 다중지능이론의 관점으로 본다면 분명히 꺼벙이만의 특출한 재능이 있었을 것만 같고, 그것을 학교와 어른들은 존중해주지 않았는데, 길창덕 작가는 그것을 매우 귀히 여겨 보듬어주고 지켜주고 싶었던 것이 아닐까 추측하는 것이다. 왜냐면, 그의 작품들을 통해서 충분히 짐작할 수 있듯이, 길 작가 역시 대단히 창의적인 인물이고, 그래서 자신의 성장기의 학교생활에서 나름의 좌절을 경험했을지도 모른다는 생각이 들기 때문이다. 그래도 길 작가는 자신의 재능을 소중히 여기고 그것에 자부심을 가질 수 있었고, 그래서 자신과 같은 독특한 재능과 창의성이 있지만, 국·영·수 시험에는 관심이 없었던 세상의 수많은 아이에게 위안과 격려와 응원의 메시지를 건네주고 싶었던 것일지도 모른다.

길창덕의 창덕성, 아니, 창의성 찬양은 후속작 <신판 보물섬>에서 더더욱 노골화된다. 동시대에 큰 인기를 끈 윤승운 작가의 <요철 발명왕>에서 엉뚱한 발명품들이 쏟아져 나왔듯이, <신판 보물섬>에서도 재미난 발명품이 등장하고 기상천외의 모험이 펼쳐진다. 평범한 초등학생인 주인공 개구쟁이들은 큰 뜻을 품고 비행기를 제작하여 세계여행 길에 나서고, 거기에서 거의 꿈속의 연상 작용이 말도 안 되게 이어지는 것과 같은 환상적인 모험을 겪게 된다. 이 작품에 담긴 작가의 메시지는 이런 것이라 하겠다.

'세상에 지나치게 심각한 일은 없다. 그대로 다 괜찮다. Everything's going to be all right. 인생사의 흐름에 자신을 내맡기고 물 흐르듯 살아가면 되는 것, 그 흐름을 모르고 더 편해 보겠다고, 덜 아파보겠다고 발버둥 치면 오히려 흐름에서 이탈하여 바위에 부딪혀 깨질 뿐.'

그러니 어쩌겠는가, 넘어져서 무르팍이 깨져도 언제나 하하하 웃으며 친구와 또 어깨동무하고 씩씩하게 앞으로 나아갈밖에! 이것을 니체의 '삶의 주인이 되는 철학'에 비할 수도 있겠고, 노자의 무위자연 사상과 맞닿는다고 주장할 수도 있겠다. 즉, 남의 눈에 들기 위해 억지로 위장하며 행하는 것이 아닌, 자연스럽게 자신의 내면에서 솟아나는 기운에 자신을 내맡기는 정신! 전자를 유위(有爲)라 하고, 후자를 무위(無爲)라 하니, <신판 보물섬>의 개구쟁이들과 꺼벙이와 그 친구들은 실로 무위의 지혜를 세상에 던져준 선구자들이라 할 수 있겠다.[43] 꺼벙이를 본받아 무위자연의 화신이 될 수 있었을 우리 아이들을 바라보던 부모들은 아마도 무위도식의 가능성을 엿보고 불안에 떨었는지도 모르겠지만.

곰곰이 짚어보니, 치열한 니체보다는 텅 빈 것의 중요성을 강조한 노자가 더 꺼벙이와 그 친구들에게 어울리겠다. 빵점은 텅 빈 점수이지만, 모든 것을 꽉꽉 채워 넣으려는 고도 경제성장기의 개발과 발전 일색의 문명 질주에 잠시 제동을 걸고, 우리 숨 좀 돌리고 그간 홀대하고 빠뜨린 것들에 대해서 돌아보자는 빵점 대장들의 제의에 잠시 귀 기울여줄 필요가 있지 않을까? 개발과 경쟁과 승자독식의 지독한 레이스가 우리 모두를 살만한 세상으로 이끌어왔는가? 한가하고 평화롭던 꺼벙이의 주택가는 빌딩과 다세대 주택들로 빽빽하게 채워지더니, 급기야 서울로 밀려드는 2천만 명을 수용하려 수도권은 아파트와 차로 꽉 들어차고, GNP도 팍팍 증대하여 세계 10위권 경제 대국을 만들어 '선진국'에 다가가는 숨찬 발전의 길목에 어디 잠시 쉬어갈 여유가 있었는가? 우리의 세상에 어디에 여유로운 공간을 남겨두어 아이들이 뛰어놀고 가족이 쉬며 인간성을 보존할 수 있게 허용한 곳이 있었는가? 어린이대공원과 용인자연농원도[44] 빽빽하게 인파로 채워져 있지 않았던가. 쉼도 없고 비어있는 여유도 없는 성장 일변도의 삶에서, 꺼벙하고 뒤처진 동료들을 돌아보지도 않고 각축하는 마음만으로 우리가 참으로 인간다운 삶을 영위하는 '선진국'에 진입할 수는 있는 것일까?

---

43 종교학자 오강남은 노자의 무위(無爲)를 다음과 같이 설명해준다. "무위란 보통 인간 사이에서 발견되는 인위적 행위, 과장된 행위, 계산된 행위, 쓸데없는 행위, 남을 의식하고 남 보라고 하는 행위, 자기중심적 행위, 부산히 설치는 행위, 억지로 하는 행위, 남의 일에 간섭하는 행위, 함부로 하는 행위 등 모든 부자스러운 행위를 하지 않는다는 뜻이다. 행동이 너무나 자연스럽고(natural), 너무 자발적(spontaneous) 이어서 자기가 하는 행동이 구태여 행동으로 느껴지지 않는 행동. 그래서 행동이라 이름할 수도 없는 행동, 그런 행동이 바로 '무위의 위 無爲之爲', '함이 없는 함'이라는 것이다." 오강남 풀이 (2010). **도덕경**. 현암사, 27. '함이 없는 함'이란 자유로운 존재 상태로, 이는 허사로 돌아가지 않는다는 말씀.

44 중·장년층은 기억하고 있겠지만, 현재 에버랜드의 전신이 용인자연농원이었다.

똑똑한 서구의 한 석학은, 착하기만 하고 제 것 챙기지 못하여 사회에서 낙오되는 사람은 마음속에 타인들에 대한 앙심을 품기 마련이라며, 우리 모두 내면의 괴물을 키우라 조언한다.[45] 그 또한 일리 있는 말이지만, 대다수가 괴물이 되어버리는 세상에 어리숙하고 꺼벙한 빈틈도 어느 정도는 있어야 세상의 숨통도 트일 것이므로, 착한 꺼벙이를 보호해줘야 하는 것 또한 우리의 책무가 아닐까? 전 지구를 '개발'하려는 인간의 탐욕에도 불구하고 열대우림과 멸종위기 생물을 지키려는 노력도 필요하듯이. 드센 여동생 꺼실이한테 매 맞던 꺼벙이가 그립다.

---

45 주 19에서 언급한 조던 피터슨 교수.

18 이원복의 지적(知的)인 서양 소개

> 현대화란 [서구적] 취향의 노예가 되는 것이 아니라, 독자적으로 사고할 수 있는 역량을 갖는 것이다.
> — 라빈드라나트 타고르

비록 1970년대 만화계에서 일본 작가들의 작품과 그 번안물, 또는 일본 만화를 아예 통째로 베낀 것들이 세력을 떨치고 있었지만, 길창덕을 위시하여 윤승운, 신문수와 같은 명랑만화계의 토종 작가들도 매우 창의적인 작품으로 너른 독자층을 키워가고 있었는데, 이들과는 또 다른 결의 작품세계를 펼친 이원복 작가에 관해 이야기해보려 한다.

1,800만 부가 넘게 팔렸다는 '국민 교양서'인 <먼나라 이웃나라>의 작가 이원복은 해방 이후 이른바 'KS마크'로 불리던 경기중·고, 서울대 출신의 엘리트로, 1970년대에 서독에서 유학하고 귀국한 후에 대학교수로 재직했고, 덕성여대 총장까지 역임했다. 아직 만화를 질 낮은 문화로 바라보며 경시하던 당시 풍조에서 엘리트 학벌 출신으로 만화가가 된 이원복은 특이한 작가였다고 할 수 있다. 일본에 의사 출신인 데즈카 오사무가 있듯이, 우리나라도 더 전문성을 지닌 만화가를 수용할 시기가 되었던 것 같다.

이원복의 작품세계는 어느 한 장르에 국한되지 않고 다양한 소재와 주제 및 분위기를 망라했지만, 대표작인 <먼나라 이웃나라>가 명랑만화에 가까운 화풍을 보였듯이 기본적으로 아동을 주인공으로 하는 많은 명랑만화를 선보였다. 그러나 보다 진지한 화풍과 내용을 담은 성장·스포츠 만화, 교양·교육 만화, 모험·스파이물에 SF물까지, 실로 다양한 장르에 걸쳐서 작품세계를 펼치며 작가적 역량을 발휘했다 하겠다. 이들 중 내가 먼저 기억해낼 수 있는 것은 <수나>, <푸른 꿈은 가득히>, <미니바람 꽃구름> 등,

어린이들의 우정을 다룬 작품들로, 명랑만화의 그림체와 순정만화의 감수성을
합쳐서 밝고 감동적이면서도 여운을 남기는 이야기를 풀어낸 연재물들이다.

[그림18-1. 미니바람 꽃구름]
네이버 카페 '클로버 문고의 향기', 클로버문고 표지들,
2006.08.18. 버즈컴 게시물

　　아동의 성장과 발달을 논하는 학자들에 따르면 '사춘기 이전의 아이들은
친구를 사귀며 진정한 의미의 우정을 쌓아간다기보다는, 무의식적으로
자기 자신을 친구에게 투영하여 친구의 모습에 비친 자신을 파악하고
이해해가는 측면이 크다'라고 수헌이 일러줬다. 이 과정을 거쳐 나름의 자아를
성숙시킨 연후에 비로소 타인인 친구와 상호작용을 통해 마음을 주고받으며
신뢰를 구축하고 우애를 쌓게 된다고 하겠다. 한데 앞에 거론한 이원복의
작품들에서는 주인공 어린이들 사이에서 꽤 성숙하고도 진지한 우정이
발생하는 이야기 전개가 있었던 것으로 회고하는데, 과연 나는 초등학생 때
진정한 친구를 만들었는지 되돌아보게 된다. 여기서 '진정한 친구'란, 나 자신의
이런저런 면모가 투영돼서 나를 비춰보거나 나와 비교하는 대상이 된 놀이
친구가 아니라, 나와 상관없이 그 친구 자체의 면모들에 이끌려서 사귀다 보니

호감이 생기고, 서로 위해줄 수 있게 된 친구를 의미한다.

예를 들어, 고립된 시골 마을에서 태어났을 때부터 초·중등학교를 졸업할 때까지 함께 자란 고향 친구들 제외하고, 도시에서 유년기에 맺은 친구와의 관계가 평생에 걸쳐 쭉 이어지는 경우가 흔할까? 물론 인터넷의 보급 이후로 중년이 되어서 초등 동창들과 수십 년 만에 재회하여 새로이 우정을 쌓아가는 경우도 꽤 있겠으나, 이런 경우는 초등생 수준을 훌쩍 뛰어넘어서 성인으로서 완전히 다른 유형의 인간관계를 맺은 것으로, 유년기와는 다른 수준의 우정을 구축하는 것으로 봐야 하지 않을까? 예전에 내가 40대였을 때 초등 동창들 모임에 몇 번 참석한 적이 있는데, 처음에는 수십 년 전의 어린 모습을 되살려내는 신기한 경험에 경탄했지만, 시간이 흐르며 어릴 때와는 다른 성인으로서 상호관계를 재정립해야 할 필요성을 느꼈던 것이 기억난다. 물론 어린 시절에 그랬듯이 서로를 격의 없이 대할 수 있다는 게 처음에는 정겨웠지만, 차츰 우리는 더는 어린애가 아니고 성인 사회의 일원으로 서로를 대해줄 수 있어야 한다는 사실을 깨치게 된 것이다. 게다가 수십 년 전의 유년기에 투사했던 부정적 감정을 여전히 품고 서로를 대하는 경우까지 목격하며, 유년기 수준의 '우정'의 연속성이 당연하고도 바람직한 것이라고만 볼 수는 없다고 생각하게 됐다.

뭐, 사람마다 개인차가 있겠지만, 나와 수헌의 경우는 실질적으로 중년에 서로에 대해서 최초로 깊게 알게 된 관계로, 둘 다 초등생 시절에 평생의 친구를 만들지는 못한 경우이다. 나는 초등 때 가깝게 지냈던 벗들과는 초등학교를 졸업하면서 멀어졌고, 그들을 과거의 성장의 한 단계에서 나를 이해할 수 있도록 도와주고 스쳐 지나간 조력자들처럼 느낀다. 예를 들어, 나와 비슷하게 얌전한 남자애들을 보면서는 타인들이 나를 어떻게 볼지 상상할 수 있었고, 나와 다르게 호전적인 남자애들을 보면서는 신기해하면서도 나 자신의 미발굴된 호전성을 가늠해보기도 했다. 물론 당시에 이런 것을 내가 의식하거나 자각하고 있었던 것은 아니다. 그리고 여자애들과는 우정이란 걸 쌓을 시도조차 하지 않았다. 공연히 멀리하거나 호기심을 품고 있다가, 졸업할 때 다가가서는 새삼스레 설레는 기분으로 훔쳐보기도 했다.

그러나 초등학생들을 그린 이원복의 만화에서는 아름다운 우정의 기쁨,

갈등의 해소를 통한 신뢰 구축 등, 매우 성숙한 인간관계가 많이 나타났고,
나는 초등생 때 이런 이야기를 신기하게 여기며 열독을 했다. 이원복 만화에는
남녀 간에도 우정을 나누고 서로를 위해 애쓰는 아름다운 장면들이 나왔고,
이 또한 나는 신기하게, 또는 부러워하며 바라봤던 것을 기억한다. 이원복의
이런 이야기들에서 처음에 코믹한 조연으로 출연했던 시관이와 병호는
나름의 개성으로 독자들의 인기를 끌었는지 점차 주연급으로 신분 상승하여,
종국에는 <먼나라 이웃나라>의 프로토타입이었다 할 수 있는 <시관이와
병호의 모험>에서 주연을 꿰차게 된다.[46]

한데 시관이와 병호 캐릭터가 일본 만화의 표절임이 밝혀져 이원복 작가가
이에 사과하고 결국에는 이 캐릭터들이 등장하는 작품들 전부를 폐기한
것으로 알려졌다. 그 작품들을 탐독하며 성장기에 나 자신과 타인들에 대해
적지 않은 것을 배웠던 나로서는 매우 아쉬운 일이 아닐 수 없다. 과거의
흑역사가 부끄러웠을 사회적 명사인 작가의 심경은 십분 이해하지만, 우리는
흑역사를 지워버리기보다는 품고 갈 필요도 있지 않을까 하는 생각이 든다.
특히 1970년대 일본 만화의 표절 문제처럼 시대에 만연했던 현상에 대해서는
묻어두기보다는 역사적 자료로 기록해둘 필요가 있다고 보는데, 그 연유에
대해서는 할 말이 많아서 뒤로 미룬다.

어쨌든 아동 명랑만화의 기조를 발전·확장하면서 보다 정교한
그림체로써 단순히 '웃기고 재미있는' 내용을 넘어서 성장 과정의 인간관계와
세계이해에까지 이르는 다양한 작품을 쏟아내며, 이원복은 당시 한국의
아동 의식에 의미심장한 영향을 끼쳤을 것으로 추측한다. 세계의 유명
이야기 모음집이라 할 수 있는 <사랑의 학교>에서는 다양한 문화적, 특히
서구적 배경에서 나타난 인간과 세상에 대한 관점을 소개해줬고, <불타는
그라운드>와 <야망의 그라운드>에서 스포츠를 통한 인간 성장 및 세계관
성숙을 시사했으며, <백자바위 마인>에서는 흥미진진한 국제적 첩보 액션
모험 이야기까지 펼쳐 보였다.

나와 달리 매우 조숙했고 학구적이었던 수헌은 새소년 잡지에 연재했던
<매니와 뽀삐>라는 독특한 사회 비평·풍자만화에 대하여 이렇게 회고한다.

"초등 4, 5학년 때 본 이원복 만화에서 이소룡 같은 등장인물을 비판하는

---

46 이런 사연을 나는 기억력에 의존하여 서술하고 있지만, 더욱 정확한 내용을 소개하는
   책도 있다: 최흡 (2008). **은하철도 999 캔디 캔디 유리가면 마징가 Z 겟타 로보 먼나라
   이웃나라 황금박쥐의 비밀**. 부천문화정보센터, 22-27.

내용을 보고 놀랐던 게 기억나. 모두가 정의로운 주인공 이소룡을 찬양하고 숭배하는데, 느닷없이 이소룡이 폭력적이고 무분별한 살상을 일삼는 악인이라고 비판하다니, 그런 생각은 그때 처음 해봤거든. 이소룡이 처치한 악당들도 누군가의 아빠이자 남편일 수 있다는 말도 기억나고. 난 그때 이후로 세상을 보는 관점이 여러 가지가 있을 수 있다는 걸 배우게 됐고, 그래서 십 대 때 반항적이기도 했지만 결국 그 덕분에 인문학도의 길을 갈 수 있게 됐다고 생각해. 그런 면에서 이원복 선생은 경직된 흑백론이 지배하던 군부독재 시절에 자라나는 후대의 시야를 넓혀준 공로가 있다고 봐. 자신과 다른 의견을 무시하지 않고, 보다 합리적으로 타인과의 공존방식을 모색해야 한다는 걸 가르쳐줬다고 할까? 특히 시관이와 병호의 유럽 여행기를 통해서 당시에 우물 안의 개구리나 다름없었던 한국 아이들한테 큰 세상을 꿈꿀 수 있게 해줬다고 할 수 있지."

나도 이원복 작가는 아직 개발도상국이었던 1970년대의 한국 아이들에게 세계에 대한 눈을 열어주는 데 크게 이바지했다고 생각한다. 지금과 달리 해외여행이 매우 어려웠던 당시에는 외국에 대한 정보 자체가 희소가치가 있었다. 드물게 한국 영화나 TV 프로그램을 해외에서 촬영했던 경우에는 광고 문안에 필히 '해외 현지 로케!'라는 구절을 크게 박아놨었던 것을 기억한다. 외국을 오가는 항공사 스튜어디스는 선망과 동경의 대상이었고, 서울 시내 중심가에서는 멋쟁이들이 'KAL' 'JAL' 'PANAM'과 같은 항공사 로고가 큼지막하게 박힌 가방을 어깨에 걸치고 다니는 모습이 유행이었다. 이런 시절에 실제로 독일에 유학하여 유럽을 오랫동안 여행한 경험이 있는 이원복 작가는 서양을 제대로, 정확하게 동포들에게 소개해줬다고 말할 수 있다. 아마도 당대에 세계를 일주한 것으로 유명했던 지리학자 김찬삼을 제외하면 이원복 작가가 가장 전문적으로 서양을 소개해줬던 것 같다. 특히 1970년대의 여타 만화책에서 외국 풍경을 묘사한 것 중에는 순전히 작가의 상상력을 발휘해서 창조해낸 엉터리 풍경이 흔했는데, 이원복의 책은 현지의 모습과 생활상을 사실에 가깝게 묘사했다.

여권을 만들려면 도장 한 말이 필요하다는 말이 나올 정도로 일반인의 해외여행이 어렵던 시절, 간혹 학교 아이 중에 아버지가 회사 일로 해외 출장을 다녀왔다는 이야기를 들으면 모두가 부러워했던 것을 기억한다. 외국에서 사다 줬다는 학용품이나 장난감 등의 선물은 천상의 보배처럼 보였다. 당시 아이가 느꼈던 이러한 감정은 외국에 대한 단순한 지적인 호기심 이외에도, 우리보다 훨씬 잘사는 부유한 나라인 서양 및 '선진국'에 대한 막연한 동경심에서 우러난 부분도 컸던 것 같다.

초등학교 고학년 때의 일이었는데, 반장이던 똑똑한 여자애가 여름방학에 부모님을 따라 일본 여행을 다녀와서 수업 시간에 학급 전원에게 자신의 여행 체험을 보고한 적이 있었다. 물론, 아무나 할 수 없는 실로 진귀한 경험이었기에 선생님이 이 아이에게 특별히 발표를 당부한 것이었다. 돌이켜보니, 필히 그 애는 대단한 집안의 자식이었으리라는 짐작이 든다. 똑똑하고 말도 딱 부러지게 잘했던 그 아이가 비행기를 타고 도쿄의 공항에 내렸다는 것만으로도 모두가 감탄! 시내에 있는 거대한 고층 빌딩에 들어갔는데, 입구에서 문이 자동으로 열리고, 로비의 계단에 올라서면 계단이 자동으로 움직여서 위층으로 데려다줬다는 경험담을 들려줬고, 아이들은 모두 숨죽이고 입을 헤벌린 채 그 이야기를 경청했었다. 실로 에스컬레이터에 직접 탑승한 최초의 경험자를 본 것이었다. 나는 이 이야기를 듣고 꽤 시간이 지난 뒤에 서울 도심의 미도파 백화점, 또는 코스모스 백화점에서 처음으로 에스컬레이터를 타봤던 것으로 기억한다. 그건 흥분될 정도로 신나는 경험이었다.

미국, 그리고 우리로서는 미국과 도대체 무엇이 다른지 구분하지도 못했던 '서양'의 선진국들은 일본보다도 더 잘 산다고들 했다. 꼬마 시절에는 서양인들은 전부 '미국 사람'인 줄 알았다. 영상이나 사진으로 보면 그들은 늘 햄버거 같은 값비싼 음식을 먹는 데 비해 우리는 늘 김치와 밥만 먹는다고 느꼈고, 그들은 달나라에 우주선을 보내는데 우리는 에스컬레이터도 아직 구경하지 못했다. 어린아이들의 마음속에는 자연스럽게 이 '우월한' 서양에 대한 동경심이 싹트지 않았나 생각한다. 역사적으로 서양에 대한 동경심은 우리보다 일본인들이 먼저 품게 됐을 터인데, 이는 일본 만화의 인물묘사에 잘 드러나 있다. 한마디로, 만화 속 인물의 눈이 비정상적으로 크다. 대부분의 일본 만화가 그러하지만, 특히 순정만화의 주인공들은 아예 서양인인 경우도 허다했고, 동양인을 그렸다고 해도 눈이 안면의 절반을 차지할 정도로 실제

동양인의 눈과는 지나치게 다른 모습이었으며, 코도 서양인의 코처럼 크고 뾰족했다. 그리고 수십 년이 흐른 오늘에 이르기까지 일본과 한국의 만화 주인공 모습은 이러한 양상을 대체로 고수하고 있다.

이러한 동아시아 만화의 전통에 비춰볼 때, 이원복의 만화는 훨씬 서양에 대하여 균형 잡힌 관점을 지녔다고 본다. 서양인의 눈과 용모를 이상화하지도 않았고, 동양인의 용모를 서구화하지도 않았다. 서양이 이른바 근대화의 발원지로서 전 지구에 그 영향력을 퍼뜨리고 '선진국'의 위세를 떨쳤고, 그랬기 때문에 서양의 강점을 비서구권이 공부하고 배우는 시대에 우리가 살기는 했지만, 그 서양을 맹목적으로 부러워하고 숭배하는 것이 아니라 차분하고 진지하게 관찰하고 공부할 기회를 <시관이와 병호의 모험>이 제공해줬고, 그 연장선상에서 <먼나라 이웃나라>의 대규모 국민교육이 실행될 수 있었다고 본다. 이원복 작가가 동포들에게 이런 공부 기회를 제공해줄 수 있었던 데에는 물론 그가 직접 서양에서 여러 해 생활하며 배우고 겪었던 참 경험과 더불어, 그에 대해 학구적으로 학습해본 그만의 지적인 생동력이 있었기에 가능하지 않았을까 추측해본다. 현재도 원로 작가 이원복은 텔레비전의 교양 프로그램에서 아프리카의 여러 나라에 대한 식견을 토대로 흥미로운 강의를 펼쳐 보인다.

이원복과 같은 선대의 기여 덕분인지, 요즘의 젊은 세대는 나의 세대에 비해 서양에 대한 열등의식 같은 것을 별로 갖고 있지 않은 것 같다. 고마운 일이다. 이전 세대는 서구화에 매몰되어 서구적 취향을 노예적으로 좇기도 했던 것에 비해, 요즘 세대는 서구가 이룩한 현대 문명의 정수인 과학 정신과 독립적 사고를 잘 계승하고 있는 것으로 보이니까. '요즘 젊은이들'에 대한 구세대의 불평은 실은 부분적으로 젊은이들의 독립성에 대한 수구적 불편함의 표현일지도 모르겠다.

19 바벨 2세, 아직 깨어나지 않은 소명

우리의 본성 깊숙한 곳에는 부름을 받지 않고서는 결코 계발되지
못할 능력이 잠재되어 있는데, 우리를 사로잡는 이야기들은 이 능력을
불러일으켜 준다. 우리는 잠들어 있는 모험가이고, 연인이고, 지도자이고,
예술가이고, 반군이지만, 우리가 그 모든 것이라는 것을 보여주는
문학작품을 접해서야 비로소 그러한 자신을 알아차릴 수 있게 된다.
— 조던 피터슨. Jordan B. Peterson (2021). *Beyond Order-12 More Rules for Life*.
　New York: Penguin, 57. (인용문은 한석훈 번역)

"우리는 이따금 大人 Great Man이 우리에게 무엇인가를 바라고 있고,
아주 특수한 어떤 임무를 주려고 하는 게 아닐까 하는 강한 느낌에
사로잡힌다. 이러한 체험에서 오는 반응은 우리에게 힘을 갖도록
도와준다. 그 힘은 우리가 자신의 영혼을 깊이 돌아봄으로써 집단적인
편견의 흐름에 대항하여 헤엄쳐 나가는 힘이다.
— 마리 루이제 폰 프란츠 in 카를 구스타프 융 편, 이부영 외 옮김 (2008).
　인간과 무의식의 상징. 집문당, 226.

　　한국의 개구쟁이들이 졸지에 복권에 당첨되어 유럽에 여행을 갔다가
인터폴 사건에 휘말려 아슬아슬하게 모험하는 <시관이와 병호의 모험>도
굉장히 일상의 현실을 뛰어넘는 상상의 세계를 보여주기는 하지만,
아직 사춘기의 초입을 어슬렁거리는 소년과 소녀에게는 이보다 훨씬 더
기상천외하고 터무니없는 상상의 세계를 날아다니고픈 욕구가 잔뜩 웅크리고
있다. 그 욕구에 적극적으로 부응해준 만화 작품으로는 일본산이 적지
않았으니, 그중에서도 <바벨 2세>라는 걸작을 거론하지 않을 수 없다. 만화가
요코야마 미츠테루 작품세계의 정점으로도 평가받고 있는 이 작품은 5천

년도 더 전에 고도로 진보한 과학기술을 장착하고 지구에 불시착한 외계인이 있었는데 지구의 특별한 소년이 이 외계인의 유전자를 물려받아 현대세계에서 악의 세력과 싸운다는 전투적 공상과학물이다. 바이블에 나오는 전설의 바벨탑을 바로 이 선조 외계인이 세웠다는 설정으로, 그의 우수한 능력의 정수를 물려받아 초능력자가 된 현대의 일본인 주인공 소년을 바벨 2세라고 부르게 된다.

  이야기 서두의 이러한 설정 자체가 엄청나게 상상력을 자극한다. 작고한 미국의 천체물리학자 칼 세이건이 이 광활한 우주에 생명체가 우리 인류뿐이라면 그건 엄청난 공간의 낭비가 아니겠냐고 말했듯이, 많은 사람이 외계인이 존재할 것으로 추측한다. 나아가 수만 년을 넘어가는 인류 문명의 성장 과정에서 그 외계인이 지구를 방문한 적이 있을 수 있지 않겠냐는 의문을 품어본 사람도 적지 않을 것 같다. 만약에 지구를 방문한 외계인이 있었다면 그는 역시 칼 세이건이 추측했듯이 우리와는 비교할 수 없을 만큼 고도로 과학기술이 발달한 세계의 일원일 수밖에 없을 것이다. 빛의 속도를 뛰어넘는 우주선을 보유했을 것이므로. 그런데 <바벨 2세>는 이렇게 지구를 찾은 외계인 한 명이 지구에 정착하여 자신의 흔적을 남겼다는 흥미진진한 상상을 바탕으로 이야기가 전개된다.

  이 외계인 선조의 능력을 고스란히 물려받은 바벨 2세는 인간 능력을 뛰어넘는 초능력자로, 사이보그 009처럼 초고속으로 움직이면서 적과 싸울 수 있는 데다가 텔레파시, 염력, 전기충격파 공격력까지 보유했을 뿐 아니라, 지구과학 수준과는 상대가 안 되는 슈퍼컴퓨터가 지휘하는 바벨탑 비밀기지의 주인이다. 이만한 기본 조건만으로도 이미 세계를 호령할 만한 힘을 갖췄다 할 수 있는데, 여기에 더하여 강력한 세 부하를 거느렸으니, 마치 <장자>의 '소요유'에 나오는 대붕을 연상케 하는 거대한 로봇 새 로프로스, 바닷속을 잠수함처럼 움직이다 출몰하여 막강한 파괴력을 발휘하는 거대로봇 포세이돈, 그리고 자유자재로 몸의 형태를 바꿀 수 있는 보디가드인 흑표범 로뎀이 그들이다. 이 정도면 러시아의 푸틴도 두렵지 않을 만한 화력과 권력을 소유했다 할 수 있겠다. 이런 힘을 사용하여 숙적 요미의 세력과 혈투를 벌이는 바벨 2세의 활약상에 몰입하던 나는, 문득 '만약에 내가 바벨 2세였다면 저렇게 피 터지게 악당과 싸우기만 할까?' 하는 상상을 해본 적이 있다. 아니다, 그건 너무 재미없다.

[그림19-1. 바벨 2세]
요코야마 미쯔데루 (2007), **바벨2세**, vol. 2,
에이케이 커뮤니케이션즈, 8.

십 대 초반 아이의 마음속에는 악당을 쳐부수는 것도 나름 재미있겠지만 바벨 2세처럼 엄청난 힘을 가졌다면 그 이외에도 신나고 재미난 일들을 아주 많이 할 수 있을 것이라는 상상이 일어났다. 이를테면, '나쁜' 북괴 공산당 놈들이 우리나라를 위협하지 않게 로프로스와 포세이돈을 휴전선에 보내서 겁을 준다든지, 큰불이 난 건물에 내가 바벨 2세처럼 로프로스를 타고 가서 염력으로 사람들을 빼낸다든지, 로뎀을 불러서 동네의 못된 중학생 녀석들을 골려준다든지, 등등 해볼 수 있는 재미난 일들이 너무 많을 것 같았다. 정말 그런 세 부하가 있다면 세상에 부러울 게 없을 것 같았다. 그러나 현실에 그런 세 부하는 없다. 현실에서 누군가가 나를 항상 그렇게 지켜주지는 않는다. 현실의 삶은, 실은 좀 불안하다. 그래서 바벨 2세가 너무 부러웠고, 그래서 그의 이야기에 빠져들기도 했을 것이다.

그런데 내가 바벨 2세 이야기에 혼을 빼앗기고, 나 외에도 수많은 아이가 그러했으며 수십 년이 지나도록 그 이야기를 흥분하여 회상한다는 것은 그 이야기 안에 세상 아이들의 마음과 통하는 뭔가 특별한 것이 내재해 있었기 때문은 아닐까? 예컨대, '나는 무슨 일을 하려고 태어난 것일까?'와 같은 질문을 태어나서 처음으로 던져보게 된 것은 아닐까? 바벨 2세는 평범한 중학생이었는데 갑자기 태곳적 선조의 메시지를 접수하고 괴조 로프로스의 방문을 받아 위험한 모험의 세계로 떠나버리게 된다. 혹시 나도 평범한 초등학생에 불과하지만, 어느 날 갑자기 모험의 길을 떠나게 되는 건 아닐까? 나는 그냥 엄마, 아빠, 선생님이 말하듯이 열심히 공부만 해서 '훌륭한' 어른이 되면 되는 건지, 아니면 나에게도 무언가 이 세상을 위해서 하게 될 엄청난 일이 기다리고 있는 건 아닌지....

    우리는 어린아이들에게 이런 질문을 곧잘 한다. "넌 장래에 뭐가 되고 싶니?" 난 어릴 때 자라서 뭐가 되고 싶었던가? 잘 모르겠다. 초등학생 때 많은 남자애가 대통령이 되겠다고 말했고, 그보다 약간 야심이 작았던 애들은 육군참모총장이 되고 싶다고 했다. 육사 출신 대통령이 장기집권하던 시절이었으니.... 난 애들이 다 하겠다는 걸 따라하기가 싫어 공군참모총장이 되고 싶다고 괜히 내뱉은 적은 있었다. 그러나 정말로 되고 싶었던 무엇 따위는 없었다. 이야기책 읽기를 좋아해서 소설가가 되고 싶다고 했더니 아버지께서 "그건 배고픈 직업이야."라고 말씀하셔서 접기로 했다. 배고픈 건 정말 싫으니까. '쇼쇼쇼'나 '유쾌한 청백전' 같은 TV 프로에서 경음악 밴드를 이끄는 지휘자가 재미있어 보여서 그런 지휘자가 되고 싶다고 했더니 아버지께서 "그런 밴드를 하면 밤늦게 술집에서 술꾼들 시중들어줘야 해."라고 말씀하셔서 그도 접기로 했다. 아버지와 친구분들이 술에 취하셨을 땐 영 곁에 있고 싶지 않았으니까. 그래서 난 나중에 되고 싶은 뭔가가 없었다.

    그러고 보니 학교에는 뭔가가 되고 싶다는 뚜렷한 목표 의식이 있는 아이들이 몇 있긴 했다. 신기했다. 의사가 돼서 병든 이들을 고쳐주겠다던 아이, 과학자가 돼서 굉장한 발명을 하겠다던 아이, 배삼룡과 구봉서처럼 유명한 코미디언이 되겠다던 아이 등등.... 그들 중 몇몇은 실제로 목표했던 그런 직종에 종사하게 됐다는 소식을 동창에게 전해 들은 적이 있다. 대단하다고 생각했다, 열 살 때 품었던 장래 희망을 실제로 성취했다는 것이! 하긴, 수헌도

사상과 철학을 좋아해서 학자가 됐으니 그 또한 대단하다. 하지만 나 같은 평범한 아이들이 훨씬 많지 않았을까? 대다수 평범한 아이들은 아마 나처럼 어른이 돼서도 딱히 뚜렷하게 뭔가, 또는 누군가가 되고 싶은지 자신 있게 말하지 못한 채로 여생을 살아가고 있을 것 같다. 우리 부모 세대를 봐도 그런 것 같고.

그런데 수헌이가 흥미로운 얘기를 들려준 적이 있다. 인터넷 뉴스에서 본 것이라 했는데, 미국 아이오와주의 너덧 살 먹은 남자 꼬마 아이가 아침에 집 앞의 쓰레기를 수거하는 청소차 아저씨들만 오면 신이 나서 뛰어나가 아저씨들을 환영하고 수거를 도와줬다고 한다. 그런 일이 계속되자 아이의 엄마는 아예 아이에게 청소원 복장을 입혀주고 유아용 쓰레기통과 같은 도구까지 장만해줬다는 것이다. 엄마의 이러한 전적인 지원과 격려에 힘입어 더더욱 신이 나서 청소차 아저씨들과 기념사진까지 찍은 귀여운 꼬마의 모습이 뉴스에 실렸다는 것이다. 아이는 훌륭한 청소원이 되고 싶다는 것이다. 수헌의 평은, 아이도 아이이지만 그 엄마가 더 대단하다는 것이었다. 순진한 아이가 온몸, 온 마음으로 자신이 좋아하는 것을 표현했을 때 그것을 엄마가 전적으로 지지해줬기에, 그 아이는 앞으로 자라나면서도 자신이 좋아하는 것을 적극적으로 찾아 나설 것이고, 그래서 필히 자신이 가장 원하는 일을 하며 살게 되리라는 것. 흠, 그런 것 같다. 미국 엄마라 그런 걸까? 한국의 엄마들은 그렇게 안 해줄 것 같은걸.

아이오와의 모자, 훌륭하다. 근데 왜 나는 되고 싶은 무언가가 없는 걸까?

이런 나와 같은 평범한 세상의 아이들에게 바벨 2세의 행보는 참으로 매혹적이었다. 그의 삶은 사명이 있는 삶이다. 내가 국민학생 시절에 달달 외워야 했던 '국민교육헌장' 맨 앞 구절이 이것 아니었던가. '우리는 민족중흥의 역사적 사명을 띠고 이 땅에 태어났다.' 그냥 먹고 살기만 하다가 가는 무지렁이로 태어난 게 아니라, 특별한 사명을 띠고 태어났다지 않는가! 바벨 2세는 인류를 악의 세력으로부터 구하는 특별한 사명을 맡기 위해 엄청난 초능력과 권능을 얻은 것 아닌가. 그도 중학생으로 자랄 때까지는 평범한 한 아이에 불과했으나, 숨겨진 소명을 깨닫고 자신보다 더 크고, 가치 있고, 훌륭한 일을 위해 쓰일 수 있는 존재로 거듭난 것 아닌가. 위대한 사명을 수행하도록 해주기 위해 선조들은 그를 준비시켰고, 도구와 힘과 부하들을 줬다. 아아, 나도 바벨 2세처럼 내 사명을 깨닫고 그런 엄청난 힘을 받게 된다면!

그러나 상상은 여기까지만. 왜냐면 너무 무섭기 때문이었다. 바벨 2세는 인류를 구하는 투쟁에서 목숨을 잃을 뻔한 위기를 몇 번이나 겪지 않던가. 사명도 좋지만 내 사지가 온전하지 못할 정도로 위험한 싸움을 벌여야 한다는 것은 끔찍한 일이다.

얼마 전에 이런 미친 생각이 치밀어 올랐었지, 내가 곧 '그것'이라고? 그러니까 내가 곧 영웅이라고? <u>흐흐흐</u>, 영웅은 개뿔....

하지만, 바벨 2세는 자신의 길을 스스로 선택한 게 아니라, 이를테면 하늘이 그를 선택한 거지. 그럼, 왜 하늘은 나를 60살이 되도록 선택하지 않는 걸까?

이렇게 진지하게 질문하는데도, 나의 내면의 음성은 아무 말도 안 해주네, 쳇.

20   '우주 삼총사'와 항공모함의 풍만한 가슴

> 진정한 남자는 두 가지를 원하는데, 그것은 위험과 놀이이다. 그러므로 남자는 가장 위험한 놀잇감인 여성을 원하는 것이다.
> — 니체, 차라투스트라는 이렇게 말했다.

    이태 전인가, 수헌이 예고도 없이 초등 동창 한 녀석을 술자리에 끌고 왔다. 우리와 좋은 술친구가 될 것이라며. 대체로 50년 만에 초등 동창과 마주하면, 처음에는 서로를 알아보지 못한다. 이름을 말해주면 겨우 성능이 좋지 않은 두뇌를 가동하여, 세월 저편의 기억 속에 파묻혀있던 옛 모습을 끄집어내서 내 앞의 얼굴에 겹쳐보게 된다. 그런데 이 녀석의 경우는 이름을 듣자마자 금세 옛 모습을 소환해낼 수가 있었다. 6학년 때 같은 학급에서도 가까운 자리에 있어서 함께 장난질을 많이 쳤던 녀석이었기 때문이다. 나 보다도 더 장난기가 많았던 호섭이 녀석, 한데 녀석이 자라서 이렇게 될 줄이야! 이 녀석이 목사님이라는 것이다.
    반세기만의 해후에도 불구하고 서로에 대한 어린 시절의 유치한 언행이 바로 튀어나오는 게 초등 동창을 보는 재미이기도 하지만, 성직자가 돼버린 박호섭에게 나는 거침없이 이렇게 지껄였다.
    "야, 정말 사람 앞일은 알 수 없다더니, 네가 목사가 될 줄이야! 너 맨날 아침에 학교 와서는 전날 본 텔레비전 얘기하며, '리사, 리사!'라고 신음하던 게 아직도 눈에 선하구먼!"
    내 말을 들은 호섭은 멋쩍게 웃었고, "너 역시 주름살 는 거 말고는 하나도 안 변했다."라며 아이 같은 장난스러운 표정을 지었다. '리사'는 6학년 때 TBC에서 방영하여 또래들 사이에서 인기를 끌었던 만화영화 <우주 삼총사>의 여주인공이다. 제목이 말해주듯 주인공이 세 명이어야 하는데,

오직 여주인공 이름만 선명하게 기억나는 것은 바로 호섭이 이 프로를 본 다음 날 아침마다 주문처럼 그 이름을 되뇌었기 때문이다. 그때쯤 우리는 사춘기에 들어서고 있었는데, 유독 TV 만화영화에 등장하는 예쁜 여주인공에게 순정을 바치는 데 앞장선 녀석들이 있었다. 그들 중 호섭이 가장 열성적이었으며, 연정의 상대도 가장 자주 바뀌었다. 리사에서 <마징가 Z>의 애리로, 그다음에는 <달려라 번개호>의 그 아가씨, 그다음에는 <독수리 오형제>의 백조 아가씨로. 나는 그런 호섭이 특히 '밝힌다'라며 많이 놀렸고, 그런 친구가 먼 훗날 성직자가 되었다는 것은 그야말로 완전히 상상의 범위 밖의 사건이다.

<우주 삼총사>는 일본의 만화영화 <제로 테스터>를 수입하여 TBC에서 방영한 작품으로, 특수훈련과 시험을 거쳐 선발된 최고의 전투기 조종사 3인이 각각 자신의 전투기를 몰다가 클라이맥스에서는 한 대로 합체함으로써 최강의 전투기로 변신하여 우주로부터 침략하는 적들을 쳐부수는 이야기이다. 여타 '공상과학' 만화영화 작품들과 <우주 삼총사>를 차별화하는 다음과 같은 요소들이 있다.

첫째, 삼총사 주인공들은 혈연, 지연, 학연과 상관없이 혹독하고도 엄격한 훈련 및 선발 과정을 거친 엘리트 전사이자 조종사들이라는 점이다. <철인 28호>, <아톰>, <마린보이>, <바벨 2세>, <마징가 Z> 할 것 없이, 주인공 영웅들이 실은 혈연에 의해 영웅의 역할을 맡게 된 데 비해,[47] 우주 삼총사는 대학입시와 같은 합리적이고 경쟁적인 시험을 통해 용사의 자리에 앉게 된 사람들이다.

둘째, 삼총사가 3대의 전투기로 적들과 싸울 때보다, 합체하여 1대의 제로 원(zero one) 전투기가 됨으로써 훨씬 막강한 위력을 발휘하게 된다는 점이다. 개별적인 전투기일 때는 생김새도 왠지 불완전해 보이고 무기도 단순한 레이저 광선 정도에 불과하지만, 합체하여 멋진 제로 원이 되면 우주최강의 무기라 할만한 '오메가 제로 빔' '시그마 빔'에 이어 최종 개발된 '톱날 빔' 등을 발사하여 어떤 적이든 섬멸할 수 있다. 전에 <황금박쥐>를 해석할 때 참고했던 탁월한 저서에서 <로빈 특공대>나 <무적 009>의 전 부대원 소환이 집단주의적이고 전체주의적인 일본 정서를 드러내고 <우주 삼총사>의 합체도

---

[47] 철인 28호의 조종사 소년은 철인 28호를 만든 과학자의 아들, 아톰은 자신을 제작한 과학자의 죽은 아들을 본떠서 만든 로봇, 마린보이의 아버지는 해상 과학대의 책임자, 바벨 2세는 바벨 1세의 후손, 마징가 Z의 조종사는 마징가 Z를 제작한 과학자의 손자.

이와 다르지 않다고 평하던데,[48] 내가 보기에는 그쪽보다는 구성원 각각의 개성이 전체에 함몰되지도 않고, 팀원들이 한데 뭉쳐서 시너지 효과를 내는 협동력이나 팀워크를 부각한 것 같다. 제국주의시대보다는 '4차 산업혁명 시대'에 어울리는 인간역량이 아닐까 싶다.

셋째, 삼총사를 지원하는 거대한 '시스템'이 주인공 못지않게 활발하게 작동한다는 점을 들 수 있다. 이는 대개의 만화영화 작품에서 영웅적인 무적 주인공의 활약만 두드러지고 같은 편인 지원 인력은 늘 무능하기 짝이 없게 묘사되는 것―이를테면 마징가와 같은 주인공 거대로봇이 등장할 때까지 일반 군대나 경찰은 적에게 속절없이 당하기만 한다는―과는 크게 다르다. <우주삼총사>에는 먼저 일종의 지구방위대라 할 수 있는 '시스템'의 기반 인프라로 거대한 '인공섬'이 있다. 인공섬은 미군의 항공모함을 확장·업그레이드한 버전에다가 <바벨 2세>의 바벨탑 기지를 얹어놓은 정도라 할 수 있겠다. 인공섬은 우주 삼총사의 전투기가 이·착륙하는 모함이기도 하지만 방위대 본부의 기지이며, 삼총사의 작전을 입체적으로 지원해주는 거대 공격 항공기인 제로 테스터 2, 3, 4호기를 탑재하고 있다. 제로 테스터 2호기는 삼총사의 상관인 대장님을 태우고 가장 빈번하게 지원 작전에 참여하고, 3호기는 주로 해저 활동에 특화돼있으며, 4호기는 특수 작업에 능한 거대로봇의 운송 장치라고 할 수 있다. 40대로 보이는 대장님이 공격 작전을 지휘하지만, 더욱 큰 틀의 전략이라든가 과학·기술상의 문제에 대해서는 연세가 더 지긋하신 턱수염 난 박사님이 의사 결정권을 갖는다. 물론 거대 항모 전단과 다름없는 인공섬에는 수많은 전투, 기술 요원들이 동승하여 활약한다. 대략의 묘사만으로도 우주 삼총사의 기지인 인공섬은 소년들에게는 전쟁놀이 장난감 세트의 끝판왕임을 알 수 있을 것이다.[49]

---

48 서현석 (2009). **괴물―아버지―프로이트: 황금박쥐 | 요괴인간**. 한나래. 요괴인간 편, 214.

49 인공섬 및 제로 테스터 전투기들의 모형 세트가 당연히 일본에서 출시됐으나, 한국에서는 구경도 할 수 없었다.

[그림20-1. 우주 삼총사, 인공섬]
다음의 유튜브 동영상 화면 캡쳐
https://www.youtube.com/watch?v=ZSNktSD4-M0

　게다가 이 '세트'는 상당한 복잡성과 사실성을 함유하고 있어 초등학교 고학년 정도의 지적 능력은 있어야 충분히 이해하고 즐길 수 있는 수준의 만화영화 작품이었기에, 몇 살 더 어린 아이들에게는 크게 관심을 받지 못했던 것으로 기억한다. 인공섬 '시스템'의 각 부분이 임무의 성격에 따라 작전에 투입되는 방식이 달라지고, 미지의 외계 세력에 맞서서 황금박쥐 같은 마술적인 초인이나 아톰처럼 백만 마력의 막강한 로봇이 활약하는 것이 아니라, 우리와 똑같이 피와 살이 있는 보통 인간이 지능과 조종 실력과 용맹함을 무기로 대적하여 아슬아슬하게 승리하는 이야기가 이어진다. 더군다나 우주 삼총사는 어린이 영웅이 아니라 20대로 추정되는 성인들이다. 아무래도 열 살쯤 먹은 빠삐나 십 대의 마린보이보다는 장성한 어른이 현실적으로 지구방어에 더 적합하지 않겠는가. 황당한 외계 적과의 싸움을 꽤 사실적인 대응 방식을 통하여 현실을 무시하지 않고 그린 작품이어서, 막 초등 수준을 떠날 때가 되어 지적 능력이 높아진 6학년 아이들에게 특히 인기가 있었지 않았나 생각한다. 2005년에 할리우드가 일반 성인 관객용으로 제작한 영화 <스텔스>에서는 엘리트 조종사 3인이 전 세계에 3대밖에 없는 최강의 전투기를 몰고 활약하는 이야기가 펼쳐지는데, 이 영화를 보며 나는 당연히 <우주 삼총사>의 제로 전투기를 떠올렸다.

　'제로 전투기'라고 기술하고 보니 2차 세계대전 때 일본제국군의 주력 전투기가 떠올라 다소 씁쓸하기는 하다. 전에 <철인 28호>도 그렇고, 1970년대 후반에 나온 <우주전함 야마토>도 그렇고, '평화헌법' 제9조를 개정하여 군비확장을 꾀한 아베 신조도 그렇고, 제국의 군국주의의 망령은 일본열도를 완전히 떠나지는 않고 있나 보다.

　한데 열도와 반도 사이의 굴곡진 역사를 제대로 의식하며 텔레비전 앞에 앉아 만화영화를 시청하던 아이가 어디 있었겠는가. 세상이나 역사의 흐름과는 별도로, 6학년짜리 눈에 꽤 수준 높아 보였던, 즉 '어른스러워' 보였던 <우주 삼총사>의 상대적으로 정교하게 체계화된 '우리 편' 집단, 그리고 이들을 태우고 전 지구상을 항해하는 거대한 인공섬은 아이 내면의 홀대당한 욕구와 욕망을 건드리고 있었던 것 같다. 나는 전혀 생각지도 못했던 것을 수헌이 일러줬다.

　"<원스 어폰 어 타임 인 더 웨스트>라는 유명한 옛날 서부영화 있지, 거기서 악당 두목인 헨리 폰다가 주인공 찰스 브론슨이 자신을 쫓는다는 걸 알고는, 만사를 제쳐두고 브론슨을 제거하려 다가가자 브론슨이 그러지, '당신은 사업가 타입이 아니구먼.' 그러니까 사업가 타입이라면 미해결의 많은 안건을 그대로 안고 가면서 천천히 해결해나갈 텐데, 그게 아니라 깔끔하고 정돈된 걸 좋아하는 샌님 타입이라 해결이 안 된 문제를 반드시 먼저 해치우지 않고는 직성이 안 풀린다는 걸 꼬집은 거지.

　갑자기 웬 봉창 두드리는 얘기냐고? 후후, 너랑 내가 <우주 삼총사>를 특히 좋아했던 건 말이야, 실은 인공섬 기지를 축으로 체계화돼있던 지구방위대의 나름 정교하고 논리적이며 철저해 보이는 그 '시스템'이 일종의 심리적 방어기제 역할을 해줬기 때문일 거라고 봐. 뭔 말인고 하니, 우리가 사는 세상, 이 현실은 실은 예측 불가하고 불안정하거든. 어떤 사람들은 그런 가변성을 환영하고 즐기며 현실 세상 속으로 뛰어들어 모험도 하고, 내기도 하고, 사업도 벌이지만, 너나 나 같은 쪼잔한 내향형들은 그런 현실이 두려워서 가능하면 자기 자신과 자신의 자원과—즉, 재산, 세간살이, 소지품 등등—생활 습관 같은 걸 일목요연하고도 일사불란하면서도 깔끔하게 정돈해두고 싶은 강박에 사로잡히곤 해. 쉽게 말해서 집안이 마구 어질러져 있거나, 책상 위에 잡동사니가 수두룩하거나, 아니면 재정적으로 채무와 밀린 고지서가 널브러져 있으면 우리는 매우 불안해지는 거야. 그래서 우리는 깔끔하고 체계적으로 정리, 정돈하는 일종의 결벽증을 갖게 된 거지.

　우리는 외계 괴물들과의 절체절명의 대결이라는 지극히 불안정하고 예측 불가한 현실 속에서 가능한 한 완벽하게 체계화되고 정리된 방어시스템을 구축해놓은 우주 삼총사의 방위대를 그래서 안심하며 흡족하게 바라봤던 거야. '현실'을 구성하는 지나치게 풍요로운 정보의 쓰나미 앞에서 우리는 정리·정돈을 통해 그 현실의 일부분에 초점을 맞춤으로써 현실에 대한 통제력을 확보해보고 싶었던 거지."

　심리학 공부를 했다고 언제나 모든 걸 심리적으로 설명하려 드는 게 때로는 좀 아니꼽긴 하지만, 수헌의 말은 늘 일리가 있다. 나는 어릴 때 만화책과 만화영화를 보면 모험을 한다기보다는 마음이 안정됐던 것 같다. 만화 속에 파묻혀있으면 안심할 수 있었다. 이불 밖은 위험해. 특히 5학년 때 하도 공부를 안 해서 동네 아이들 몇몇과 함께 친척 아저씨한테 과외지도를 받은 적이 있는데, 그때 하도 맨날 그 아저씨한테 회초리로 종아리를 맞아서 매일매일 우울하고 불안했었다. 나는 특히 <우주 삼총사>를 시청하고, 그 세계 속으로 빠져들어 갈 때 안정감을 느꼈던 것 같다. 수헌이 말대로, 도무지 제어할 수 없을 정도로 복잡하고도 불안한 현실에 대응하여 완벽하게 정리된 시스템을 구축하고픈 무의식적 욕구가 강했었는지도 모르겠다.

　여기에 더하여 수헌은 아예 인공섬의 항공모함과 같은 성격 역시 우리를 잡아끈 심층 심리적 요소를 보여준다며, 저나, 나나 유아기에 충분히 성숙시키지 못한 엄마에 대한 애착 심리와 항공모(母)함에 대해 끌림이 무관하지 않다고 주장한다. 비록 내가 사춘기 소년 시절부터 미국의 항공모함들을 보면 이상하게 끌리고, 항공모함 플라스틱 모델이 엄청나게 갖고 싶었던 기억도 있고, 텔레비전에서 항모에 대한 영상이 나오면 커다란 흥미를 느끼긴 했지만, 그건 사내아이들의 탱크나 전투기에 대한 일반적인 관심과 같은 것이지 딱히 항모의 어머니 같은 상징성과 관련 있는 것인지는 잘 모르겠다. 지나치게 모성 애착 중심적 관점 아닌가 싶다.

그런데 미군의 항모들이나 <우주 삼총사>의 인공섬이 내게는 대단히 매력적이라는 것을 부인할 수는 없는데, 사실 그것들의 강력한 전투력보다는, 주인공들과 방어 무기체계를 안정되게 감싸 안고 있는 듯한 자태로 유유히 대양을 항해하는 보호자와도 같은 역할을 지켜보는 것이 내 마음을 안온하게 해줬다고 말할 수는 있겠다. 인공섬, 또는 미 항모 엔터프라이즈에 출격했던 전투기들이 귀함하는 모습을 보면 마치 밖에 나갔던 아이들이 엄마 품으로 돌아오는 것 같은 느낌이 든 적도 있으니.... 수헌이 말대로 인공섬은 특히 결손 가정의 아이들에게 엄마와 같은 안온함을 무의식적으로 제공해주었다고 말할 수 있을는지도.

일전에 호섭이 함께한 술자리에서 수헌이 우리의 <우주 삼총사> 방어기제 이야기를 끄집어냈더니, 호섭도 옛 만화영화에 얽힌 추억을 풀어냈다. 나는 호섭의 여자 밝힘증이 아주 재미있다고 여겨, 특히 여주인공을 이야기 전개의 주축으로 설정하여 옛 추억을 소환하는 녀석의 수다를 즐겁게 받아들였다. 실로 녀석은 나와 수헌은 생각하지도 못했고 당연히 거론하지도 않았던 다양한 여성 캐릭터들에 대해 예리한 기억을 보존하고 있었다. 이원복의 <백자바위 마인>에서 홍콩을 무대로 주인공이 활약하는 장면에 섹시한 글래머 '꾸냥'이 등장했다고 주장하는데, 나는 영 그런 기억을 떠올릴 수가 없다. 심지어 여성 등장인물이 거의 전무하다는 평을 듣는 <바벨 2세> 만화책에서도 그는 한 여인에 대한 기억을 간직하고 있었으니, 이야기의 초반에 바벨 2세가 처음 바벨탑 기지에 왔을 때 잠시 안내역을 맡고 사라져버린 '성숙한' 여인의 풍만한 가슴이 인상적이었다고 한다. 별걸 다 기억하고 있다는 생각에 신기해서 집에 사다 놓은 '애장판' <바벨 2세> 1권을 펼쳐보니 실제로 안내자 여성이 등장했는데, 가슴이 다소 강조된 의상을 입고 있기는 하지만 그다지 특별히 풍만하다는 느낌은 들지 않았다. 십 대 초반이었던 호섭의 눈에는 그 가슴이 돋보였던가 보다. 이에 대해 수헌은 틀림없이 프로이트의 오이디푸스 콤플렉스를 들먹이며 한마디 해줄 만한데, 아직은 자제하고 있는 것 같다. 아무튼 나는 그런 여성 등장인물들에 대한 기억이 없는 것을 보면, 소년 시절에 성에 대한 관심도는 개인차가 큰가 보다. 나의 만화영화 여주인공에 대한 첫사랑의 추억은 좀 더 발육된 후에나 나타나게 된다.

만화 여주인공들을 섭렵한 플레이보이 호섭, 그래도 나름 <우주 삼총사>의 리사에게는 꽤 오래 순정을 바쳤던 것 같다. <우주 삼총사>의 TV 연재가 끝나고, <마징가 Z> 같은 새로운 인기작의 새로운 히로인이 나타났을 때도 여전히 리사를 추억하고 있던 그의 모습이 떠오르는 걸 보면. 나는 이런 호섭이 교회에서 신도들 앞에서 근엄하게 설교할 모습을 떠올릴 때 삐져나오는 웃음을 참기가 어렵다. 목사라는 녀석이 술자리에도 곧잘 어울리지를 않나, 음담패설도 자유자재로 구사하며, 오히려 수헌과 내가 만화에 얽힌 추억에 관해 짐짓 점잖게 지적(知的)으로 대화하려 들면 그런 분위기에 재를 뿌리고 섹시한 여주인공의 매력에 관해 장광설을 펼치곤 한다. 실은, 우리는 차츰 목사님 호섭에게서 많은 것을 배울 수 있었다. 성장에 관해서, 성욕에 관해서, 인간에 관해서.

21   마징가 Z와 멋진 쇠돌이

> 숲속에서 두 갈래의 길이 나타났다, 그리고 나는 사람들이 덜 다니는
> 쪽으로 길을 잡았다. 그리고 그것이 모든 것을 바꾸어 놓았다.
> — 로버트 프로스트, '가지 않은 길' 중.

일전에 찾아온 나의 내면의 음성에 따르면 초등학생이었던 나는 마징가 Z를 파괴하고 싶었고, 이는 내 마음속의 비밀스러운 자기 파괴 욕구와 공명했기 때문이라고 한다. 아무리 생각해봐도 이건 내가 생각해낸 게 아니다. 내 안에 또 다른 '나'가 있어서 그 내면의 '나'로부터 이런 생각이 주어진 것으로 추측해볼 수는 있다. 물론 심층 심리학적으로 내 내면의 무의식에서 일어나는 작용을 내가 다 이해할 수 없는 건 당연하다. 중요한 건, 내면의 음성은 굉장히 강력하게 뇌리에 박혀서, 한 번 들었을 뿐인데도 선명히 기억한다는 사실이다. 이건 특별한 일이다, 이즈음처럼 뇌세포의 급속한 노화로 방금 일어난 일도 금세 까먹게 되는 상황에서는. 그런데 융 심리학을 오래 공부하며 자신의 꿈을 십수 년에 걸쳐서 기록하고 분석해온 수현에 따르면, 매일 밤 꿈속에서 스치고 지나가는 무수한 장소와 상황들을 우리는 거의 죄다 망각해버리지만, 그중에서 꿈을 꾼 당시에 글로 기록해둔 것은 세월이 흘러도 명료한 영상으로 남게 된다고 한다. 내면의 음성 또한 내 의식으로 포착한 무의식이라서 또렷하게 기억에 남는 건지도 모르겠다.

'무서운 베라가 무서운 엄마 같다.'라고 들린 음성은 <요괴인간>에 대해 정리할 때 튀어나왔는데, 마징가에 반응한 자기 파괴적 욕구와 마찬가지로 이것도 한 번도 내가 의식적으로 생각해본 적이 없는 문장이다. 베라는 베라고, 엄마는 엄마였지, 둘을 연결해서 생각해본 적은 단 한 번도 없었는데, 이 음성을 한 번 듣고는 그냥 자동으로 베라와 엄마가 같다는 것을 수긍해버렸다.

그게 그냥 너무도 맞는 말이었다. 그것을 이때까지 깜깜하게 모르고 있었다는 사실이 되레 놀라울 따름이다.

또, <밀림의 왕자 레오>와 <라이온 킹>의 영웅 서사를 거론하며 조지프 캠벨의 '네가 바로 그것이다.'라는 선언이 떠올랐었는데, 이건 솔직히 내면의 음성인지, 아니면 내 에고가 부풀려지면서 내뱉은 감탄사 조의 '자뻑' 발언인지, 구분을 잘 못하겠다. 왜냐면, 그런 책 제목을 이미 알고 있었으니까. 그렇다 쳐도 이 역시 내가 의식적으로 생각해본 적은 없었던 것이고, 내 안에 영웅과 공명할 그 무엇이 있을 것이라는 발상 자체가 완전히 새로운 것이다. 그런데도 어쨌거나 선명하게 기억에 새겨졌다.

아톰과 스칼라의 우정에 대해 생각하면서는 '자기 자신을 미워하지 않는 남성은 여성과 진정으로 친해질 수 있다.'라는 메시지를 받았다. 이도 분명 내 머릿속에서 나온 것이라고는 생각할 수 없는 것인데, 그것이 어찌 됐든 간에 꽤 그럴듯한 말 아닌가! 일종의 지혜로운 조언과도 같은 말이다. 바꿔 말해서 남성의 여성혐오는 남성의 자기혐오라는 말도 되는 것 같다. 특히 이에 대해서는 수헌이 심리학적으로 적극 동감을 표한다. 남자가 자기 무의식의 여성성을 배격한다는 것은 자신의 큰 부분을 거부하는 것이니, 남자의 여성혐오는 자기혐오와 다를 바 없다는 것이다. 자신이란 존재의 정체성 형성에 생물학적이고 문화적으로 결정적으로 작용한 존재인 엄마, 즉 여성을 배격한다는 것은 자신을 형성한 커다란 부분을 거부하는 것이라 하겠다.

가장 최근에 들은 내면의 메시지는 <무적 009>에 대한 성찰이 진행될 때 나온 '내 본질은 사랑'이라는 말씀이었다. '네가 평생 해온 짓들이 사랑하기 때문에 한 것이거나, 사랑하지 못해서 한 것이란다.'라는 메시지. 이건 일종의 화두와도 같다. 그간 이걸 의식의 손에 꼭 쥐고 줄곧 생각해봤다. 과연 내 본질이 사랑인지는 도저히 모르겠지만, 내가 평생 해온 짓이라면 처자식 먹여 살려보려고 버둥대면서도 뭔가 나만의 작품을 만들어보려고 끙끙댄 것이라 하겠는데, 이게 다 사랑하기 때문에 한 짓이라 할 수 있지 않은가? 내 가족을, 나 자신을 사랑하기 때문에. 그런데 그렇게 사랑하는 가족에게, 부모에게, 벗들에게 잘하기만 한 게 아니고, 돌이켜보면 못되게 굴었던 적도 참 많은데, 이 또한 내가 사랑하지를 못해서 저지른 짓들 아니겠나. 사랑하고픈데 사랑하기가 잘 안되니, 사랑해 마땅한 그 사람들을, 나 자신을, 내 삶을 제대로 사랑하지 못하는 상황에 대해 분노와 좌절이 터져 나왔던 게다.

내면의 음성은 또 하나의 '나'가 보내는 메시지일 것이다. 그런데 그 '나'가 나인데도 나는 '나'에게 명령을 내릴 수가 없다. 과연 내 소명은 무엇일지 알려달라고 해도 아무 대답이 없지 않았던가. 내면의 '나'는 제멋대로, 제 기분 내킬 때나 메시지를 보내주는 걸까? 그런 '나'가 과연 나일까?

그런데 나는 마징가를 파괴하고 싶기는커녕 가장 진귀한 보물처럼 여겼었다. 1970년대 중반 경이었을 텐데, 남산 어린이회관(現 서울시교육청 과학전시관 남산분관)에 갔다가 유리 진열장 안의 마징가 Z 모형을 보고 너무 멋있어서 발걸음을 떼지 못했고, 집에 와서도 눈가에 그 모습이 아른거렸던 것을 기억한다. 심지어는 아직 국내 TV 방영도 시작하기 전이었으니, 정체도 모르는 로봇 모형의 모습을 보고 첫눈에 반했다. 그 후에 마징가 Z와 그레이트 마징가의 모형을 능동 어린이대공원의 육영어린이회관 같은 데서도 알현했다. 십 대에 막 들어가던 무렵, 그 모형들이 왜 그렇게도 갖고 싶었던지! 그러나 얼마 후 MBC에서 <마징가 Z>가 방영하기 시작한 뒤에도 서울에서 그런 멋진 모형은 찾을 수가 없었다. 아마 시중에서 판매했다 해도 너무 비싸서 사지 못했을 것 같다. 40여 년이 지난 뒤에야 일본 완구회사 반다이에서 나온 저렴한 마징가 플라스틱 모델을 사다가 조립해서 책장 위에 올려놨다.

텔레비전으로 처음 마징가 Z와 조우했을 때, 약 3~4년 앞서 영웅이었던 철인 28호처럼 거대한 로봇이라는 공통점에 반가움을 느꼈고, 두 로봇 사이의 큰 외견상의 차이를 보고 호기심이 발동했다. 새로운 영웅 후보가 낡은 로봇보다 더 날렵하고 날쌔 보였다. 철인 28호는 뚱뚱해 보이는 데 비해, 마징가 Z는 보디빌더의 근육질 몸을 연상시키는 체형이다. 두 로봇 다 입을 보호하기라도 하듯, 투구의 턱 보호대가 얼굴 하단을 가리고 있다.[50] 한마디로, 철인 28호보다 마징가가 훨씬 복잡하게 생긴 얼굴을 갖고 있으며, 몸매도 좀 더 인간에 가까워 보여, 내 눈에는 더 잘생긴 로봇으로 다가왔다. 초등학교 5학년이 된 나는 더는 크레용으로 도화지에 그림 그리기에 몰두하는 연령대가 아니었는데도 새로이 만난 영웅인 마징가 Z를 연필로 공책에 열심히 그리기

---

50 이와 같은 턱 보호대 모양은 철인 28호 이후 마징가 시리즈뿐 아니라 숱한 거대로봇 만화에서 차용했다.

시작했다. 아마 1회 방영만으로 당시 한국에서 <마징가 Z>는 최고 인기 만화영화 자리에 등극했을 것으로 짐작하는데, 그 근거는 금세 다양한 마징가 만화책 판본(해적판)과 더불어 마징가 그림이 들어간 각종 아동용 상품들이 쏟아져 나왔다는 데서 찾을 수 있다.

[그림21-1. 마징가 Z]
다음의 유튜브 동영상 화면 캡쳐
https://www.youtube.com/watch?v=TYzzcOZQCMc

마징가 Z는 철인 28호나 한국의 유사품 '로보트 태권 브이'에 비하여 매우 다양한 무기를 갖추고 있어서, 로켓 펀치, 브레스트 파이어(초고열 광선), 광자력 빔(레이저 광선 류), 루스트 허리케인(금속 부식 강풍) 등을 매번 적과의 대결에서 번갈아 가며 사용한다. 이런 기계적이고 전투적인 개성이 소년 시청자들의 눈길을 끌기도 했지만, 나는 이내 로봇 못지않게 인간 주인공들에게 관심이 가기 시작했으니, 먼저 쇠돌이(카부토 코우지)가 광자력연구소(마징가 Z의 본부) 인근으로 전학하게 되어 교실에 처음으로 입장하는 장면이 깊은 인상을 남겼다. 잘 생기고 당당한 고교생 쇠돌이! 우리나라의 고교생들처럼 머리를 빡빡 밀지도 않은 멋진 장발에 오토바이를 직접 몰고 통학하는 터프가이다. 쇠돌이가 우리나라와 똑같이 교실의 교탁 쪽에 나 있는 미닫이문을 '촥' 열고 들어왔을 때, 교실 안의 학생들이 탄성을 내뱉는다. 또는 시청자인 나와 동생이 내뱉었던 것인지도. 나는 처음 보는 사람들 앞에서 그렇게 당당했던 적이 없고 늘 꿔다놓은 보릿자루 같았는데…. 쇠돌이는 방금 전학 온 주제에 쭈뼛거리지도 않고, 금세 불량 학생인 보스 무리와 대결에 나서서 멋지게 오토바이 시합에서 승리하며 '짱' 자리를 쟁취한다.

[그림21-2. 쇠돌이]

　실로 선망과 동경의 대상이 아닐 수 없었다. 특히 나처럼 지극히 평범한 아이에게는. 난 학교에서 뭣 하나 특출하게 잘하는 것도 없었고, 선생님 눈에 띄거나 여자아이들에게 인기가 있었던 적도 없었다. 공부를 아주 못한 건 아니지만 중간보다 쪼끔 나은 성적이었으니, 공부 잘하는 아이들 무리에는 낄 수가 없었다. 운동을 못한 건 아니지만 6명이 백 미터 달리기하면 3등이나 4등을 했고, 축구 시합에서 골을 넣어본 적은 없다. 남자애들 사이에서 힘이 세거나 싸움을 잘하는 축에 끼지도 못했고, 학교 앞 골목길에서는 몇 살 위의 양아치들에게 '삥' 뜯긴 적도 몇 번 있었다. 뜯길 '삥'이 있어서 얻어맞지는 않았다. 아마 내가 다른 애들과 비교해서 그나마 제일 잘한 것이 그림 그리기였을 텐데, 그것도 기껏 해봤자 사생대회 입상, 장려상 정도밖에 못 받았고, 그저 줄기차게 만화만 따라 그렸다. 그런데 만화를 나보다 더 잘 그리는 애가 같은 반에도 한 명 있었다.

　이렇게 쭉 나열해놓고 보니 정말 평범한(아무도 눈여겨 봐주지 않는) 남자애였다, 학교와 놀이터뿐 아니라 집에서마저도. 전에 말했듯이 아버지는 회사 일로 바빴고 어머니는 어머니대로 사정이 있어서 내게 신경 써줄 여유가 없었다. 나를 가장 위해주셨던 외할머니는 집이 가깝지 않아 자주 뵐 수가 없었고. 동네 골목에서도 그냥 평범한 아이여서 평범하게 아이들과 놀았다. 그런 나도 뭔가 잘하고, 멋지고, 인기 있는 아이가 되고 싶기는 했다.

　실로 꺼벙이와 비슷하게 살아가고 있던 나에게 쇠돌이는 그야말로 선망의 대상이었다. 게다가 그에게는 천하무적 마징가 Z까지 있지 않은가! 냉정하게 말하자면, 영웅 같은 쇠돌이보다는, 그저 평범하기 그지없는 보스의 똘마니들 정도가 나와 동질감을 느낄 수 있는 등장인물이었을 테지만, 나의 자존심은 그것을 자각하는 것을 방해했다. 나도 쇠돌이처럼 되고 싶었다. 어쩌면 이런 망상과 같은 착시현상이 1970년대 추억의 만화들이 평범한 아이들에게 선사해줄 수 있었던 진귀한 자아 팽창 체험이 아니었겠는가. '진귀'하다고 하는 건, 그런 자아 팽창이 성장 과정에서 나름의 가치가 있을 것이라고 보기 때문이다.

　현실 속에서 별 볼 일 없는 평범한 아이였음에도, 자라나면서 그래도 나는 뭔가 의미심장한 것을 인생에서 반드시 이루고야 말 것이라는 망상을 계속 지니고 있을 수 있었던 데에는 만화 속의 영웅들에 대한 유치한 매혹이 작용한 바 없지 않다. 어쩌면 나처럼 평범한 아이가 아니라 실제로 어떤 영역에서든 뛰어났던 아이들은, 그것이 공부가 됐든, 운동이 됐든, 예술이 됐든, 자기 내면에 별을 품고 있었는지도 모르겠다. 그러나 나는 내 안에서 별을 본 적이 없었기에, 나 밖에서 별을 쳐다보고 싶었다. '아이돌'바라기하는 세상의 수많은 평범한 아이처럼. 나는 이게 그냥 처량한 자기비하라고 보지 않는 것이, 만화의 영웅들을 별처럼 동경하던 어린 시절의 연장선상에 여전히 영웅적인 것의 감행 가능성을 붙들고 있는 어른 시절이 지속될 수 있기 때문이고, 그래서 여전히 나는 말도 안 되는 '내면의 숨은 영웅 발굴' 기도를 멈추지 않기 때문이다.

　몇 해 전에 동네 번화가에 허름한 인도 음식점이 생겼는데 싸구려 요리가 의외로 술안주로 괜찮아서 종종 들락거렸다. 네팔 이주민인 사장 나왕은 한국에 정착한 지 20년이 돼가는 중년 남성이고, 유창한 한국말로 단골인 나를 곰살맞게 대해준다. 나도 나왕을 '아이 엠 킹'이라고 부르며 농담을 나눈다. 한 번은 수헌과 그 집에서 한잔하고 있었는데, 손님이 우리밖에 없어서 우리의 대화 내용이 고스란히 나왕의 귀에 들어갔던가 보다. 우리는 이미 술이 얼큰하게 찼을 때 나왕이 서비스 안주를 내오며 슬며시 이야기를 풀어놓았다.

"선생님들 이야기가 다 들려서 할 수 없이 다 들었어요. 실례지만, 김 선생님이 사고로 머리에 충격을 받은 다음부터 머릿속에서 어떤 목소리가 들리신다는 게, 제가 살던 히말라야 산속 고향에서 여러 번 본 적이 있거든요. 내 친구가 셰르파인데 산에 갔다 넘어져서 머리를 다치고 그렇게 된 적도 있어요. 그 친구는 결국 절에 가서 스님한테 치료를 받았는데, 다른 사람은 머릿속의 그 목소리를 더 많이, 자세히 듣고 싶다고 특별한 방법을 사용했어요."

나왕의 말에 따르면 그 다른 사람은 인도에서 수입한 특별한 버섯을 먹고는 황홀경에 빠져 내면의 목소리의 발화자와 직접 대화를 나눌 수 있게 됐다는 것이다. 일주일에 한 번 예배드리듯이 버섯을 섭취하고 명상에 빠져 자신과의 대화를 이어가다가, 나중에 아예 산속의 사원에 들어가 요기가 됐다는 소식을 들었다고 한다. 이를 들은 수헌은 대뜸 중남미와 인디아에서 채취하여 환각제로 쓰는 사일로사이빈 버섯일 것으로 추측하며, 우리나라에서 그런 것을 먹었다가는 쇠고랑 찰 거라고 이죽거렸다. 그러나 나왕의 태도에서 뭔가 적극적인 의욕 같은 것을 나는 감지할 수 있었고, 그 후에 혼자 나왕을 찾아가 술잔을 기울이며 그 버섯에 관해 은근슬쩍 물어봤다가 아마도 서남아시아 이주민 사회에 수소문해보면 구할 수 있을 것이라는 답을 들었다. 결국 2주 후에 나왕은 나에게 건조한 버섯 분말을 약간 건네줬고, 나는 그에게 술값을 꽤 상회하는 대금을 치렀다.

나왕의 설명에 의하면 사일로사이빈의 환각 작용은 인체에 거의 해가 없으며 중독성이 없지만, 환각에 빠진 사용자가 지복(至福)의 상태에 이르면 매우 부산하고 외향적으로 되는 등의 사소한 사회적 문제가 있어서 대개 환각의 순간에 파트너나 의료인이 곁을 지켜주는 것이 바람직하다는 것이다.

결국 수헌에게 멋지게 '한잔 쏘겠다.'라며 간청하여, 한가한 어느 날 오후에 수헌의 연구실 소파에서 버섯 분말을 꿀꺽 삼켰다. 그리고 나서 20여 분이나 지났을까, 평생 대마초 한번 입에 대보지 못한 나는 난생처음 황홀경에 들어갔고, 모든 감각기관이 꽃처럼 활짝 피어나는 느낌 속에서 내면의 나와 대면하게 되었다.[51]

---

51 사일로사이빈(psilocybin)과 LSD 등, 환각제의 효능과 그 개발의 역사에 관해 책을 낸 마이클 폴란(Michael Pollan)이 진행하는 다큐멘터리인 '마음을 바꾸는 방법(Watch How to Change Your Mind)'이 넷플릭스에서 2022년에 소개되었다.

22   마징가 Z와 보스, 애리, 아수라, 브로켄, 헬

> "[고문 끝에 죽임을 당한] 모키치는 강합니다. 논에 심은 강한 모 포기처럼 강합니다. 하지만 약한 모 포기는 아무리 비료를 많이 주어도 자라지도 않고 영글지도 않지요. 저처럼 천성이 약한 자는 신부님, 바로 이 약한 모 포기나 마찬가지지요." [중략] 인간은 천성적으로 두 종류가 있습니다. 강한 자와 약한 자, 성자와 평범한 인간, 영웅과 두려워하는 자, 그리하여 강자는 이 같은 박해 시대에도 신앙을 위해 불 속에 뛰어들고 바닷속에 가라앉는 것을 견딜 것입니다. 하지만 약자는 이 기치지로처럼 산속을 헤매고 있습니다.[52]
> ― 엔도 슈사쿠 지음, 김윤성 옮김. (2000). **침묵**. 바오로딸, 94.

내면의 나에게 물었다.

'왜 애초에 나에게는 위대해질 자질을 주지 않았는가? 나는 재주도 없고, 용기도 없고, 나약해 빠졌다. 찌질한 나 같은 자에게도 소명이 있을 수 있는가?'

신비의 버섯 덕분에 영적인 차원에 접속이 됐는지, 바로 답이 돌아왔다.

'찌질한 너로서 위대해져라.'

약효는 수십 분 정도밖에 지속되지 않았고 나는 속세로 돌아왔지만, 황홀경에서 찬란한 빛이 전해준 '말씀'은 짙게 가슴에 새겨졌다. 가슴에 새겨진 것을 어찌 믿지 않을 수 있으랴! 이렇게 나는 '내면의 음성 신도'가 되어 버섯 묘약을 2회 더 사용하였고, 내면의 음성에게 지극히 사적인 예배를 올렸다. 곁에서 쭉 나를 지켜봐 준 수헌은 묘약을 더 사용하는 건 인생의 '치트 키'

---

[52] 17세기 일본의 초기 기독교 신자들이 막부의 가혹한 탄압으로 순교하던 시절을 다룬 종교적 문제작인 이 소설에서, 고문의 공포를 이기지 못하여 배교한 약한 남자 기치지로가 종국에 서양인 사제의 용서를 받게 되는 이야기가 전개된다. 신은 영웅적인 강자뿐만 아니라 나약하고 평범한 필부도 품어준다는 신앙 고백이 담겨있다. 명장 마틴 스코세이지가 2017년에 <Silence>라는 제목으로 영화화했고 <스파이더맨>의 앤드루 가필드가 주연을 맡았다.

같으니 그만하자 했다.

　　인터넷 카페에 <마징가 Z> 자료를 모은다는 공지를 내니 며칠 안 돼서 수십 개의 댓글과 함께 영상자료 등등이 올라왔다. 50~60대 노땅들이 아직도 이렇게 마징가를 추억하고 있다는 말이겠다. 왜 그럴까? 마징가 시리즈의 무엇이 그들의 어린 영혼을 그토록 강렬하게 잡아끌었던 것일까? 분명히, <철인 28호>에 대하여 그랬듯이, 거대로봇의 강력한 힘에 대한 사내아이들의 동경이 작용했을 것이다. 또, 마징가를 무적으로 만든 신기술인 초합금 제트와 광자력 및 로봇 항공 공학 등에서 드러나는 황당하지만, 최첨단 과학기술의 추구는 '과학의 힘'의 화신이던 <아톰>의 연장선으로 볼 수 있는바, 이것의 매력도 상당했을 것이다. 어쩌면 파괴적인 과학의 힘이 사내애들의 공격성과 공명했을지도. 또한 원작자 나가이 고의 참신한 발상으로 탄생한 '탑승 로봇'이라는 개념이 아이들의 상상력을 한층 자극했을 수도 있다. 그리고 여기에 더하여, 주인공 쇠돌이 이외에도 여러 다른 등장인물들의 인간적 깊이가 이야기의 전개에 역동성을 불어 넣어줬다고 나는 생각한다. '인간적 깊이'란, 각 등장인물이 뻔한 영웅상, 악인상, 또는 부수적인 조연상 등에 고정된 것이 아니라, 상황에 따라서 그런 '상'을 벗어난 일탈을 보여주며 입체적이고 양면적인 인격을 드러낸다는 말이다.

　　주인공인 쇠돌이부터 단지 용맹하고 정의로운, 뻔한 만화 주인공의 영웅상에 부합한다고 보기 어려운 점들이 있다. 물론 <마징가 Z>의 판(버전)이 여러 가지이고 각 버전이 제각각의 이야기를 전개하기 때문에 모든 버전의 쇠돌이를 죄다 통합해서 그 모든 것이 다 쇠돌이라고 말하는 것은 부당한 일이지만, TV 만화영화 버전이 상대적으로 단편적이고 단순한 영웅상에 가까운 쇠돌이를 그려낸 데 비해, 원작자인 나가이 고와 더불어 원작자의 버전보다 더 인기 있었다는 오타 고사쿠의 만화책 버전 양자에서 묘사된 쇠돌이의 성격은 실로 매우 입체적이라 할 만하다.

　　뛰어난 오토바이 조종기술을 바탕으로 거대로봇을 능숙하게 조종하며 목숨을 건 대결에 몸을 던지는 등, 영웅적인 용맹함을 보이지만, 여색을 밝히면서도 동료인 애리(일본명 유미 사야카)가 자기에게 관심을 보이자

이중적인 태도를 보이고, 지구를 지키느라 바빠 학교에서는 낙제생이
되고, 숙적 아수라 남작의 약육강식 논리에 마음이 흔들리기도 하며,
무서운 적인 미케네 군단과의 결전 앞에서 홀로 두려움에 떨기도 한다.[53]
보통 천편일률적으로 영웅적이기만 한 만화 주인공 용사들에 비하면 훨씬
인간적이라 하겠다.

　<마징가 Z>의 후속작 <그레이트 마징가>의 영웅인 김철(일본명은 츠루기
테츠야) 역시 전형적인 선하고 용감한 주인공의 상에서 벗어나, 고집 세고
쌀쌀맞으며 고독한 전사 상을 보여준다. 7살 먹은 고아가 그레이트 마징가의
조종사감으로 발탁되어 오랜 세월 특수훈련을 거쳐 전문적인 전투 파일럿으로
성장한 김철은 심심찮게 지도자나 동료들과 충돌하고, 내적으로 자신의 출생에
대해 심한 열등감을 품고 있는 것으로 그려진다. 종국에는 자신의 양부이며
연구소장인 카부토 켄조 박사(한국명이 슈타인 박사였다고 함. 기억 미상)의
친아들인 쇠돌이가 장기간의 외유 후 복귀하자, 그에게 질투심이 발동해서
이성을 잃고 위기에 빠지기도 한다. 나는 <그레이트 마징가>의 첫 회를
시청했을 때부터, 쇠돌이를 대체한 새로운 영웅 김철이 노골적으로 불친절하고
제멋대로인 듯한 태도를 보여서 내심 매우 놀랐던 것을 기억한다. '무슨 우리
편 정의의 용사가 저래....' 마징가 시리즈는 전형적인 영웅상을 벗어던진
것이었다.

　십 대 초반의 나는 당연히 만화영화에 등장하는 남자 주인공에
관심을 쏟았지만, 서서히 사춘기의 조짐이 삐져나오기 시작하는 때인지라
여주인공에게도 흘깃, 흘깃 눈길을 주기 시작했다. 조숙했던 호섭에게는 못
미쳐 <우주 삼총사>의 리사를 특히 눈여겨보지는 않았었지만, <마징가 Z>의
애리에게는 나도 모르게 자꾸 신경이 쓰였다. 호섭도 매회 방영분을 보고 와서
애리와 그녀의 거대로봇인 아프로다이 에이의 체형에 대한 의견을 제시하며
서서히 리사에서 애리 쪽으로 갈아타려는 기미를 보이고 있었고, 나도 애리의
짧은 치마가 전투에 적합하지 않을 것 같다고 혼자 속으로 생각하며 애써
여성적 매력의 마력과 위력을 모른 척했다. 이건 일종의 무의식적 억압으로,
TV를 시청하던 집에서는 여전히 착한 아이 콤플렉스에 사로잡혀 있느라 내
감정의 움직임을 솔직히 느끼지 못했었나 보다.

53　한 비평가는 카부토 코우지(쇠돌이)라는 캐릭터가 마징가 시리즈가 끝난 뒤에
　　<그랜다이저>에도 조연으로 등장하는데, 여기에서 주인공 남성을 대상으로 한
　　동성애적 애정전선이 암시된다고 주장한다. 선정우(2002). **슈퍼 로봇의 혼**.
　　서울: 시공사.

[그림22-1. 마징가 Z: 애리]

　말괄량이 유형의 애리와 더불어 <그레이트 마징가>의 여성형 로봇인 비너스 에이를 조종하는 여성 전투원 역의 호노오 쥰(한국명도 '준'이었던 듯...)도 또 다른 매력으로 소년들의 눈길을 잡아끌었으니, 갈색 피부의 혼혈인 '글래머' 몸매의 이 여전사는 푸근하고 자애로우면서도 용맹스러움을 겸비한 모성을 품고 있었던 것 같다. 이 여주인공들 역시 전형적인 선하고 정의로운 인물이라기보다는 나름의 성격적 결함이 있고 내면에 열등의식 콤플렉스를 지니고 있으며, 여타 등장인물과의 관계에서 갈등과 충돌을 겪는 등, 매우 인간적인 면모를 선보였다.

　그러나 나는 어린 소년으로서 여성들의 성품의 색깔이나 성숙의 과정에 깊이 공감하기는 어려웠을 테고, 작품의 제1의 주인공을 한 걸음 뒤에서 보조해주는 남성 조연의 모습에 대해서 훨씬 다채로운 감상을 기억한다. 그 대표적 인물이 마징가 시리즈에 지속해서 출연하는 보스이다. 시리즈 초기에는 짝사랑하는 애리를 사이에 두고 쇠돌이와 티격태격하며 늘 당하고 실수 연발하는 희극적 역할에 불과했던 보스가 회를 거듭할수록 광자력연구소 등의 핵심 환경에서 주인공을 도와 헌신하는 영웅적 면모를 드러내기 시작했다.

큰 덩치에 우락부락한 외모로 똘마니들을 거느리고 다니며 큰 소리를
질러대지만, 늘 싸움에선 쇠돌이에게 제압당하고 적 로봇을 보고 겁에 질리는
등, 영웅과는 영 거리가 먼 허세형 인격으로 보이는 보스. 그러나 시리즈의 긴
전개에서(<마징가 Z> 총 92화, <그레이트 마징가> 총 56화) 애리의 일관된
냉대에도 불구하고 사랑하는 여인에 대한 순수한 연정을 변함없이 유지하여
진정으로 위해주고, 바로 앞에서는 수줍어서 제대로 고백도 못 하다가 애리가
병상에서 혼수상태에 빠졌을 때 몰래 볼에 입을 맞추고 도망가는 수줍음 많은
청년이기도 하다. 이런 행동이 오늘날에는 성추행으로 비난받을 수 있겠지만.

[그림22-2. 마징가 Z: 보스]
나가이 고, 김동욱 옮김 (2018), **신장판 마징가 Z 오리지널,**
vol. 4, 대원씨아이(주), 26.

그리고 마징가 Z가 절체절명의 위기에 빠졌을 때, 두려움에 벌벌 떨면서도
눈을 질끈 감고 적들을 막으러 달려 나가는 진정한 용기를 보여주기도 한다.
이를테면, 외계에서 온 막강한 적들과 싸울 때 슈퍼맨과 배트맨 중에서
누가 더 용감하다고 할 수 있을까? 내가 슈퍼맨이라면 세상에 무서울 게
없겠지만, 배트맨이라면 얘기가 다를 것이다. 뻔한 인간적 한계가 있어 훨씬
허약한 배트맨이 두려움에도 불구하고 괴물과 같은 적에게 맞서는 것이
훨씬 용감하다고 해야 하지 않겠나. 그런 점에서 막강한 마징가를 조종하는
쇠돌이에 비해, 자신의 부실한 대형 로봇인 보스보로트에 의존할 수밖에 없는

보스를 용감하다 말하지 않을 수 없다.

'보스의 뿔처럼 혼자서 가라.'

이것이 오늘 내게 주어진 내면의 말씀이다. 약발로 알현을 해서 그런지, 내면의 음성께서도 유머 감각을 동원하기로 했나 보다. '무소의 뿔'이 아니라 '보스의 뿔'이라니.... 그렇다면 나의 '영웅'의 역할 모델은 쇠돌이가 아니라 보스란 말인가? 하긴, 쇠돌이처럼 선천적으로 강하고 천재적인 인물상보다는, 여러 면에서 열등한 푼수인 보스를 모범으로 삼아, 나도 나의 열등성에도 불구하고 위대한 무언가를 끄집어내 보려 함이 옳지 않겠는가. 그다지 유쾌하지는 않지만.

생각해보면, 보스가 열등하다고 말하는 건 부당하다. 비록 광자력연구소의 박사들 도움을 받았다고는 하지만, 대단히 기민하고 자연스럽게 움직이는 나름의 거대로봇 보스보로트를 자력으로 제작했다는 것은, 아무리 만화라 하여도 대단한 실력이자 업적 아닌가! 보스만 해도 내가 역할 모델로 삼기에는 과분한 인물인가 보다.

그런데 <마징가 Z>의 매력적인 등장 인물군은 지금까지 꼽아본 '우리 편'으로 끝나지 않는다. 오히려 악당 캐릭터들의 실로 엽기적인 삶의 궤적을 바탕으로 형성된 내적 양면성, 아니 다면성이 훨씬 울퉁불퉁하고도 복잡다단한 인물상을 창조해냈다. 악당 중 시리즈 서막부터 단연 시청자의 관심을 잡아끈 것은 아수라 백작이라 하겠다.[54] 악당 대장도 아니고, 대장인 헬 박사의 부하로 중간 보스에 불과한 아수라를 당시에 전례를 찾기 힘든 '악당 스타' 캐릭터로 만들어 준 것은 양성 합체형 자웅동체라는 전대미문의 파격적 신체 조건이 아닐 수 없다. 헬 박사가 고대 유적에서 찾아낸 남성의 좌반신과 여성의 우반신을 합체하여 재창조해낸 기괴한 인간인 아수라 백작은 왼편의 남성의 음성과 오른편의 여성의 음성이 극명하게 달라 마치 두 개의 상이한 인격이 공조하고 있는 것으로 보였다. 바로 이런 기발한 기괴함이 어린이 시청자들을 사로잡았다. 아수라를 유년기 추억에 담은 한 소년은 자라서 시인이 되어 '모순'이라는 제목의 시 한 소절로 아수라를 기렸다.

---

54 일본의 원작에서는 남작이었으나, 한국의 번역판에서는 그보다 높은 작위인 백작으로 나옴.

나는 아수라 백작의 팬이었다 고철 덩어리 마징가 Z나 봉두난발의 헬 박사, 제 머리를 옆구리에 끼고 다니는 브로켄 백작 모두 아수라의 매력을 앞설 수는 없었다 아수라는 본래 제석천과 싸운 전투의 신이다 양성구유인 그는 두 명의 성우를 데리고 다녔고 왼쪽에서 등장할 때와 오른쪽에서 등장할 때 다른 목소리를 냈다 좌익과 우익을 그에게서 배웠다.[55]

과연, 시인의 상상력은 놀랍다! 자웅동체에다가 정치 이념의 스펙트럼을 연계시키다니! 왼쪽의 남성성은 전진(진보)과 공격(개혁)을 좋아하니 좌익이고, 오른쪽의 여성성은 보호(국방)와 치유(보수)를 좋아하니 우익이겠구먼. 농담 삼아 말하자면 말이다.

텔레비전에서 <마징가 Z>를 보고 온 다음 날에는 교실에서 아수라 백작에 대하여 이야기꽃을 피웠다. 어느 한 녀석이 최초로 제기한 의문이었는데, 결국 우리의 상상력을 가장 자극한 '이슈'는, 아수라는 쉬할 때 어떻게 할까 하는 것이었다.

6학년 때였던 것 같다. 운동장 한구석에 남자애들 서너 명이 모여서 짤짤이를 하고 있을 때,[56] 한 녀석이 주위를 한 번 쓱 돌아보더니 갑자기 놀라운 소식을 전해주겠다는 듯이 조심스레 입을 뗐다.

"니들 그거 알아? 남자하고 여자가 같이 살면 어떻게 아기가 나오는지? 아무도 모르지?"

아무도 대꾸하지 못하자 녀석이 침을 꿀꺽 삼키고 의기양양하게 천기를 누설했다.

"그게, 남자 자지를 여자 보지 속에 쏙 집어넣으면 애가 생기는 거래!"

성교육 따위 태동하기도 전인 1970년대, 야동도 없었고, 섹스란 그야말로 '아무도 가르쳐주지 않는 것'이었던 시절, 순진했던 아이들은 이 말을 듣고는 기가 찬다는 듯이 그 녀석에게 핀잔을 줬다.

"이 새끼, 헛소리하고 있네. 야, 이 물렁물렁한 자지가 어떻게 여자 보지에

---

55 권혁웅 (2005). **마징가 계보학**. 창비, 34.
56 '짤짤이'와 유사한 음가를 가진 비속어 '딸딸이'는 완전히 다른 행위를 뜻한다는 사실을 혹시 모르는 독자가 있을지 모른다는 노파심에 '주의' 설명을 남긴다. 전자는 동전 따먹기 사행성 오락으로, 그다지 고상하지는 않지만, 청소년기의 사회화 과정에서 거쳐야 할 필요가 있는 행동인 데 비하여, 후자는 방문 걸어 잠그고 혼자 실행하는 자위행위로, 공공의 장소에서 단체로 실행한다는 것은 사회 규범상 용납되지 않는다.

쏙 들어가냐?"

그러게나 말이다, 나도 속으로 '쪼다 같은 놈'이라 중얼거리고 있는데 녀석은 억울한 듯, 진지하게 강변한다.

"에이 병신아, 니들 자지 딱딱해진 적 없어?"

순간, 나와 아이들은 무거운 침묵에 빠졌다. 가끔 오줌보가 꽉 차서 크게 부풀어 오르는 그 자지가 여자의 성기에 그런 짓을 하는 물건이라고? 충격적 자각에 빠진 우리는 당혹감과 두려움에 선각자를 물리치고 황망히 그 자리를 떠났다. 그 후 시간이 흐르며 아수라 백작에 대한 우리의 문제의식은 갈수록 그(녀)의 성적 정체성에 대한 혼란의 늪에 빠지게 되었다. 결국 상상력뿐 아니라 논리력도 뛰어났던 한 녀석은, 아수라는 남성 성기와 여성 성기를 다 지니고 있을 테니, 자기 혼자서 섹스도 할 수 있을 것이라는 가설마저 제기하기에 이르렀다. 과연 몸을 어떻게 움직여서 그것이 가능할지는, 열띤 토론 끝에도 답이 나오지는 않았다. 반세기 후에 우리의 인터넷 만화 카페의 한 회원이 <마징가 Z>에서 아수라 백작이 샤워하다가 남자 쪽이 여자 쪽의 가슴을 만지는 것을 보고 충격을 받았다고 하던데, 나는 그 장면을 보지는 못했다. 만약에 어릴 적에 이런 장면을 봤더라면 정신적 혼란이 배가됐을 것이다.

혼란스러운 성적 정체성 말고도, 아수라 백작의 고달픈 패배자의 삶은 시청자의 연민을 자아낼 지경에 이른다. 마징가에게 지치도록 연전연패한 뒤, 모처럼 와신상담 끝에 감행한 회심의 반격 대작전마저 처참하게 실패하여 비장한 최후를 맞는 아수라 백작.[57] 한데, 그에 못지않은 고난과 처절한 최후가 아수라의 동료 악당들을 기다리고 있었으니, 시리즈 중간에 등장한 브로켄 백작의 산전수전은 또 어떠한가. 2차 대전 중 나치 독일군 장교였던 브로켄은 전투 중 폭격의 충격으로 머리가 절단됐는데, 이를 또 헬 박사가 자신의 천재적인-아니, 거의 신적인-인체공학 기술로 접합하여 강력한 사이보그로 부활시킨다.

---

57 아수라 백작과 그 밖에 악당들의 최후 묘사는 판본마다 조금씩 차이가 난다.

[그림22-3. 마징가 Z: 브로켄과 아수라]
나가이 고, 김동욱 옮김 (2018), **신장판 마징가 Z 오리지널**,
vol. 4, 대원씨아이(주), 157.

    헬에게 생명을 빚진 브로켄은 초인적인 전투력으로 유럽의 범죄 조직 신디케이트를 털어서 세계정복을 위한 자금을 조달해주며, 아수라를 제치고 헬 박사의 오른팔로 마징가 Z와 격전을 벌이게 되는데, 역시 각본에 따라 연전연패를 당할밖에. 헬 박사 군단의 최후의 순간에 모든 회생의 가능성이 사라지자 헬은 브로켄에게 맨몸으로 나가서 마징가 Z와 맞장 뜨고 직접 싸우라는 어처구니없는 명령을 내리고, 이에 자신의 생명의 은인이자 보스인 헬에게 오만 정이 똑 떨어진 브로켄은 헬의 비열함을 꾸짖는 마지막 한마디를 남긴 채 무모하게도 마징가에게 덤비고, 그래서 장렬하게 파괴당한다. 중학생이 되기 직전이었던 나는 만화책으로 본 이 장면을 인상 깊게 뇌리에 새겨두었다. 브로켄이 뭔가 멋있다고 생각했다. 극악무도한 악당인 브로켄이 말이다. 악을 호의적으로 보는 것을 정신적 성숙의 조짐이라고 할 수 있는 건가? 그보다는, 작가 나가이 고의 주술에 낚였다고 해야 할 것이다.
    비열하게도 자신에게 충성을 다 바친 브로켄 백작을 사지로 떠민 최악의 악당, 최종 보스 헬 박사의 평전을 오타 고사쿠 판에서 읽었다. 헬은 밑도 끝도 없이 외계에서 침략해서 지구를 정복하려 드는 클리셰적 악당이 아니다. 헬의 인류 증오의 원천은 그에게 주어진 가혹한 운명과 그에 따른 굴곡진 삶에 내재했다. 사회 최하위 계층 출신인데다 부모의 애정도 받지 못하고 성장한 헬은 타고난 혐오스러운 외모와 열등한 신체적 조건 때문에 늘 타인들의 학대 속에 신음했지만, 천재적인 두뇌 덕분에 대학에 진학하여 과학자의 길을 걷는다. 대학에서 모처럼 마음에 든 미모의 일본인 여학생에게 마음을 고백하려 했지만 그녀에게는 이미 정혼자가 있었으니, 그는 헬과 함께 연구하던 일본인 유학생 카부토 쥬죠, 즉 쇠돌이(카부토 코우지)의 할아버지였다. 이렇게 쇠돌이 가문과의 질긴 악연의 서막이 오르고, 헬은 대학 생활에서도 망신을 당하고 세상에 대한 증오심을 키워가며 히틀러의 나치 정권에 사역하는 등, 평생토록 우여곡절 끝에 세계정복의 도정에 오르게 되지만, 결국 숙적 카부토 집안의 3대손에게 처절한 패배를 당한 뒤 새로이 등장한 악의 세력에 의해 살해당한다.[58]

[그림22-4. 마징가 Z: 헬박사]
나가이 고, 김동욱 옮김 (2018), **신장판 마징가 Z 오리지널**,
vol. 4, 대원씨아이(주), 68.

유명한 세기말의 탈옥수 신창원이 이렇게 고백한 적이 있다.
"5학년 때 선생님이 '이 쌍놈의 새끼야, 돈 안 가져왔는데 뭐 하러 학교 와, 빨리 꺼져' 하고 소리쳤는데 그때부터 마음속에 악마가 생겼다."
불우했던 신창원처럼, 나가이 고의 세계에서 헬 박사는 어린 시절 세상의 온갖 박해를 다 받다 보니 악마로 성장하게 된 것이다. 헬의 만화책 평전에 깊숙이 빠져든 나는 사춘기에 막 발을 디딘 꼬마답지 않게, 실로 인간의 악이란 악한 개인이 아니라 이 세상이 만든 것이 아닌가 하는 난해한 의문을 품게 되었다. 헬의 평전에 따르면, 젊은 헬이 착한 마음으로 어린아이를 귀여워하려 했음에도 외모가 추하다는 이유만으로 사람들에게 구타당하여 앙심을 품게

---

58 헬 박사와 카부토 집안 사이의 악연은 실은 여기서 끝나지 않고, 죽은 줄 알았던 헬이 <그레이트 마징가> 시리즈 후반부에 미케네 일당의 일원인 지옥대원수가 되어 복귀하여 다시 한번 마징가들과 최후의 결전을 벌인다.

되지 않았던가. 이 때문인지 나는 몇 해 뒤에는 중학생 주제에 도스토옙스키의 <죄와 벌> 청소년판을 밤새워서 읽기도 했다. 어머니는 늘 내가 어릴 적부터 나쁜 사람은 마음이 악해서 나빠졌고, 가난한 사람은 게을러서 가난해졌다고 가르쳐주셨건만, 나는 그런 어머니를 몰인정하고 불공정하다고 여기게 되었다. 식모 누나를 내쫓은 '매정한 어머니상'은 쉽게 사그라지지 않았다.

훗날 대학생이 된 나는 우리 사회의 수많은 범죄자와 악인을 키워낸 것은 오로지 불의와 타락이 판치는 이 세상 탓이라고 확신하고 있었다. 특히 박통(박정희 대통령)의 유신 말기와 전두환의 국보위 시절이다 보니 더더욱 그랬는지도. 특히, 황석영의 <어둠의 자식들>과 <꼬방동네 사람들> 등의 자료에서 그렸듯이, 가난하고 배운 것 없는 악인들이 악행과 범죄를 저지르는 것은 세상이 그들을 그렇게 몰아가서 그런 것일 뿐, 그들을 비난하는 것은 불공정하다고 확신하며, 의롭지 못한 이 세상을 뜯어고치는 것만이 악을 뿌리 뽑을 유일한 길이라 믿었다. 루소가 <에밀>에서 한 이런 말도 나의 일방적 사고를 부추겨줬다.

> 나쁜 짓을 하지 않고는 살 수 없으며 시민들이 부득이 사기꾼이 되지 않고는 살 수 없는 어떤 불행한 국가가 세상에 있다면, 교수형에 처해야 할 사람은 범죄자가 아니라 그를 그렇게 되도록 강요한 사람이다.[59]

나중에 이런 주장을 '구조적 개혁'이라는 개념으로 바꿔서 표현하게 되며, 나는 성인기 초반에 점점 인간 본성에 대하여 지나치게 순진한 낙관을 키워가기 시작했다. 그러했던 나는 얼마 뒤 사회에 발을 딛고 금세 '호구'가 되었고, 경제생활을 시작하며 쉽게 '호갱님'이 되었다.

오십 대도 다 보내고 이순에 이른 성인이면서도 자신의 어리석음과 무능함에 대한 변명을 <마징가 Z>의 추억에서 끄집어내는 나 같은 인간이 도대체 무슨 수로 그 자그마한 소갈딱지 어느 구석에 영웅적인 부분을 품고 있기라도 하겠는가. 안 그런가요, 내면의 '나'님?

'보스의 뿔처럼 혼자서 가라.'

'뿔'은 무슨, 개뿔.

---

59 장 자크 루소, 김중현 옮김 (2003). **에밀**. 한길사, 346.

23 그레이트 마징가: 부활한 영웅

> 운명은 아마 정해진 길을 가야만 했다. 왜 사로잡혔는가를 일찍이 이해하지 못한다면 사로잡힘의 희생자가 될 수밖에 없다. 한 번쯤은 우리는 자신에게 물어야 할 것이다. 왜 이 관념이 나를 그렇게 사로잡고 있는가? 나 자신에게 그것이 무엇을 뜻하는가? 이와 같은 겸손한 의심은 그 생각에 빠지는 것에서나 영원히 사라지는 것에서 우리를 구해줄 수 있다.
> ― C.G. 융. (2004). **융 기본 저작집 9, 인간과 문화**. 솔출판사, 355.

"내가 <마징가 Z>의 헬 박사 인생사에 공감했기 때문에 호구가 된 게 아니라, 원래 호구 자질을 충분히 갖고 있었던 거지. 집에서 효자 노릇 열나 했던 게 '착해야 산다.'라는 무의식적 인식이 있었기 때문인 것 같은데. 착한 아이가 돼야 또다시 외갓집에 보내지지 않을 거라는 인식 말이야. 그래서 사내다운 능동적 태도를 못 키운 것 같아. 아님, 어머니가 너무 무서워서 집에서 늘 주눅 들고 겁먹은 채로 지냈기 때문에 그랬을는지도...."

"너의 말은, 너는 어려서 스스로 삶의 방식을 선택할 수 없었으니 아무 잘못이 없고, 네가 소극적이고 겁쟁이가 된 모든 책임은 부모에게 있다는 것처럼 들리는구나."

"뭐, 어느 정도 그렇게 볼 수 있지 않나?"

"영·유아기의 부모와의 관계를 포함해서 선천적인 신체적, 정신적 조건까지, 평생 어쩔 도리 없이 한 사람의 성격에 영향을 끼치는 것들은 생애의 일종의 '초기 설정', 즉 default setting이라고 할 수 있지. 이 초기 설정은 실은 너 자신이 선택한 거야."

"엥? 무슨 말인지 이해할 수 없어. 선천적인 걸 내가 선택했다고? 그럼,

내가 뭐 전생에서라도 그랬다는 말인가?"

"지금의 네 존재 상태로서 이해할 수 있도록 표현할 언어적 개념은 없지만, 그런 식으로 수용해도 무방하단다. 또는, '천국'에서 초기 설정을 한 것이라고 보든지, 아님, 집단 무의식계에서 개체 자아로 이행시에 발생한 조정이라고 보든지, 네가 수용 가능한 방식으로 수용하면 돼."

"...."

"자, 쉽게 설명해줄게. 지금의 너의 육신, 얼굴, 능력, 성격, 가족관계 등등의 조건을 다 합쳐놓은 게 진짜 네가 아니라, 그런 조건들을 선택하여 삶에 오르기로 결정한 게 진짜 너란 말이다."

*

"초등학교 다닐 때 뭐든 나보다 잘하는 애들이 많았어. 난 어느 것 하나 특출 난 구석이 없어서 별 볼 일 없는 아이였고, 그저 그런 애로서 살아간다는 건, 돌이켜보니 길고 지루한 성장의 기간이었던 것 같네. 나중에 되고 싶은 것도 없고, 어떤 애들은 대통령이다, 과학자다, 큰 포부를 말하던데.... 나도 그런 애들 흉내를 내서 뭔가 좀 폼나는 희망을 말하기는 했지만, 사실 그런 욕망 같은 걸 느껴본 적이 없어. 그러다가 사는 게 지루해서 그랬는지, 시험 커닝이나 하고, 문방구에서 도둑질도 하고, 때로는 포기하고픈 비참한 삶같이 느껴졌고, 현실이 무섭기도 했어. 마치 헬 박사의 기계수들을 다 격퇴하고 나자 나타난 미케네 전투수 군단이 너무도 강해서 마징가가 도저히 당해낼 수 없던 것처럼, 현실은 막강하고 무서웠어."

"너의 초기 설정에 따라, 태어나서 얼마간은 부모의 애정을 많이 받았지만, 엄마 젖은 충분히 못 먹었고, 기저귀도 채 떼기 전에 부모와 떨어져 지내며 애정에 대한 갈증을 키우게 된 것이지. 그래서 어른들 눈치 보느라 너의 주장을 내세우는 훈련을 못 받은 상태로 학교에 들어가고 보니 여러모로 다른 아이들에게 뒤처지는 경우도 생겼던 것이야. 그 결과 너는 자기비하와 더불어 다소 자학적인 행동의 영역에 접어들게 됐는데, 이것까지도 너의 초기 설정으로 다 구상했던 것들이지."

"도무지 이해가 안 가는데, 내가 나를 괴롭히기로 마음을 먹고 태어났단 말이야? 그게 도대체 무슨 경우지?"

"네가 희귀한 버섯까지 구해서 나를 불러냈으니 가상히 여겨 자상하게 말해주지. 너의 초기 설정은 네가 부모와 세상을 쉽게 사랑하고 신뢰하지 못하도록 맞추어져 있었고, 그렇기에 너는 우울감과 낮은 자존감을 안고 또래 아이들과 어울리고 경쟁했는데, 그래서 경쟁에서 다소 밀리게 되며 열등감이 커졌지. 이러한 상태를 갖고서는 청소년기에 네가 어른으로 자라나는 과정이 한층 힘들어질 수밖에 없어서, 그 결과 너는 네 내면으로 도망쳐버렸고, 세상의 도전에 당당히 맞서지 못했고, 성인기에 접어들어서 솟아오르는 자연스러운 육체적, 심리적, 사회적 욕구를 도저히 충족시키지 못하는 자신에게 좌절한 나머지 자살을 기도하게 된 것이지. 네 생애의 초기 설정의 의도된 지점은 여기까지야."

"자신을 스스로 죽이도록 만들기 위한 의도적인 설정이었다고? 도대체 왜?"

"일종의 영적인 도박이야. 그렇게 했는데 살아나서 다시 일어날 수 있을지, 그래서 남은 삶의 과제를 수행해낼 수 있을지, 지켜보기로 한 거지."

"도대체 그런 잔인한 도박을 왜 하는 거야?"

"너의 선택이야. '진짜 너'의 선택. 네가 진정으로 원했기 때문에 선택한 설정이야. 너의 영혼은 네가 세상의 모든 영혼과의 관계망 안에서 너만의 꽃을 피우고 그 꽃향기를 퍼뜨리기를 갈망하거든. 우울한 성장기의 내적 침잠에서 길어낼 수 있는 독특한 성과물, 그게 너만의 꽃이지. 일종의 '부활 꽃'이라고나 할까?"

이상은 두 번째로 버섯 가루를 흡입하고 들어간 황홀경 속에서 나의 내면의 메신저와 나눈 대화의 내용이다. 날이 갈수록 대화가 점점 더 명료해진다.

*

　　황금박쥐, 요괴인간, 아톰에 깊이 빠지게 된 것은 유년기의 우울과 관련 있을 것이고, 마징가의 쇠돌이에 이르기까지 그 모든 영웅적 주인공들을 숭배했던 것은 우울하고 나약한 나 자신과는 정반대의 인물에 대한 선망과 동경 때문이었을 것이다. 초등학교 들어갔을 무렵부터 스스로 생각해봐도 나 자신이 찌질한 놈 같았는데, 이런 자기 인식 저하에 부채질해준 어른이 있었으니, 그는 나의 고모였다. 부잣집 며느리로 딸만 넷을 낳은 고모는 첫 임신에서 덜컥 아들인 나를 낳으신 어머니를 미워했다. 시어머니와도 갈등이 심했던 나의 어머니를 고모가 좋아했을 리 만무하다. 고모는 가족 모임 때면 내 곁에 다가와서 나지막한 음성으로 되풀이하여 이 말을 들려줬다. "성호는 참 쩨쩨해. 남자가 그렇게 쩨쩨해서 어떻게 해." 대여섯 살 먹었을 무렵에 '쩨쩨하다'가 무슨 의미인지 잘 알지 못했으나, 차츰 나는 그것이 찌질하고 쪼잔함을 일컫는다는 것을 알게 됐다. 'ㅉ'은 그렇듯 찌그러드는 좀스러운 성향을 지칭하는 음가이다. 유치원생도 이런 음가에 실린 경멸 밑에 숨어있는 적의를 감지할 수 있었다. 고모는 어린 조카의 귀에 저주의 독약을 흘려 넣은 것이다.

　　성인이 된 이후 일부러 고모를 찾아본 일이 없다. 실로 나는 쩨쩨하게 자라난 것이다. 남아선호, 장자상속의 지독한 가부장제에서 아들을 생산하지 못해 평생 핍박을 받은 여인에게 이제야 연민이 일어난다.

　　물론, 내가 '쩨쩨하게 자라난' 것이 고모의 '저주'의 효험 때문이라고 말하는 것도 아니다. 메신저께서 '초기 설정'이라 하지 않던가.

　　그런데 반세기가 지나서 오래 숙고해보니, 내가 그저 찌질한 채로 남아서 루저가 되겠다고 작정한 것은 아니었다는 생각이 든다. 나는 찌질하지만 영웅 흉내를 내보고 싶었다. 아니, 나도 내 안에서 영웅적인 어떤 부분을 끄집어내 보고 싶었다. 그건, 약자에 대한 연민과 약자를 함부로 대하는 것에 대한 의분의 감정이었던 것 같다.

　　비록 다른 아이들과 같이 '식순이'라는 어휘를 사용해봤지만, 그에 대해 내심 부끄러움을 느끼며 내가 진짜 누나처럼 대해주지 못했던 식모 누나에 대한 죄책감을 안고 지냈다. 부모가 다 있는 나를 부러워하는 보육원 아이들을 보고서도 깊은 미안함을 품었고, 공장 견학 갔을 적에는 여직공들을 직시하기를 창피해했다. 이런 미안함이 쌓여 도시락 반찬으로 무말랭이만 싸달라고 떼를 썼고, 학교에서는 가난하고 성적이 낮은 아이들이 소외되는 것에 분노하여 일부러 그들과 어울렸다. 사실, 내가 어울린 애들이 공부 잘하고 잘 사는 집 녀석들보다 훨씬 이타적이고 베풀 줄 알았다. 나는 애당초 힘 있고 잘 나가는 '이너 서클(inner circle), 또는 핵인싸'와는 인연이 먼 인생이었던 것이다. 돈 밝히는 학교 선생을 경멸하여 중1 때 어머니 모셔오라는 명을 거역했다가 뒈지게 얻어맞기도 했다. 나는 강자와 권력과 돈을 좇는 이들의 일원이 되기 싫었다. 내 안의 영웅은 그렇게 어리석었다. 단지, 이따금 식모 누나와 고아들이 떠올랐다.

'약자'의 범주에는 인간만 포함된 것이 아니었다. 초등 때 겨울의 혹한기만 되면 마당의 얄팍한 나무로 된 개집에서 자는 개가 추위에 떨까 봐 노심초사했고, 오밤중에 개를 몰래 현관에 데리고 들어왔다가 아버지에게 혼이 나기도 했다. 학교 뒷마당에서 아이들이 개미 떼를 밟아 죽이면 그러지 말라고 말렸고, 언덕에 오르면 어린 풀들을 안 밟으려고 이리로, 저리로 발걸음을 옮기며 걸었다. 어떤 아이가 그러는 나를 보고 "미친놈"이라 했고, 나는 아무 말도 하지 못했다. 나는 아이들과 싸우는 것은 두려웠고, 약한 벌레와 풀을 짓밟는 것이 너무도 싫었다.

내가 스스로 규정하는 나의 영웅적인 부분은 실로 찌질하기 그지없다. 나는 약한 존재를 함부로 하는 것을 매우 싫어했을 뿐, 그들을 구제하고 보호하기 위한 적극적인 용기를 내보지도 못했기 때문이다. 그렇기는 하지만, 어릴 적부터 지금까지, 할 수 있을 때는(겁이 나서 할 수 없었을 때를 제외하고), 약자가 몰리는 것을 보게 되면 찌질한 방식으로라도 뭔가를 하려고 시도했던 적도 있었다. 이를테면, 약자를 핍박하는 이를 째려본다든가(그자가 나를 더 무섭게 째려볼 때까지만이라도), 약자가 일방적으로 당하는 싸움을 뜯어말린다든가, 약자가 위험에 처한 것을 목격하고 경찰에 신고한다든가, 그래서 경찰서에 출두하여 증언해준다든가, 등등 말이다. 그러다가 주변 사람들로부터 핀잔을 듣거나 비난을 받은 일도 있다. 게다가 이런 나의 성향에 대해 수헌은 뜨끔한 지적을 해준다.

"네 안에 약한 것에 대한 콤플렉스[감정 덩어리]가 있어서 그걸 밖의 대상에게 투사하는 것일 수도 있어."

내가 이래서 정신분석학 따위를 별로 좋아하지는 않는다. 모든 게 병리적 현상이고 순수한 진심 따위는 없다고 하니.... 프로이트는 '사랑에 빠진 사람은 심하게 미친 사람이다.'라고도 하지 않았던가.

아무튼, 마음속에 정의감을 좀 품고 있다고 해서 다 용자나 영웅이 되는 건 아니다. <장자>에는 모든 검이 명검이 되는 것은 아니고, 명검이 될 운명은 대장장이의 마음에 달린 것이라는 말씀도 있지 않은가. 나는 내면의 메신저 말씀대로 평범하고 열등한 면모들을 안고 자라났으니 진정한 영웅이 될 그릇은 못 된다. 그러나 명검은 못 되더라도 죽기 전에 나의 찌질함을 한 번이라도 뛰어넘어서 살아보고 싶기는 하다.

*

'부활 꽃'이라고?

그렇다, 어쩌면 이 모든 찌질함을 안고 사는 것과는 완전히 다른 '진짜 나'가 있을지도 모를 일이다! 찌질함에 쪽팔리거나 말거나 하는 것보다 더 중요한 그 무엇이 삶에 있다. 그러니까 '진정한 자기 발견'과 같은 그 무엇이! 자아를 죽여야 다시 태어날 수 있다지 않는가. 마징가 Z는 죽었지만 죽지 않고 살았다. 죽은 거나 다름없는 줄 알았는데 다시 태어난, 부활의 경이가 바로 그레이트 마징가다! 다시 태어난 마징가는 완전히 업그레이드된 존재다! 이 삶의 모든 평범함과 지리멸렬 속에서도 인간은, 나는, 다시 태어나고 싶다는 허망한 꿈을 버리지 못하였다. 나도 마징가 Z처럼 영웅적으로 죽어서 그레이트 마징가처럼 찬란하게 부활하는 영광을 누리고 싶다! 그래서 마징가 Z의 최종장을 볼 때마다, 압도적인 그레이트 마징가의 도래를 볼 때마다 내 영혼은 스크린 속으로 속절없이 빨려 들어가 버렸던 것이리라.

[그림23-1. 그레이트 마징가]
다음의 유튜브 동영상 화면 캡쳐
https://www.youtube.com/watch?v=UDjkXkMTg-c

　그래, 내게는 마징가 Z를 파괴해버리고 싶은 무의식적 욕구가 있었는지도 모르겠다. 그 욕구는 현실을 부정하는 타나토스의 죽음 본능이 아니라, 에고라는 작은 나(小我)를 뛰어넘어 영웅적인 참된 나(大我)를 실현해보겠다는 평생에 걸친 간구였다. <데미안>에서 그렸듯이 알을 깨고 나오려 몸부림치는 새처럼, 우물 안에서만 살다 우물 밖의 대우주로 뛰쳐나오려, 온 힘을 다해 도약하는 개구리처럼, 사울이 신적인 빛에 눈이 멀었다가 다시 깨어나 바울이 된 것처럼, 자아를 죽여야 다시 태어나는 내면의 영웅! 이러한 부활의 잠재성은 모든 이에게 내재하는 것이 아닐까? 눈부시게 빛나는 압도적인 위력의 그레이트 마징가를 보며 혼이 쏙 빠졌던 모든 평범한 아이들의 영혼도 영웅 부활의 잠재성을 품고 있었던 것이 아닐까?

24   성진국 만화영화와 사춘기
: 나가이 고, 태극호, 승리호, 은하철도 999

> 아니마는 막연한 여러 느낌과 기분, 예견적 육감, 비합리적인 것에 대한 감수성, 개인적 사랑의 능력, 자연에 대한 느낌, 그리고 무의식과의 관계 등과 같은, 남성의 마음에 숨은 모든 여성적인 심리적 경향들이 인격화된 것이다. [중략] "요정과 같은" 성격을 가진 여자들은 이런 아니마의 투사를 곧잘 끌어들인다. 왜냐하면 남자들은 거의 모든 것을 그렇게 매력적이고 붙잡기 어려운, 알 수 없는 존재에 귀착시키고 그녀를 중심으로 여러 가지 환상을 계속 엮어 나갈 수 있기 때문이다.
> — 마리 루이제 폰 프란츠 in 카를 구스타프 융 편, 이부영 외 옮김 (2008). **인간과 무의식의 상징**. 집문당, 182, 185-186.

<아톰>을 보며 착하고 올바르게 과학의 힘으로 정의가 승리하도록 힘쓰는 사람이 되고 싶다는, 고귀할 만큼 순진무구한 꿈을 잠시나마 품었었는데, 초등 6학년이 된 나는 초라하고 평범하여 영웅적인 승자가 될 재목이 못 되고, 우울감에 줄곧 찾는 만화의 세계는 차츰 색다른 기운을 방사하고 있었다. <마징가 Z> 시리즈의 여성 로봇들인 아프로다이, 다이아나, 비너스 에이 등이 공유한 유방 미사일과 같은 여성성의 노골적인 희화화는 아이들에게 하나의 농담거리에 불과했겠지만, 애리를 위시하여 많은 여주인공은 21세기의 '하의 실종'을 무색게 할 정도로 짧은 치마 차림이어서 심심찮게 팬티가 노출되곤 했다. 초등학교 고학년이 된 이후로는 여자애들의 고무줄 끊기라든가 '아이스케키' 따위의 유치찬란한 장난을 더는 하지 않을 정도로 점잖아진 남자애들(실은 점잖아진 게 아니라 이성을 제대로 의식하기 시작했기 때문이지만), 이 사내 녀석들은 TV 화면에 등장한 일본산 미녀들의 신체 노출에 눈동자가 고속으로 돌아가고 있었다. 성에 눈뜨게 된 것이다.

고난의 사춘기가 시작된 것이다.

얼마 전까지만 해도 성에 관한 언급은 생소하고 당황스러운 그 무엇이었는데, 어느새 그것에 대하여 몸속 깊숙한 부분에서부터 강렬한 공감대가 치솟아 오르는 것을 느끼게 되었다. 한 친구의 집에 놀러 갔다가 사내애들만 모인 방구석에서 비밀스러운 대화에 참여한 적이 있었다. 우리 중에 가장 키가 크고, 즉 발육이 빨라 조숙했고 카리스마도 있던 한 녀석이 매우 짓궂은 눈빛으로 나지막이 말했다.

"아부지 장롱에 요상한 외국 잡지가 하나 있더라고. 근데 펼쳐보니까, 와! 딥다 이쁜 미국 여자가 홀라당 벗고 있는 사진이 나오는 거야! 젖통이 이따만하고, 보지도 다 나왔어! 근데 되게 이상한 게, 그 사진을 보고 있으니까 내 자지가 이렇게 커져서 딱딱해지더라고! 우와, 그거 되게 웃겨! 너넨 그런 적 없냐?"

녀석의 말을 들으며 홀라당 벗은 서양 미녀를 떠올리다 보니, 내 성기도 단단하고 커지고 있는 것을 느낄 수 있었다. 아마 그 순간까지 '나체의 금발 미녀'라는 이미지를 의식적으로 떠올려본 적이 없었던가 보다. 그때 나는 생뚱맞은 발기가 창피해서 도둑이 제 발 저리듯, 볼에는 열기가 오르고 아무 대꾸도 하지 않는데, 다른 한 녀석이 나 대신 맞장구를 쳐줬다.

"어, 나도 비슷한 적이 있었어. 저번 주에 엄마가 좀 늦게 저녁 차리시는데 나 혼자 텔레비전에서 <113 수사본부> 보고 있었거든. 근데 거기서 예쁜 여자가 혼자 호텔 방에서 침대에 픽 쓰러지니까 벽장에 숨어있던 남자가 나와서 웃통을 벗더니, 음, 화면이 싹 바뀌었는데 여자 옷을 휙휙 벗겨서 던지는 것 같더라고, 브래지어도 말이야. 난 그걸 보기가 솔직히 되게 쪽팔렸는데, 이상하게 자지가 딱딱해지더라니까!"

두 아이의 토로를 진지하게 경청하고 있던 내 심장은 콩닥콩닥 뛰었다. 왜 성기는 점점 더 딱딱해지는가.

수줍음 많던 나는 그때 진솔한 고해의 대열에 합세하지 못했지만, 얼마 후 내게도 비슷한 일이 일어났다. 새로이 입수한 '새소년'인가, 아님 '소년생활'인가를 열심히 읽고 있는데, 처음 접하는 만화 한 편이 있었다. 워낙 만화책을 잡으면 집착에 가까운 집중도로 내용에 빠져들던 나에게 이 생소한 만화는 매우 낯설고 신비로운 이야기를 전해주었다. 한 무리의 탐험가가 적도 부근 섬의 원시림에 탐험을 나섰다가 세상으로부터 숨어 사는 비밀스러운 부족과 마주하는데, 그 부족은 신체에 날개가 달려있어 하늘을 비행할 수 있었고, 그런 이야기의 전개 속에서 부족의 아름다운 여성의 여체가 뚜렷하게 드러나는 장면이 나왔다. 손에 땀을 쥐고 그 여성을 바라보면서 나는 아랫도리가 불편해짐을 감지했고, 나의 성기가 아주 단단하게 커지는 경험을 또다시 하게 되었다. 그리고 성기를 손으로 꾸욱 눌렀더니 처음 느껴보는 오묘한 쾌감이 솟아오르는 것이었다. 이것이 대체 무슨 기운인지, 당황스럽고 부끄러웠다. 괜한 죄책감에 사로잡혀 그 잡지 책은 부모님 눈에 띄지 않는 곳에 밀쳐두었다.

어쩌면 이처럼 여체를 감각적으로 그려내는 매체가 주변에 없었더라면, 나는 그냥 밖에 나가서 아이들과 땅따먹기나 하며 노는 개구쟁이의 삶을 지속하며, 성적 자각의 시점을 좀 더 유예할 수 있었을까? 아무튼 곳곳에서 내 시선을 잡아끄는 매혹적인 콘텐츠가 튀어나왔고, 나는 당혹감 속에서도 그것들의 유혹에 속절없이 넘어가곤 했다. 그중에는 나의 소년기의 교양 고전인 <마징가 Z>의 작가 나가이 고의 만화에 대한 기억도 빼놓을 수 없다. 워낙 <마징가 Z> 만화책 안에도 야한 내용이 곳곳에 박혀 있었지만, 동네 친구를 통해 어쩌다 입수하게 된 해적판 나가이 고의 만화 한 편은 내 눈을 번쩍 뜨게 했다. 우리나라의 아동용 매체에서는 도저히 번안될 수도, 소개될 수도 없을 그 작품은 <큐티 하니>. 원산지 일본에서는 만화영화로도 수차례 제작되었고 그 주제가가 대중적으로 큰 인기를 끈 유명 작품이지만, 우리나라에서는 소수 관심 있는 '오타쿠'들에게나 알려진 것은, 다 그럴 만한 이유가 있기 때문이렷다. 섹시한 여주인공인 하니가 적과 전투 모드에 돌입할 때는 숱한 일본 만화에서 주인공들이 의례 그러듯이 요란한 주문과 몸동작을 선보이며 변신하는데,[60] 그 순간에 알몸이 고스란히 노출되는 절차를 꼭 밟는다. 악당들은 전부 여성 사이보그들로, 여두목과 하니 사이에 미묘한 동성애 코드도 등장하고, 하니와 같은 편인 남성 등장인물들은 관음증에

---

60 이런 변신 동작은 샤먼(무당)의 접신 주술의 제례와 흡사한 것 같은데, 다만 단체로 실행하기 때문에 고대 샤먼의 제례가 근대적 국민국가 체제의 집단 체조와 융합된 것과 같은 느낌을 준다.

사로잡힌 성추행범이라 해도 과언이 아닌 자들이다.[61]

[그림24-1. 큐티 하니]
다음의 유튜브 동영상 화면 캡쳐
https://www.youtube.com/watch?v=jCX77Je16fk

    이렇게 노골적으로 성적 소재가 등장하는 한국의 아동 만화를 나는 기억하지 못한다. 그러나 일본의 만화와 만화영화에서는 상례가 아닌가. 몇 안 되지만 그나마 우리나라에서도 TV로, VHS 테이프로 1980년대에 이르기까지 널리 대중에게 공개된 유명 일본 작품들에서도 이를 확인할 수 있었다. <날아라 태극호>, <이겨라 승리호>, <은하철도 999>, <짱구는 못 말려>, <드래곤볼> 등등. 고교생 시절 해적판으로 접한 만화 <루팡 3세>와 같은 성인물은 아예 논외로 치더라도. <태극호>와 <승리호>에서는 착하고 정의로운 소년, 소녀 주인공들보다도 개성 넘치는 악당 3인조가 더 아동

---

61   예술 창작자 중에는 고귀한 천상의 손길이 닿은 듯한 아름다운 작품을 세상에 헌정하였지만, 실제 자신의 삶은 추잡스럽고 타락에 젖었거나, 부도덕하기 짝이 없는 이들이 적지 않고, 어쩌면 이를 '연꽃은 그 뿌리가 진흙에 가닿다.'라는 은유로써 이해하여야 할지도 모르겠으나, 일본의 대만화가 나가이 고는 정반대의 경우가 아닌가 하는 생각이 든다. <마징가 Z>와 <데빌맨>에서 <바이올런스 잭>으로 이어지는 그의 작품세계는 가학적 성욕, 도착, 잔혹한 신체 절단 등 '사이코'적인 장면들로 점철되어 있으나, 정작 그 자신은 온화하고 예의 바른 신사였고, 그러한 '변태적' 표현을 검열하고 억압하려는 도덕론자들에게 단호히 맞서 성적 표현의 타당성을 주장했다고 한다. 아동의 성장기의 성적 호기심과 욕구를 무조건 무시하고 억압하기보다는 그것을 자연스러운 것으로 인정하여 수용의 장을 제공해준 나가이 고의 태도를 단순히 '성진국'의 '성적 개방성'으로 폄하할 수만은 없다고 본다.

팬들의 인기를 끌었는데,[62] 그중에서도 섹시한 보스인 '마녀'는 감각적이고 노출이 심한 의상으로 자신의 성적인 매력을 과시했을 뿐 아니라 종종 그 알량한 의상마저 훼손당하여 속살을 드러내는 굴욕의 설정으로 특히 소년 시청자들의 지대한 관심의 대상이 되곤 했다. <은하철도 999>는 대학입시 준비로 바쁠 때 MBC에서 방영해서 몇 번 보지도 못했으나, 주인공 미녀 메텔이 툭하면 홀라당 옷 벗고 목욕하는 장면이 나온 것으로 유명했다.[63] <짱구>는 대책 없는 상습적 성희롱범으로, 예쁜 여성만 보면 사족을 못 쓰고 달려든다.[64] <드래곤볼>에서 무천도사는 관음증 환자였으며, 오룡이라는 돼지머리 캐릭터는 여자의 팬티를 달라는 소원을 용에게 빈다.

[그림24-2. 날아라 태극호]
다음의 유튜브 동영상 화면 캡쳐
https://www.youtube.com/watch?v=wX0u-pJO0xA

나는 아직도 성장기, 특히 사춘기의 청소년들에게 어느 정도의 성적인 내용을 가진 대중매체 콘텐츠에 대한 접근을 허용하는 것이 최적일지 잘 모르겠다. 그러나 사춘기를 겪는 특히 남자아이들이 성적인 소재에 대해 품게 되는 호기심과 욕구를 무작정 외면하고 억압하는 것이 매우 안 좋다고 판단하는 것은, 내가 중학교에 들어가서 처음으로 보게 된, 학교 화장실 벽을

---

62 1977~78년에 TBC에서 방영한 <날아라 태극호>와 <이겨라 승리호>의 일본 원제는 각각 <타임보칸 タイムボカン>과 <얏타맨 ヤッターマン>임.
63 한 교육전문가는 아동에 대한 방송매체의 영향을 논하는 좌담회에서 자신이 어릴 때 메텔의 샤워 장면을 보고 잠을 못 이루었다는 진솔한 토로를 했다가 악의적인 대중의 비아냥 거리가 되기도 했다.
64 <짱구는 못 말려>는 일본의 <크레용 신짱>의 번역물로, 한국에서 만화책과 만화영화 양자가 공히 큰 인기를 누렸는데, 주로 초기 작품에 성적인 소재가 빈발했다가 연재가 장수하면서 차차 가족물로 변화했다고 한다.

가득 메운 음란 낙서에 대한 트라우마가 남아있기 때문이다. 그 앳된 중학생 사내아이들이 한심할 정도로 조잡한 여성의 나체 그림으로(주로 알파벳 W, X, Y를 활용한) 가뜩이나 더러운 재래식 화장실 벽을 도배해놓은 것을 바라보며, 14살 먹은 나는 예쁜 만화 여주인공들에 대해서 품었던 설레는 연정이 구역질 나는 오물로 덮여버리는 기분이 들었었다. 당연히 나도 성적 호기심이 충만했고 성욕이 점증하고 있음을 깨닫고 있었지만, 주변의 짐승 새끼 같은 동급생 몇 녀석은 성욕 때문에 미치기 일보 직전인 것처럼 보이기도 했다. 화장실 벽의 저질 낙서 따위보다는 좀더 건강한 방식으로 자라나는 사내아이들을 보듬어줄 사회적 장치는 도저히 나올 수 없는 것일까? 교육자 수헌은 말한다.

"너랑 술자리에서나 하는 말이지, 대학 강의실에서 이딴 말 했다가는 당장 여기저기 대자보 붙고 윤리위원회에 회부될 거야. 솔직히 난 개인적으로도, 또 교육전문가로서도 사춘기 아이들에 대한 성교육이 좀 더 비윤리적이고, 자연스럽고, 유쾌해져야 한다고 봐. 아, '비윤리적'이란 윤리를 내다 버리자는 게 아니라, 엄숙한 윤리적 잣대를 성욕에 갖다 대려 하지 말고 윤리와는 관계없이, 즉 'non-ethical(윤리와 무관한)' 또는 'amoral(도덕과 무관한)'한 태도로 성교육을 하자는 거야. 하지만 이게 우리 사회에서 용납될 거 같아? 곳곳의 점잖은 치들이 튀어나와 금세 삿대질하며 반대할걸!

성적인 매체에 대해서 훨씬 관용적인 일본이나 서구와 비교하면 인터넷 포르노 사이트도 철저하게 차단하는 우리나라의 성 관련 범죄 비율이 한참 더 높잖아. 뭐, 차단한다고 애들이 포르노를 못 보는 것도 아니고. 물론 이놈의 포르노물들이 문제가 없다는 건 아냐. 분명히 세상의 가장 지독한 악당들이 그 산업에 포진해있겠지. 하여, 인터넷상의 지구촌화로 포르노 업계의 판도라 상자는 활짝 열렸고, 이미 밖으로 뛰쳐나와 전 세계로 퍼져나간 악머구리들을 보지 못하게 한다고 애들이 안 보는 것도 아니잖아. 소아성애자 같은 진짜 변태들이 끼어드는 것도 문제고, 음란물 중독도 물론 문제지만, 음란물의 성욕 해소라는 순기능이 전무하다고 하는 것도 지나친 반대라고 봐. 건강하고 팔팔한 젊은 사내자식들이 어쩌겠어, 때로 포르노라도 보며 쌓인 욕정을 풀고 가야지. 나도 한창때는 정말 성욕 땜에 미칠 것 같았는데, 딸딸이라도 쳤으니 해소할 수 있었지."

나는 수헌에게, 그렇지만 포르노를 접함으로써 성적으로 더 자극받아서 성적 포식자가 되는 경우도 분명히 있을 것이라며 반론을 폈다. 딸 키우는 애비인지라. 그래도, 그놈의 욕구는 해소하지 못하면 점점 더 강력해진다는 걸 나도 인정한다.

중국의 옛이야기에서 한 왕이 자신의 궁 안에 예쁜 궁녀들을 잔뜩 거느리고 살다가 문득 신하들이 궁녀와 간통할까 봐 의심이 들어, 고관대작들을 다 불러 모아놓고는 각자의 성기에 북채를 달고 북 앞에 서게 한 다음에 그들 앞에서 궁녀들에게 스트립쇼를 추게 했다고 한다. 이윽고 여기저기에서 북소리가 울리더니 참석한 모든 신하와 학자들이 낭랑하게 북을 울리는 모습을 보고 왕은 한탄했는데, 도 닦는 고승의 북에서만 소리가 전혀 나지 않아서, 역시 거룩한 승려로군 하며 미소 지으며 다가가 보니, 아예 북채가 북을 찢어버리고 관통했다는 것.

거룩한 성직자 호섭의 회고 또한 북을 찢을 듯 진솔하다.

"너희들 자꾸 나보고 목사라고 놀리는데, 야, 목사는 사람 아니냐? 사람 몸뚱어리에 자지, 보지 달린 게 다 조물주의 뜻으로 그렇게 된 것을, 그에 대해 성직자가 감사하며 찬양하는 게 뭐가 문제야! 쨔샤, 난 진지한데 왜 그렇게 웃어! 내가 일찍이 초딩 때부터 인체의 신비의 오묘함에 이끌리어 다소 조숙하게 그 분야를 마스터했기에 지금 이렇게 그 흔한 스캔들 하나 없이 착실한 목회자로 존경받고 사는 거라고. 그래, 6학년 때, 리사와 애리 때문에 상사병이 걸렸었는데, 만화 속 가상 인물로는 <마징가 Z>의 애리가 내 순정을 바친 마지막 여인이었지. 그다음에는 대상이 실물로 옮겨갔거든, 소머즈, 원더우먼 등등. 근데 이 중요한 전환기에 나는 더는 나의 감정이 순정이 아니라 욕정이라는 것을 이미 내심 느끼고 있었던 거야. 더는 애리가 그립지 않고, 성숙한 여자의 몸을 껴안고 싶다는 욕구가 생긴 거야. 뭐, 너네도 다 마찬가지잖아.

이 '실물'과의 대면으로 기억에 남는 게, 중1 때인가, 동네에서 친구 가겟집에 갔다가 우연히 집어 들어서 본 선데이서울의 추억이지. 그냥 확 펼친 잡지에 홀딱 벗은 여배우 사진이 컬러로 쫜 나온 거야! 그 연분홍빛 살색의 충격은 아직도 뇌리에 남아있어. 영화 촬영 장면을 그대로 화보로 실은 거였거든. 와, 여자 알몸을 보고는, 내 몸을 어떻게 주체할지를 모르겠더라고. 그래서 황급히 집에 돌아와서 방에 들어가 문 걸어 잠그고, 거기서 내 동정을 바친 거야. 첫 딸딸이였지.

이렇게 나를 참지 못하게 만든 게 몇 번 더 있었는데, 한 번은 우리 동네에 있던 동시상영 싸구려 극장에 가서 미성년자관람불가 영화를 봤거든. 뭔 홍콩 무술영화였는데, 주인공 남자가 여자를 보호해서 어디론가 피신하는 도중에, 허벅지가 다 드러나는 야한 중국옷을 입은 이 예쁜 아가씨가 툭하면 위기에 빠지는 거야. 그러다가 악당한테 붙잡혀서 밧줄에 묶였는데, 이 악당 새끼가 정말 기특하게도 여자 치마를 걷어 올리고는 새하얀 허벅지를 쓰다듬기 시작하더라니깐. 와! 정말 그때 대가리에 피도 안 말랐던 시절에 거대한 영화관 스크린으로 그걸 보니 그냥 아랫도리가 빳빳하게 서버려서는, 그냥 터질 것 같더라고! 그래서 속으로 '쪼금만 더, 쪼금만 더!'를 외치며 그놈이 여자 옷도 완전히 벗기기를 기원했건만, 아, 이 죽일 놈의 남자 주인공이 결정적인 순간에 갑자기 들이닥쳐서는 악당 놈을 때려잡고 완전히 파투를 놔버리네! 우와! 환장하겠더라고. 또 집으로 달려가서 딸딸이라도 잡지 않고는 미칠 것 같았어.

순진한 숫총각을 그따위로 겁탈해버린 그놈의 관람 불가 무술영화 때문에 한동안 대미지가 좀 심했지. 실은 관람 불가를 볼 수 있었던 건, 내 친구가 그 극장 주인 아들이었기 때문이거든. 근데 그 녀석 집이 부잣집이라 별게 다 있었는데, 그 녀석이 자랑하며 보여준 게 일본 영화잡지 '스크린'하고 '로드쇼'였어. 근데 이 잡지 안에 영화 베드신이나 여배우 누드 사진이 쪼금씩 끼어있는 거야. 그것들도 한 번 보고 나면 빨리 집으로 돌아가야만 했지. 도저히 참을 수가 없더라고. 내가 어려서 그런 역경을 다 겪었으니, 성인이 돼서는 성직자의 거룩한 직무를 맡고 어떤 유혹에도 끄떡도 안 할 수 있게 된 거지."

우리는 호섭에게 멸시에 찬 박수를 보내줬지만, 그의 말이 잘못됐다고 여기지는 않는다. 한 번은 모 인터넷 게시판에서 성욕 억제 때문에 번민하고 있는 한 젊은이의 고뇌에 찬 글을 읽고 눈물을 흘린 적이 있다. 이 20대 청년은 평소에 자위행위를 너무 빈번하게 한 것에 대한 죄책감으로 아예 자위를 끊어 버리자고 결심했고, 그런 금욕 생활을 몇 주인가, 몇 달인가를 지속했다는데, 내면에 터져버릴 것만 같은 욕정을 꾹꾹 억누르며 영웅적인 인내로 하루하루를 힘겹게 버티던 중, 편의점에 삼각김밥을 사러 갔다가, 김밥 비닐 포장 위에 '참지마요'라고 인쇄돼있는 것을 보고는 그만 뜨거운 눈물을 쏟고야 말았다는 것이다(인쇄가 부분적으로 지워졌나 봄). 그는 집에 가서 '참치마요' 김밥을 먹고 눈물을 흘리며 자위를 함으로써 파계를 저질렀다 한다. 나는 이 글을 읽으며 웃느라 눈물을 흘렸다.

20대를 거쳐본 남자라면 깊이 공감할 사연 아닌가. 예전에 영화감독 이장호가 자서전에서 20대에 자신은 성욕을 주체할 길이 없어서 죽어버리고 싶을 정도였다고 토로한 글을 본 적이 있다. 건강한 젊은 남자의 이 고충을 여성들은 공감하지 못하는 것 같다(아무래도 여성과 남성은 성욕의 축적 양상이 다르지 않은가). 성욕이 무슨 죄인가? 그게 죄라면 조물주가 원흉이 되게. 과연 그 성욕을 어리석게 억압하여 괜한 사달을 내지 말고, 자연스럽게 드러내고 풀면서 더욱 영양가 있는 성장에 집중할 수 있도록 우리 후대를 도와줄 방도는 없는 걸까? 나는 나가이 고가 나름 이런 고민을 하면서 창작활동에 임하지 않았을까 추측한다.

그런데 중학교 입학할 무렵부터 '순정'을 상실하고 욕정에만 사로잡혔다는 호섭과는 달리, 나에게는 사춘기의 성적 발육이 배꼽 및 아랫도리에만 국한된 것이 아니라, 가슴속 어디인지 모를 그곳, 즉 마음에서도 일어나고 있었다. 6학년 때 전학 온 예쁜 여자애가 눈에 들어왔다. 집에 가서도 자꾸 그 애 생각이 났다. 학교에서 그 애 주변을 맴돌다가, 평소의 나와 다르게 노골적으로 그 애에게 호의를 표했다. 똑같은 볼펜이 두 자루 있다며 하나를 준 것이다. 볼펜을 선물로 받은 그 애는 웃어줬고, 몇 주 후에 자신의 생일에 나를 집으로 초대했다. 비록 초대받은 아이 열 명 중에 남자애들이 절반이었지만. 그때 모두 한데 어울려 웃고 떠들었건만 나는 마음이 공허했다. 알 수 없는 감정이었고, 비어버린 것 같은 마음은 채워지지 않았다. 나는 일부러 그 애가 사는 동네에 찾아가 보기도 했다. 그리고 그 애 집 주변을 어슬렁거렸다. 그 애와 마주친 적은 없었다. 그 애는 늘 어딘가로 숨어버리는 요정 같았다. 그 무렵 텔레비전에서 '특선 만화영화'라고 상영했던 일본 애니메이션 <장화 신은 고양이>를 보며, 주인공 소년을 나 자신과 동일시한 나머지 소년이 사랑하게 된 공주를 나도 사랑하는 것만 같은 감정에 사로잡혔다.[65] 그러나

---

65 1973년 작품으로 일본에서는 큰 인기를 끌었다 하는데, 원화를 미야자키 하야오가 그렸다.

그 공주도 다시는 볼 수 없었다. 그리운 여자는 그렇게 요정처럼 숨어버리곤 했다. 그 시절 텔레비전에서 연재했던 <플란다스의 개>에도 소년 네로와 소녀 아로아가 우정을 나누는 장면이 나오지만, 나는 아로아 같은 착한 여자애와 친구로 지내고 싶은 게 아니었다. 나는 나를 애태우게 만들며 갈 곳 모르는 그리움에 빠지게 하는, 말 없고 마음속을 알 수 없는 가녀린 소녀를 찾아 헤매고만 있었다.

[그림24-3. 장화 신은 고양이]
다음의 유튜브 동영상 화면 캡쳐
https://www.youtube.com/watch?v=UO5Bnp3YmbI

25   일본산 순정만화와 사춘기
             : 캔디 캔디, 베르사이유의 장미

> "사랑은 간청하는 게 아니에요…. 요구해서도 안 돼요. 사랑은 확신에 다다를 길을 스스로 찾아낼 힘이 있어야만 해요. 그러면 사랑은 단순히 끌리는 게 아니라 끌어당기기 시작하지요. 싱클레어, 그대의 사랑은 나에게 끌린 것이에요. 그대의 사랑이 나를 끌어당기기 시작할 때, 그대에게 내가 갈 거예요. 나는 선물을 주지 않아요. 나를 차지하세요."
> — 헤르만 헤세, **데미안**.[66]

    성인이 된 이래로 나는 오랫동안 남녀 간의 사랑은 아랫도리가 그 근원이라고 생각했었다. 이것은 남녀의 사랑의 본질은 오직 섹스라고 생각했다는 말이 아니라, 인간은 이 세상 모든 생물과 마찬가지로 유전자의 계승, 또는 종의 생존이나 진화와 같은 생물학적 목적 때문에 번식행위를 하는데, 개개인이 이를 의식하지는 못해도 궁극적으로 이 목적에 부응하여 짝짓기하고, 짝짓기의 불을 붙이는 과정에서 번개탄과 같은 효과적인 불쏘시개의 기능을 이른바 연애 감정이 담당한다고 생각했다는 말이다. 사랑에 빠지게 하는 도파민과 같은 강력 호르몬을 단기간, 집중적으로 조달해줌으로써. 그런데 나이를 먹고 보니, 그 반대의 작용도 상상할 수 있겠다는 생각이 들었다. 즉, 번식이나 진화 자체가 우리가 사랑에 빠지고 가족을 만들어 지지고 볶으며 살아가는 것의 궁극 목적이 아니라, 인간의 영혼으로 하여금 사랑에 빠지도록 만들기 위하여 고안된 기본 설정이나 장치가 번식과 진화인 것은 아닐까 하는 생각이 그것이다. 떼이아르 드 샤르댕이 '우리는 영적인 체험을 하는 인간이 아니라, 인간적인 체험을 하는 영적인 존재다.'라고 말한 것처럼.

---

66   Herman Hesse, W. J. Strachan transl. *Demian*. Digital Library of India Item 2015.463033, Internet Archive, London, 166. 인용문은 한석훈 번역.

아마도 이 시대에는 미친 생각으로 간주할 가능성이 크다고 본다. 그러나 과학의 언어로써 객관적으로 인류 집단에 대해서 이야기하는 것만 진리일까? 한 명의 인간이 자신의 영혼을 사로잡아버린 느낌과 감정에 대해 주관적으로 이야기하는 것은 진리와는 영 동떨어진 걸까? 피카소는 말했다, '나는 진화하지 않는다.'라고. 진화는 '인류'가 하는 것이고, '나'는 사랑하며 웃고 운다. 그게 나의 삶이다.

<장화 신은 고양이>의 소녀 공주를 연모했던 감정이 어느 근원에서 나왔는지를 내가 판정할 수 있는 문제가 아니지만, 중학생이 된 나는 까까머리 동급생 녀석들의 집단적 성욕 팽창과는 무관하게 여성, 아니 소녀와의 순결한 사랑을 남몰래 꿈꾸고 있었다. 성숙한 글래머 '여성'은 성욕의 대상이었으나, 청순한 가녀린 '소녀'는 사랑을 나누고픈 상대였다. 나의 여성관은 이렇듯 양분화되기 시작했다. 수헌은 말한다, 양극 간의 간격이 벌어질수록 사이코라고.[67] 아무튼, 이 무렵 접한 것이 일본 만화 <캔디 캔디>였다.

<캔디 캔디>는 '여자 만화'다. 정식 명칭은 '순정만화.'[68] 소년들은 '여자 만화'를 보지 않았다. 아동 잡지 안에 포함된 <유리의 성>이나 <파도여 안녕> 같은 고전 순정만화들이 아무리 소녀들 사이에서 인기가 치솟아도, 소년들은 일부러 그것들을 보지 않았다. 또는, 보고서도 보지 않은 척했던지. '여자 만화'를 보는 건 '여자 같은 짓'이었기 때문이다. 소년들에게 '여자 같다'라는 평가는 사회적, 심리적 치명상이라는 것을 본능적으로 잘 알기 때문이다. '남자가 부엌에 들어가면 고추 떨어진다.' 하고 주의시키던 집안 어른이 있었고, 다쳐서 상처가 나 아파도, '사내자식이 그깟 일로 울면 안 된다.'라는 규범이 지배하던 시절에 '사내새끼가 계집애처럼 질질 짜는' 모습을 보이는 것은 또래들 사이에서 사회적 매장이나 다름없었다. 당시에 남성으로서의 성적 정체성을 확보하는 것은 소년의 삶의 지상 과제였던 만큼, 그 과제의 완수에 장애가 되는 '여자 만화' 읽기는 결코 용인되기 어려운 사회적 일탈이었다.

---

67 이전 장에서 언급한 <이겨라 승리호>에는 가녀리고 청순한 소녀와 글래머의 요부형 마녀라는 대조적인 여성 캐릭터가 등장하고, 양자 공히 일본에서 큰 인기를 끌었다고 한다. 아동용 만화영화에 이 정도로 정교한 수준의 여성에 대한 성적 대상화가 이루어졌다는 점에서 일본이 진정한 '성진국'이었다는 생각마저 든다.

68 나기타 케이코 원작, 이가라시 유미코 작화로 1975년 발표된 일본 순정만화의 고전. 애니메이션 판도 세계적으로 큰 인기를 끌었으며 1차 세계대전 시대의 미국과 영국을 배경으로 고아 캔디의 고된 삶과 사랑을 그린 작품이다. 우리나라에서는 MBC TV에서 1977~80년과 1983~84년에 두 차례 방영했는데, 후자의 제목이었던 <들장미 소녀 캔디>로 널리 알려졌다.

그런데도 평범한 소년인 내가 상당히 장편인 순정만화책 <캔디 캔디>를 완독하고 추억할 수 있게까지 된 데에는 일련의 시대적 전철이 있었던 것 같다.

  먼저 초등학생 때 TV 연속극을 열심히 시청했는데, 늘 어머니나 할머니, 또는 식모 누나, 여동생과 함께 봤고, 가장 기억에 남는 연속극은 <아씨>, <여로> 등과 같은 근대화 과정의 '여성 잔혹사'들이었다. 아무리 유교적 가부장 문화가 견고했던 당시라 하더라도, 20세기 초·중반의 굴곡진 삶에서 한국 여성이 감내해야 했던 시련과 고통에 대한 암묵적인 사회적 죄책감이 존재했기 때문이었는지, 극장에서 상영하는 국산 공포영화는 핍박받은 여성이 억울하게 죽어 원귀가 되어 복수하러 돌아오는 설정이 상례였던 만큼, TV 드라마에서 여성의 고초를 그리는 이야기 전개는 흔하고도 익숙한 어떤 것이었다. 어쩌면 이 때문에 할머니와 어머니 곁에서 연속극을 소화했던 내가 <캔디 캔디>와 같이 여성의 굴곡진 삶의 여정을 그린 드라마에 대해 친숙함을 느꼈던 것인지도 모르겠다.

  또 다른 전철은 1970년대 중반경에 소년중앙에 연재되어 큰 인기를 끈 일본 만화 <베르사이유의 장미>에 노출된 경험일 것이다. 기억을 더듬어보면 아직 '여자 만화'에 대한 거부감이 절대적이었던 3, 4학년 무렵, 큰집에 제사 지내러 갔다가 어른들 술자리가 길어지면 기다리다 지쳐서 사촌들이 보던 소년중앙을 읽고, 또 읽다가 나도 모르는 새에 '여자 만화'인 것이 명백해 보였던 <베르사이유의 장미>의 내용까지 읽어버리게 된 것 같다. 여기서 '여자 만화'의 첫째가는 특징은 주인공들이 여자, 남자 할 것 없이 지나치게 여자처럼 예쁘게 생겼고, 모두 눈(동자)의 크기가 안면의 절반은 될 정도로 거대하다는 점이라 할 수 있다. 물론 이런 '초거대 눈' 현상은 <아톰>이나 <빠삐> 등, 일본 만화와 만화영화에 흔하게 나타나는 것으로, 전술했듯이 서양을 동경했던 일본 근대화의 분위기를 반영하고 있는 것이지만. 아무튼, 그림의 분위기가 전체적으로 지나치게 '여자 같으며', 화려하고 예쁘게 장식돼 있었다. 그렇지만 <베르사이유의 장미>는 프랑스 대혁명의 역사를 배경으로 삼아 서양 문물을 나름 정교하게 전시하고 있었고, <사파이어 왕자>를 떠올리게 해주는 남장 여주인공 오스카의 전사다운 활약도 소년의 눈길을 끌어서 그랬는지, 완전한 '여자 만화'로만 느껴지지는 않았던 것 같다.

당시에 또 다른 일본 만화 번안본으로, 새소년에 2회에 걸쳐 연재했던 중편 만화 <은발의 아리사>도 인상적이었다. 대표적 순정만화 작가인 황수진이 그린 이 작품은 이야기의 기본 구성을 프랑스 작가 알렉상드르 뒤마의 <몬테 크리스토 백작>에서 가져온 스릴 넘치는 복수극으로, 주로 남녀 간의 연정을 주제로 다룬 일반적 순정만화와는 분위기가 크게 달랐다. 주인공 아리사는 부모의 원수를 갚기 위해 초인간적 수련을 거친 복수의 화신으로, 음모와 배신, 폭력과 액션이 점철된 이야기 전개는 내 흥미를 끌기에 충분했다. 게다가 <몬테 크리스토 백작>은 내가 아동기에 완독하여 사랑하게 된 몇 안 되는 소설책이기도 했다. <은발의 아리사>는 예쁜 그림체의 '여자 만화'도 '공상과학 만화' 못지않게 흥미진진할 수 있음을 내게 보여주었다.

정확히 어느 시점인지는 기억하지 못하지만, 어쨌든 중학생 시절에 <캔디 캔디>를 집어 들고 읽다 보니 대단히 몰입하게 되어, 완독한 뒤에 큰 감동에 사로잡혔던 것을 회상할 수 있다. 읽은 지 수십 년이 흘렀음에도 안소니, 스테아, 알버트와 같은 남자 주인공 이름을 다 기억하고 있는 것을 보니, 내 뇌리에 이 이야기가 남긴 흔적이 약하지 않았다고 할 수 있다. 방금 내가 이른바 '여자 만화'나 여성을 주인공으로 삼는 드라마와 나름 친숙했었기에 <캔디 캔디>를 탐독할 수 있었다고 추측했지만, 실은 그보다 더 깊은 연유가 있었던 것 같다. 그건, 캔디가 고아이며 '식모'였다는 점이다.

[그림25-1. 캔디]

고아원 출신인 캔디가 부잣집에서 일하게 되는데, 실은 캔디가 식모 일을
맡은 것은 아니었고, 주인 딸인 이라이자의 말 상대역을 맡은 것이었지만,
이야기 전개에서 하녀와 다름없는 일을 하게 되고 마구간을 침실로 쓰는 등,
식모보다도 못한 천대를 받게 된다. 아마 이 부분에서 나의 '식모 누나 및
고아 콤플렉스'가 자극받았던 것 같다. 사람을 신분과 재산 따위로 차별하여
천대하는 상황을 목도하면 언제나 이 콤플렉스가 자극을 받았고, 그래서
분노의 감정이 일어났다. 차별하는 그들에 대한 분노는 실은 차별했던 나
자신에 대한 분노다. <캔디 캔디>를 탐독하게 된 것도 이 감정의 추동력
때문이었던 것 같다. 그랬었기에 스테아와 아치 등의 부잣집 도련님들이
캔디의 편을 들어주고, 결국에는 캔디가 부잣집 양녀가 되며 상속자와 연분이
맺어지게 되는 이야기 전개에서 심리적 보상을 맛보았던가 보다.

또한, 식모 누나에 대한 전의식(얕은 무의식) 속의 죄책감은 당시에는
자각하지 못했으나 세월이 흘러 곱씹어보면 묘한 방식으로 이야기의
등장인물에 반응했던 것 같다. <캔디 캔디>에는 만인이 지탄하고 미워하는
대표적 악역 둘이 있으니, 그들은 이라이자와 닐 남매다. 이 남매를 지탄하는
만인에 합류하여 나 또한 이들을 욕하며 책을 읽었다. 그러나 십 대였던
당시에 책을 다 읽고 나서 내게 든 생각은 이것이었다. '나는 안소니도, 아치도,
스테아도, 테리우스도, 알버트도 닮지 않았다. 나는 닐과 가장 닮았다.'

이것은 처참한 자기 인식이었다. 닐은 이를테면 악당이라고 할 수도
없다. 그냥 매력 없고, 용기도 없고, 관대함이나 지혜도 없는, 매우 쪼잔하고
찌질하면서도 자신의 복락만 이기적으로 추구하는 형편없는 남자애에
불과하다. 자기 자신을 그런 인물과 동일시하다니, 십 대의 나는 실로 깊은
자기혐오에 빠져 있었던가 보다. 십 대에는 이런 고백을 나 자신한테도 도저히
할 수는 없었고, 내 속에서 치미는 이런 생각을 나 스스로 수용할 수가 없었다.
그러나 이순에 다다른 지금은 그것이 진심이었음을 담담히 인정한다. 심지어
나는 이라이자와 닮았다는 생각도 든다. 무력한 오빠 닐에 비하면 다소 사악한
면마저 품은 명품 악녀 캐릭터인 이라이자가 약자를 비열하게 괴롭히는 모습을
보면, 아득한 어린 시절에 식모 누나에게 '식모 주제에!'라고 쏘아붙였던
내 안의 그 사악함이 명징하게 기억난다. 나는 자라면서 그런 짓을 또다시

저질렀다. 중학생 때 한 급우를 구박하고 따돌렸던 적이 있다. 그러한 내가 이라이자와 비슷하다고 생각했다.

청소년기에 다루기에는 너무 어둡고 무거운 자기성찰이었던 것 같다. 그러나 어쩌랴, 멋진 남주인공인 안소니와 테리우스는 눈곱만큼도 나와 비슷한 게 없는 것 같은 것을…. 무엇 하나 특출하게 잘하는 것 없고, 잘난 것도 없는 나는 도덕성마저도 형편없다고 판정하였다. 너무 어둡고 무겁지만, 이 성찰에는 하나의 강점이 있었으니, 그건 진실함이었다. 최소한 나는 나 자신을 진실하게 바라보고 있었다.

진실을 말하자면, 당시에 나는 성적 호기심이 왕성해지는 것 이외에 삶의 어떤 영역에 대해서도 별 흥미나 열의를 갖지 못했다. 비록 <캔디 캔디>를 읽다 보니 내 안의 식모 누나 콤플렉스가 자극받아 졸렬한 악역과 자신을 동일시하는 비참한 자기성찰이 발생하였으나, 애초에 '여자 만화'를 손에 집어 든 중요한 이유는 여자에 관심이 갔기 때문이었을 것이다. 그런데 <캔디 캔디>에서뿐 아니라 <베르사이유의 장미>에서도 당시에 내가 여성을 대상으로 발휘해보고자 했던 연모의 감정에 불을 질러주는 등장인물은 만나지 못했다. 캔디는 물론이고 그 어떤 여성 등장인물에 대해서도, <마징가>의 애리나 <장화 신은 고양이>의 공주에 대해 느꼈었던 이성을 향한 끌림을 느낀 적이 없다. 그런데도 <캔디 캔디>가 사춘기의 성장에 의미 있는 작품 중 하나로 남아있는 것은, 남자로서 여자를 이해하고 대하는 하나의 그럴듯한 전형적 '이론'을 내게 제공해주었기 때문이다. 즉, 나는 그때 사춘기 소년으로서 여성에게 다가가고픈 욕구를 품기 시작했지만 어떻게 여성과 사귀거나, 아니면 그보다 더 깊은(?) 관계로 발전해갈 수 있는지에 대한 이론, 또는 지식이 결핍된 상태였는데, <캔디 캔디> 등의 '여자 만화'를 탐독하며 그런 지식을 습득할 수 있었다는 말이다.

그 '지식'이란 간단히 말해서, 여성을 수동적 존재로 대상화하는 매우 남성 중심적인 전통사회의 태도를 고스란히 집약해놓은 것으로, 진정한 남자는 신사답게 점잖아야 하지만, 결정적인 순간에는 박력 있게 여성을 확 휘어잡아서 홱 낚아채야 한다는 행동 지침을 그 요체로 한다. 캔디의 첫사랑 안소니처럼 남자란 모름지기 신사적이어야 하지만, 나름의 감이 올 때는

'사나이답게' 여성을 확 끌어당겨 말에 태워서 박력 있게 달리기도 하고, 따끔한 충고가 필요할 때는 감히 귀싸대기도(!) 올리는 등, 다소 거칠게 흔들어줘야 캔디처럼 뿅 가게 할 수 있다는 것. 캔디의 두 번째 사랑 테리우스처럼 남자란 평소에 다소 쓸쓸한 느낌을 풍기다가도, 통하겠다 싶은 감이 올 때는 최적의 타이밍에 기습 키스나 백 허그도 하고, 또 말에 억지로 태워 거칠게 달리며 전 남친에 대한 미련을 확실히 잘라내 줄 줄도 알아야 여인의 마음을 사로잡을 수 있다는 것. 카리스마 있는 <베르사이유>의 여전사 오스카도 결정적인 순간에 남정네의 기습적인 완력 행사에 당해서 입술을 빼앗기며 마음도 주게 된다는 것.

이 모든 행동 지침을 고등학생 때 읽은 대문호 헤르만 헤세의 <데미안>에서도 추인해주고 있지 않은가, 여자는 선물을 주지 않으니 남자의 힘으로 확 당겨서 차지해야 한다고! 이른바 '순정만화'에도 깔린 이러한 마초주의가 과연 남성 우월적인 문화에 찌든 시대의 소산물인지, 아니면 그 연원을 알 수 없을 영겁의 진화를 통해 형성된 생물학적 본성에 가까운 것인지에 대한 의문은 10대의 나에게는 당연히 일어나지 않았다.

어찌 됐든, 남자가 힘 있게 휘어잡아야 한다는 실용적인 지식을 습득한 나는 중고생 시절을 지나고 대학생이 된 뒤에 이 행동 지침에 근거해 마음에 드는 여자에게 박력 있게 덤벼들었다. 다만, 몇 차례의 그런 시도는 늘 상대 여성의 비웃음과 비아냥, 그리고 핀잔으로 끝났다.

"얘 뭐 한대니?"

여자가 화를 내는 것 보다 비웃는 것이 더 나를 좌절하게 했다. 한 친구 녀석은 상대 여성의 그런 비웃음을 무릅쓰고, 얼굴에 철판 깔고, '남자답게' 재돌진하여 여자를 덮쳐야 한다고 내게 조언해줬는데, 그가 반복하여 강조한 전통적인 금언은 '열 번 찍어 안 넘어가는 나무 없다.'라는, 오늘날에는 스토킹을 정당화하는 표현으로 판정되어 사회에서 퇴출당한 클리셰였다. 그러나 나는 언제나 첫 관문의 거절에 금세 풀이 죽고 의기소침해져서 재돌진을 감행할 수가 없었다. 두 번 찍기도 너무 힘겨웠다. 열 번이나 찍을 수 있는 자신감과 의지의 남성이라면 실로 원하는 여성을 차지할 자격이 있다는 생각이 들기도 했다. 암튼 나는 결국 반 중매로 겨우 결혼에 성공할 수 있었다.

그러나 엄밀히 말해서 <캔디 캔디>가 남성우월주의적이거나 마초주의적 메시지를 표방했다고 말할 수만은 없을 것 같다. 오히려 남성상의 성숙을 표방했다고 하면 모를까. 왜냐면 다른 주요 남자 주인공인 스테아와 알버트는 그와 같이 여성을 확 끌어당기는 공격적인 모습을 보이지 않았기 때문이다. 두 인물은 남성다움과 여성성을 적절히 배합한 조화로운 인격의 소유자로, 겉으로는 부드럽고 신사적이지만 실제로는 용감하고 꿋꿋하면서도, 섬세하고 배려심도 깊은 남성들이다. 이는 앞서 <아톰>의 아버지 데즈카 오사무를 거론하며 제시했던 '남성성과 여성성을 통합하여 더욱 온전한 인격에 다가가는 남성상'과 일치한다고 말할 수 있지 않을까? 다소 치기 어린(그러나 동시에 여성에게는 치명적일) 소녀 감성의 이상적 남성상이라 할 수 있을 안소니와 테리우스보다는 스테아와 알버트가 성숙하고 이상적인 배우자감의 면모를 두루 갖추고 있는 인물이라 하겠다. 물론, 이들은 명문가 출신의 재력가들이니 남편감으로 더 바랄 것을 논하는 것이 부질없을지도... 모르겠다는 패배주의적 사고가 또 일어나는군.

이에 더하여, <캔디 캔디>는 장기적으로는 나에게 더욱 성숙한 남녀관계에 대한 예시를 던져주었다. 여성이 단순히 남자의 섹스 상대이거나 연애 감정의 대상에 그치는 것이 아니라, 남성과 상호작용을 통해서 함께 성숙해가는 귀한 동반자라는 바람직한 예시였다. 아쉬운 것은, 사춘기에는 이런 성숙한 관점은 거의 눈에 들어오지 않았고, 오직 '여자란 모름지기 힘 있게 확 끌어당겨야 한다.'라는 단기 공략기술만 기억 창고에 각인됐다는 점.

우리 중에서 가장 사춘기를 생산적으로 보낸 것 같은 호섭은 <캔디 캔디>와 <베르사이유의 장미> 등에 대해 이야기하고 있는 나와 수헌을 보며 혀를 찼다.

"참으로 샌님 같은 친구들일세, 그 기운 넘치던 중고딩 때 순정만화 같은 거나 잡고 있었다고? 그걸로 여자 꼬시는 이론이라도 좀 터득했나? 쯧쯧, 그 말짱 소용없는 책만 잡고 있으면 인생에서 뭔가 일어나기라도 하던? 수영 교본 읽는다고 수영을 잘하게 되니? 그냥 물에 몸을 던져 봐야지! 자기계발서 10권 읽는다고 자기계발이 되니? 그냥 스타트업 하나 확 질러서 망해봐야지! 나는 말이야, 그냥 인생에 나를 확 던져버렸지. 중1 때부터 동네 여중생 쫓아다녔고,

중3 때는 첫 데이트도 했어. 그때 그 기분을 나는 잊을 수가 없어, 물론 지금은 어디 가서 어떻게 사는 할망구가 됐는지 전혀 모르지만, 그때 첫 데이트라는 걸 하고서는, 온몸의 세포가 흥분해서 떨면서 '행복하다!'라고 외치더라고! 그건, 진짜 강렬한 경험이었어!"

그래, 호섭의 '삶과 맞짱 뜨기'가 제대로 사는 것일 거다. 찌질한 나는 사춘기에도 맨날 만화책과 텔레비전이나 붙들고 있었다.

26   미국산 슈퍼히어로들의 습격
        : 육백만불의 사나이, 소머즈, 원더우먼

> 열두세 살 때 아이의 힘은 그의 욕망보다 훨씬 더 빨리 커간다. 아주
> 강렬하고 격심한 욕망을 그는 아직 느껴본 적이 없다. 기관 자체도
> 여전히 미완성 상태이고, 그 미완성에서 벗어나기 위해 의지가 탈출을
> 강요하기를 기다리는 것 같은 모양새이다.
> ― 장 자크 루소, 김중현 옮김 (2003). 에밀. 한길사, 295.

　중학생이 되어 TV 만화영화 애인들과 이별한 호섭은 진짜 사람 여자로 상대를 교체하여 용감하게 고백도 하고 연애도 했다는데, 중학생이 된 나 또한 만화영화 연인을 떠나보내고 진짜 사람 여자에게 눈길을 돌리기는 했으되 그녀는 여전히 텔레비전 안에 살고 있었다. 진짜 세상으로 나온 호섭과 달리 나는 초등학생 시절과는 또 다른 방식으로 강력해진 텔레비전의 유혹에 말려들어 헤어나지 못하고 있었으니, 이때 돌연 '안방극장'을 점령해버린 것은 일제 만화영화가 아니라 미제 실사판 슈퍼히어로들이었다. 그 선봉장은 <육백만불의 사나이>의 스티브 오스틴 대령이었는데, 그는 곧 내게 아름다운 특수공작원 제이미 소머즈 양을 소개해주었다. 실은 소머즈 양은 오스틴 대령의 연인이었으나 우여곡절 끝에 나의 애인이 된 것이다. 일방적인 짝사랑의 대상을 '애인'이라 불러보기라도 하는 것이 허용된다면.

　<육백만불의 사나이>는 원산지인 미국에서뿐 아니라 한국을 포함해 세계적으로 인기를 끌며 주인공 오스틴 역을 맡은 리 메이저스를 일약 스타덤에 오르게 한 TV 액션물로, 한국에서는 1976년에 TBC에서 방영했다.[69] 미국의 전직 우주 비행사인 스티브 오스틴 대령은 공군기 테스트 비행 중 사고로 중상을 입었으나 공군 특수정보국 OSI가 개입하여 6백만 달러가 투입된

69　원제는 <The Six Million Dollar Man>으로, 미국에서는 1974년에 처음 방영하였다. 리 메이저스는 인기 TV 시리즈 <미녀 삼총사>의 스타인 파라 포셋과 결혼하여 화제를 모으기도 했다.

첨단 생체공학의 힘으로 개조되고, 눈, 오른팔, 두 다리에 초능력을 보유한 특수공작원으로 부활한다는 설정이다. 이 '미드(미국 드라마)'가 소년 팬들의 열광적인 호응을 끌어낸 연유는 타이거마스크, 최배달, 이소룡을 이어 전승된 남성의 힘에 대한 열망과 궤를 같이하기 때문이다. 오스틴의 오른팔은 불도저와 같은 힘을 내고, 두 다리로는 시속 60마일로 달리고 높은 담을 훌쩍 뛰어넘으며, 야간 투시가 가능한 바이오닉 눈은 인간 시력의 20배에 달하는 줌 기능을 지녔다. 그야말로 육체적으로 무적의 용사인 스티브 오스틴! 갓 중학생이 된 나는 이 가상의 알파맨을 동경하고 숭배했다.

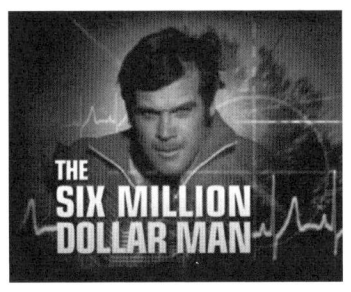

[그림26-1. 육백만불의 사나이]
다음의 유튜브 동영상 화면 캡쳐
https://www.youtube.com/watch?v=MRDWufWE_og

될성부른 나무는 떡잎만 봐도 아는 법, 한 인간이 성장기에 대중매체의 우상을 대하는 태도를 보면 장래의 위너와 루저가 확연히 구분된다. 영화 <말죽거리 잔혹사>에서 고교생 권상우는 떡볶이집 아줌마에게 성폭력을 당하는 등, 갖은 역경에도 불구하고 좌절하지 않고 우상인 이소룡을 본받아 불굴의 수련 끝에 갈고 닦은 격투 능력으로 일진들을 박살 내고 한가인과 같은 미녀와 엮이는 등, 위너가 될 당당한 싹수를 선보였다. 반면, 나는 이소룡과 육백만불의 사나이를 숭배만 했을 뿐, 그들을 본받는 차원에서 태권도장이라도 다니며 자신의 육체적 능력을 키워보려는 일말의 노력도 하지 않은 채, 그저 TV 모니터 속의 여주인공들을 바라보며 공상의 세계에서나마 그녀들을 껴안아 보려 꼼지락대고 있었다. 그렇기에 오늘날 권상우는 미녀 배우와 결혼해서 떵떵거리며 사는 반면, 나는 안방마님께서 곰탕 끓여 놓고 집 나가버릴지도 모른다는 두려움에 사로잡혀 머리를 조아리고 산다.

그렇다, 나는 날로 먹고 싶었다. 인생을. 1주일에 한 번 방영하는 <육백만불의 사나이>를 학수고대하며 오스틴과 같은 초인적인 힘으로 주변의 양아치들을 죄다 혼 내주고 6학년 때 살짝 좋아했던 여자애와 데이트하는 상상에 빠져 있었다. 초인적인 힘을 아무 노력 없이 공짜로 갖고 싶다는 심보나, 방구석에만 처박혀 있으면서 예쁜 여자애와 사귀고 싶다는 심보나, 다 삶에서 '마법적인 해결책(magical solution)'을 바라는 매우 나약하고도 나태한 정신 상태라고 벗 수헌은 친절하게 진단해줬다.

"자신의 노력 하나 없이 삶에 대한 지배력을 얻고 싶은 마음을 우리는 어릴 적에 다 갖고 있을지도 몰라. 그렇지만 우리 중에서 이른바 '마시멜로 원칙'을 일찍이 깨친 친구들은 이른바 '노오력'이라는 것을 하기 시작하지.[70] 그래서 어떤 애는 권투 도장에 다니며 '전투력'을 키워 세상을 상대하는 당당함을 장착한 뒤 군대에 갈 때도 특수부대 같은 데 자원해서 자신의 한계를 시험해봄으로써 인생과 맞장 뜬다는 도전적인 자세로 삶에 덤벼들어 마침내 큰 사업을 일으키기도 하고, 또 어떤 애는 한번 멋지게 살아보겠다는 마음을 품고 공부에 전념해서 최고의 학벌을 쟁취하고 엘리트가 되어 성공하기도 하고, 또는 이렇게 세속적인 성공에 별로 관심이 없더라도 어릴 때부터 삶의 이치를 구하는 데 푹 빠져 머리 깎고 출가하여 용맹정진 끝에 수많은 불자를 지도하는 고승이 되기도 하고.... 이들은 다 마시멜로 원칙을 깨쳤다는 공통점이 있어. 'No pain, no gain.(고통 없이 얻을 수 있는 것은 없다)'이라는 격언이나, 니체의 '시련은 인간을 강하게 한다.'라는 말도 다 같은 의미이지 않겠어?

몇 해 전에 나왔던 <어카운턴트(The Accountant)>라는 미국 액션 영화가 매우 인상적이었는데, 거기에서 주인공의 엄격한 아버지가 자폐증이 있는 어린 아들을 감싸고 보호하기는커녕, 절벽에서 제 새끼를 떨어뜨리는 사자처럼 혹독한 수련으로 내모는 장면이 나오지. 결국 주인공은 성인이 돼서 스스로 당당하게 살아가는 능력자로 성장하는데, 다소 과장된 면이 있었지만 요즘 부모들이 애들을 과보호해서 나약하게 만드는 세태를 제대로 꼬집었다고

---

[70] 미국 스탠포드 대학에서 1972년에 심리학자가 아이들에게 마시멜로와 프레첼에 대한 선택권을 제공하는 방식으로 진행한 실험으로, 욕구의 즉각적 충족보다 더 가치 있는 보상을 거두기 위해 충족을 지연할 줄 아는 아이들이 미래의 삶의 행보에서 더 많은 성취를 거두게 된다는 결론을 제시하였다.

봐. 우리 어릴 땐 그래도 놀이터 바닥이 맨땅이었잖아, 근데 요즘엔 애들 다치지 말라고 바닥에다가 푹신푹신한 쿠션 같은 걸 깔아 놓더라고. 자라면서 좀 다치기도 해 봐야 하거늘…."

이 녀석의 열변은 툭하면 자아비판으로 시작해서 세태 비판까지 확장되곤 한다. 아무튼, 욕구를 충족하고픈 충동을 꾹 참고 인내하며 자신을 단련시켜 미래를 대비하는 것과는 영 동떨어진 삶의 행보를 지속해온 내가 대체로 루저로 일생을 산 것이 하나도 놀랍지도 않고, 하나도 억울하지도 않다.

아니, 억울하다! 다시는 기회가 주어지지 않을지도 모를 엄청나게 귀중한 일생인데, 그걸 이렇게 루저로만 살다가 그냥 끝내버려야 한다고? 그건 억울하다, 아무리 내가 철없던 시절에 아무 '노오력'도 안 한 주제라는 걸 잘 알고는 있지만 말이다. 이미 환갑은 됐어도 아직 이십 년은 더 살 것 같은데, 이렇게 살다가 그냥 뒈져버리는 건 너무 억울하다.

그런데, 그렇다면 어찌해야 하는가? 나는 여전히 찌질하고, 겁쟁이며, 루저일 뿐이거늘…. 이런 한심한 한탄의 와중에 '말씀'이 찾아오셨다!
'네가 가장 알고 싶은 것은 네가 가장 보고 싶지 않은 곳에 있다.'[71]

이젠 버섯 요법도 그만두었는데, 내면의 메신저께서는 말씀을 보내주신다! 그런데 내가 가장 보고 싶지 않은 곳이 어디란 말인가?

그건, 이제야 비로소 거울에 비춰볼 수 있게 된 나 자신의 모습이었다. 나 자신을 있는 그대로 볼 수 있게 된 것이다. 나는 루저인 나를 보고 싶지 않았다. 그러나 이제 루저인 나를 똑똑히 바라보고 있다. 그러니까 내가 똑바로 보게 된 형편없는 나 안에 내가 가장 알고 싶은 것이 숨겨져 있다는 것일까? 아직 나를 비춘 거울이 흐릿하여 또렷이 보이지는 않는다.

> 내가 어렸을 때는 어린이의 말을 하고 어린이의 생각을 하고 어린이의 판단을 했습니다. 그러나 어른이 되어서는 어렸을 때의 것들을 버렸습니다. 우리가 지금은 거울에 비추어보듯이 희미하게 보지만 그때 가서는 얼굴을 맞대고 볼 것입니다. 지금은 내가 불완전하게 알 뿐이지만 그때 가서는 하느님께서 나를 아시듯이 나도 완전하게 알게 될 것입니다.

---

71   실은 이 말씀은 칼 융의 콤플렉스 이론의 기본 지침.

― 신약성서, 고린도 전서 13장 중.

나는 기독교인도 아니지만, 바이블에는 도움이 되는 말들이 많다. 아무튼, 그나마 지천명 지나며 내가 눈곱만치라도 나아진 게 하나 있으니, 그건 나 자신이 루저였다는 것을 자각했다는 사실이다. 세상 모든 이가 다 흠결이 있겠지만, 나는 이제야 내 흠결을 똑바로 보게 되었다. 내 인생의 한심함의 주된 원인이 내 안에 있었음을 인정하게 되었다. 그래서 남 탓일랑 이제 그만하고, 내 안의 한심함으로부터 벗어날, 아니 그 한심함을 뛰어넘을 힘을 나 자신에서 찾기 시작해본다.

아, 참, <육백만불의 사나이> 얘기를 하다가 여기까지 왔네, 애초에 사춘기의 내 애인 소머즈 얘기를 하려던 것이었는데…. 어렵고 심란한 자아 성찰은 잠시 뒤로 미루고, 제이미 소머즈 양! 나는 그녀를 흑백 텔레비전 화면에서 처음 본 그날, 첫눈에 반해버렸다. 그 이후로 중학생 시절 내내 그녀는 내 마음속 애인이었다.

실로 나는 당시에 상사병에 걸렸다. 텔레비전에서 별로 볼 게 없던 어느 날 무심코 MBC 11번 채널에서 <특수공작원 소머즈> 한 편을 시청하게 되었고,[72] 이른바 첫눈에 반해버리는 현상이 발생한 것이다. 그녀의 어떤 점에 그렇게 반했던 걸까? 물론 소머즈 역을 맡은 배우 린지 와그너는 눈에 띄는 미인이고, 아름다운 여인에게 남자가 반하는 것은 전혀 의아해할 일이 아니라고 사람들은 여기는 것 같다. 그러나 텔레비전만 틀면 세상의 수많은 미녀가 쏟아져 나오건만, 남자 시청자라고 그들 모두에게 반해버리는 것은 아니잖은가. 소머즈의 외형적인 미모 이외에 다른 뭔가가 나를 사로잡았을 터, 돌이켜보면 아마도 그것은 극 중의 그녀의 성격이었던 것 같다. 소머즈는 쾌활하면서도 살짝 냉소적인 유머 감각을 지녔으며, 자발적 주도성이 있으면서도 여유로운 태도 속에 기품과 우아함이 배어있는 여인으로, 이는 나의 이상적인 여성상 그 자체였다. 이러한 소머즈의 성격을 완벽하게 담아낸 목소리의 주인공은 더빙 성우인 주희였는데, 이 탁월한 성우의 목소리 연기는 여유와 자애로움이 공존하는 소머즈의 여성적 매력을 충실하게 전달해줬다.

---

72 원제는 <The Bionic Woman>으로 미국에서 1976년에 처음 방영했으며 <The Six Million Dollar Man>의 성공 덕분에 출범한 파생 프로그램임.

[그림26-2. 소머즈]
다음의 유튜브 동영상 화면 캡쳐
https://www.youtube.com/watch?v=4Wd6luVya4M

한데 전술했듯이 소머즈는 <육백만불의 사나이>인 스티브 오스틴과 사전 관계가 있었다. 극 중 설정에 의하면, 프로 테니스 선수인 제이미 소머즈는 오스틴 대령의 연인인데, 불운하게도 스카이다이빙 사고로 중태에 빠지고, 이에 오스틴의 강력한 요청으로 OSI가 소머즈 역시 생체공학적으로 개조하게 된다는 것. 오스틴과 마찬가지로 소머즈도 팔 하나와 양다리에 초능력을 갖추고, 감각기관으로는 시력 대신에 청력이 엄청나게 증폭되어 원거리에서 발생한 소리를 파악할 수 있다. 다만 소머즈는 생체공학적 신체 적응의 문제로 생사를 오가다가 결국엔 과거의 기억을 상실하고 특수공작원으로 재탄생하게 되어 오스틴과의 연인 관계는 끝나버린다.[73]

돌싱(돌아온 싱글)이 되어 홀로 쓸쓸히 지내고 있을 소머즈에 대한 그리움으로 하루하루, 심각한 상사병 증세를 이어가며 매주 <소머즈>를 방영하는 날만을 손꼽아 기다리게 된 나는 요즘의 용어를 빌자면 이른바 소머즈 '덕질'에 돌입했다고 할 수 있다.[74] 용돈을 모아 문방구에 가서 소머즈의

---

[73] 정식 TV 시리즈에서 두 사람의 관계는 이렇게 끝났으나 1987년에 TV 단편영화로 제작한 <The Return of the Six Million Dollar Man and the Bionic Woman (돌아온 육백만불의 사나이와 소머즈)>에서 중년을 넘긴 두 초인간이 재회하여 연인 관계를 복원하게 된다. 사족이지만, 이 추억 소환 단편에서는 오스틴의 아들이 대를 이어 바이오닉 용사로 등장하는데, 아들 역시 오스틴과 소머즈와 똑같이 비행 관련 사고로 중태에 빠져 생체공학적으로 사지를 개조했다는 설정인 바, 한 가족 구성원들이 3회 연속 비행 사고로 사지 교체가 필요한 치명상을 입었다는 사연은 확률적으로는 불가능에 가까운 초자연적 저주의 대물림으로 보인다. 아니면 OSI의 음모였든지.

[74] '덕질'이란 일본에서 홀로 집에 틀어박혀서 아니메 시리즈와 같은 협소한 한 분야에 지독하게 몰입하는 개인을 '오타쿠(オタク)'라고 부른 데서 유래한 용어로, 우리나라에서는 '오덕후' '덕후' 등의 변형을 거쳤다고 한다. 파생 개념인 '덕업일치'는 '덕질'만으로 밥벌이를 해결하는 이상적 상태를 의미한다.

사진을 죄다 사 모아서 책상 서랍에 고이 보관해두고 학교에서 돌아오면 꺼내서 보다가, 잠자리에 들 때면 언젠가 미국에 가서 소머즈 역의 배우 린지와 그녀를 꼭 만나고 말겠다고 다짐하기도 했다. 나의 사춘기는 그렇게 덧없이 흘러가고 있었다. 아름다운 소머즈와 정의로운 오스틴과 같은 영웅들이 지키는 나라 미국에 대한 동경심마저 싹텄다. 세계 최강국이라는 그 나라는 까까머리 중학생들이 하루가 멀다고 선생들에게 얻어터지고 옥외 재래식 변소의 벽에다 지저분한 낙서 도배나 해대며 스트레스를 푸는 내 나라와는 차원이 다른 낙원이고 선진국인 것만 같았다. 그 때문인지 영어 공부에는 관심이 생겨 성적이 좀 오르긴 했다.[75]

군부독재 시절의 억압적인 중학교 환경 속에서 선생들의 폭력과 학업 부담으로 스트레스를 받으며, 주먹을 휘두르는 선생님들을 본받아 툭하면 서로 주먹질과 욕설을 하면서 버티던 사춘기 소년들은 제각기 자신의 내면에서는 공히 육체적, 심리적 성장통을 앓고 있었을 게다. 이 와중에 나는 소머즈에게 연정을 바치는 정신적 덕질 노동을 통하여 무미건조하고 갑갑한 현실로부터 도망갈 구멍을 찾고 있었다. 그러나 나의 소머즈 순애보는 중학교를 마칠 무렵까지만 지속되었을 뿐이다. 아직 자그마한 중학생이었던 나의 마음은 꿈에서도 보고 싶을 만치 이 미국 여인을 그리워했지만, 차츰 육체적으로 성체로 발육하면서 나의 몸은 또 다른 미국 여인에 대한 열정을 품기 시작했다. 그리고 이 열정, 아니 욕정은 중학생과 고등학생 시절을 넘어서 성인이 되어서까지도 내 몸에서 떨어져 나가지 않았다.

그녀는 소머즈와는 매우 다른 슈퍼히어로였다. 미국 정부를 도와 악의 무리와 싸우는 초인적 힘을 가진 정의의 사도라는 점만 같을 뿐, 세련되고 우아한 소머즈와 달리, 그녀는 원색적이고도 자극적이었다. 순애보의 대상 소머즈와 달리 그녀는 노골적인 욕정의 대상이 되어버렸다. 그녀는 원더우먼이다.[76]

---

75 실제로 외국어 학습 전문가들은 해당 언어를 쓰는 사회와 동질감을 느끼거나, 그 사회를 동경하거나, 아니면 무슨 이유에서건 그 사회 안에 들어가 보고 싶은 욕망을 느끼는 이른바 '문화소속 욕구'가 외국어 습득의 강력한 동기가 된다고 말한다. 이는 오늘날 수많은 세계인이 한국의 드라마와 노래를 사랑하게 된 나머지, 자발적으로 한국어 학습에 빠져드는 것을 봐도 알 수 있다.

76 <Wonder Woman>은 DC 코믹스의 만화를 차용하여 미국에서 1975년부터 방영한 TV 시리즈로, 우리나라에서는 1977년에 TBC에서 처음 방영하였다.

27 원더우먼의 섹시한 위기

> 가장 흔한 아니마의 표현은 색정적 환상의 형태를 취한다.
> 아니마는 남성들의 색정적 환상에서 원색적이고 유치한 형태로 나타나고, 많은 남자는 춘화의 형태를 통해서 그것에 빠진다.
>
> — 마리 루이제 폰 프란츠 in 카를 구스타프 융 편, 이부영 외 옮김 (2008).
> **인간과 무의식의 상징**. 집문당, 185, 187.

고등학생 시절, 동급생들과 지난 주말에 본 TV프로에 대해 잡담하던 중, 옆자리 녀석이 대뜸 이랬다.

"우와! 난 <원더우먼>만 보면 이해가 안 간다니까. 멍청한 악당 새끼들은 그 끝내주는 미녀를 마취약으로 기절시켜놓고는 그냥, 손끝 하나 안 대고, 우쒸, 그냥 아무 짓도 안 해! 우와! 그 풍만한 젖가슴! 거대한 히프!"

그 옆의 자식이 키득거리며 대꾸했다.

"에이 그 새끼... 그럼 그 악당들이 어쨌으면 좋았겠냐?"

나도 씩 웃으며 듣고는 있었지만, 부끄러운 상상으로 내 가슴은 콩닥거리고 있었다. 떠들던 그 녀석이 숨겨뒀던 내 욕망을 고스란히 드러내 줬기 때문이었다. 소심하고 찌질한 루저인 나는 솔직한 그 동급생 녀석처럼 자신의 욕망을 당당하게 드러내지 못하고, 속에다 숨겨놓기만 했다. 그러면서 숨기는 것 자체도 부끄러워했다. 마치 <슈렉 2>에서 여성의 끈 팬티를 몰래 입고 있다가 들켜서 부끄러워하던 변태, 내향 거짓말쟁이 피노키오처럼. 다른 남자들 내면에서도 다 나와 같은 욕망이 생성된다는 것을 짐작은 하면서도, 나만 변태 같은 더러운 욕망을 품고 또 그걸 숨기고 사는 것 같은 부끄러움을 떨치지 못하였다.

하지만 실은, 나는 변태가 아니다! 나는 굉장히 이상한 성적 욕구도 없고,

그냥 '쭉쭉빵빵'한 미녀를 보면 안고 싶다는 성욕이 일어나기도 했던, 그저 '자연스러운' 남성이다. 그러므로 원더우먼에 대하여 나와 같은 욕망을 느끼는 일이 변태적인 것이 아니라 일반적인 현상이라고 주장하기 위하여, 특히 이런 종류의 언설에 대해 극도의 반감을 보이는 여성들에게 객관적인 자료를 제시하려 한다. 예를 들어, 인터넷의 대중백과사전 나무위키에서는 1970년대 TV의 <원더우먼> 시리즈에 대하여 다음과 같이 평한다.

> 원더우먼의 액션은 대부분 달려드는 적을 잡아 던져버리는 것뿐이고 남자 악당들은 원더우먼에게 주먹이나 발차기를 날리는 게 아니라 원더우먼을 끌어안는 식으로 싸운다…
> 시리즈의 인기 자체가 본질적으로 만화책 같은 쌈마이와 린다 카터의 색기(…)에만 의존하다 보니 시리즈 내내 액션에 에로가 가미되기도 하였다. 특히 잊을만하면 원더우먼이 잠입에 실패하면서 마취당하고 포박당한다던가, 악역이 힘이 센 경우 거의 안기면서 휘둘러진다든가, 클로즈업이 남발된다든가 하는 연출이 심심찮게 나온다. 이러한 에로틱한 액션이 워낙 많다 보니 유튜브에서는 원더우먼이 험하게 굴려지는 장면들만 모아놓은 영상들도 많다.[77]

어쩌면 한 번도 <원더우먼>을 TV나 영화로 시청해본 적이 없는 이도 있을 수 있어 간략히 소개하자면, 원래 미국의 DC 코믹스의 만화였던 <원더우먼>은 신화 상의 여인왕국의 공주인 다이애나 프린스가 우여곡절 끝에 인간세계로 나와 자신의 초인간적 힘을 활용하여 인류의 적들과 맞서 싸우는 활약상을 그리고 있고, 1970년대에는 미스월드 출신의 팔등신 미녀 린다 카터를 주연으로 내세운 TV 시리즈로 제작되어 선풍적인 인기를 끌었다. 당시 한국의 기준으로 볼 때 노출이 꽤 심한 의상으로 '글래머' 몸매를 과시한 아름다운 여성 히로인을 안방 텔레비전으로 알현할 수 있다는 것만으로도 가슴 벅찬 경험이었는데, 그 미녀가 고맙게도 악당과의 싸움에서 툭하면 아슬아슬한 위기에 빠지며 섹시한 상황을 연출하는 것 아닌가! 중학생인 나에게는 그 장면 하나하나가 충격적으로 뇌리에 각인이 되었다고 할 수 있다. 나와 비슷한

---

77 나무위키 '원더우먼(TV 시리즈)' 중에서: https://namu.wiki/w/원더우먼(TV%20시리즈) (2022.2.14. 인용)

연배의 한 시인이 그러한 감동을 시로 표현해주었다.

원더우먼과 악당들

손목을 비틀어 총알을 튕겨내던 한 여자가 있었다 악당들은 그 여자의
뽕브라만 뚫어져라 노렸다 여자가 그리는 반원은 얼굴에서 배꼽까지인데,
악당들의 과녁은 늘 그 반원을 벗어나지 못했다 총알이 사방팔방으로
튀었다 헛심 쓴 악당들의 어이없는 표정이 늘 클로즈업되곤 했다 [중략]

얇은 비닐 끈이었는데도 그녀의 올가미에 걸리면 악당들은 술술 고백을
해댔다 그녀도 그랬다 파라다이스 섬을 떠나서도 힘을 유지하기 위해
그녀는 벨트를 차고 있어야 했다 벨트가 풀리면 그녀는 빈혈에 걸린
여자처럼 입을 벌리고 눈을 감은 채 침대거나 풀밭이거나 가리지 않고,
풀썩, 쓰러졌다

그녀가 타고 다니던 비행기는 크리스탈이었다 속이 다 비쳐 보였다
그녀가 성조기 천조각으로 만들어 입은 속옷이 그랬듯이, 빙글빙글
돌면서 겉옷을 벗어 던진 후에 남은 유니폼이 그랬듯이, ─TV를 지켜보던
우리의 안광이 지배를 철하던 시절의 얘기다[78]

까놓고 말해서 원더우먼은 거의 반라의 모습 아닌가. '옷을 벗은 여자는
무장한 여자다.'라는, 작고한 기호학자 움베르토 에코의 말이 떠오른다.
그렇다, 시인의 회고처럼, 이건 나의 불꽃 튀는 안광(眼光)이 TV 스크린을
관통하던 시절의 얘기다. 이제는 이런 것에 부끄러워하지 않을 수 있는 나이가
되었지만, 그렇지만 하나만 더, 원더우먼의 '색기'에 천착한 예리한 대중문화
비평가의 분석을 끌어다 게시하련다.[79]

---

78 권혁웅 (2005). **마징가 계보학**. 창비, 76-77.
79 'Djuna의 영화낙서판': http://www.djuna.kr/movies/ww/index.html
    (2022.2.14. 인용)

<1시즌, 2화: Wonder Woman Meets Baroness Paula Von Gunther>
이 에피소드에서 원더우먼은 1시즌에 끝도 없이 반복되는 전형적인 위기 상황을 맞습니다. 화학물질에 중독되어 기절하는 것이죠. 그러면 예의 바른 악당들은 원더우먼의 의식 잃은 몸을 곱게 챙겨 사슬이나 로프로 예쁘게 묶어놓습니다. 머리도 빗겨주는 게 분명해요. 기절한 원더우먼의 머리가 엉망인 건 본 적이 없으니 말이죠.

<1시즌, 12화: Formula 407>
원더우먼은 마치 기다리기라도 했던 것처럼 힘을 쭉 빼고 스파이의 품에 몸을 맡긴 채 얼굴을 덮은 손수건에 적셔져 있는 클로로포름을 들이마십니다. 이런 억지 설정과 드문 횟수에도 불구하고 [원더우먼]에 클로로포름이 매번 등장했을 것 같은 기분이 드는 건 그만큼 이 설정이 시청자들을 강렬하게 매료시켰기 때문일 겁니다. 아마 그런 '잦은' 설정에 대해 불평하는 시청자들도 알고 보면 은근히 그런 변태스러운 설정을 즐기는 것인지도 모르죠.

<1시즌, 3화: Fausta, the Nazi Wonder Woman>
이 에피소드가 인기 있는 가장 큰 이유는 원더우먼이 겪는 위기의 강도가 굉장히 높기 때문입니다. 여기서 원더우먼이 겪는 위기가 어떤 순서대로 진행되는지 한 번 읊어볼까요? 원더우먼은 함정에 빠지고 약물에 중독되고 자기 올가미에 묶이고 나치 스파이의 명령에 굴복하다가 결국 기절합니다. 그 뒤 다시 결박되어 독일로 납치되고 다시 한번 올가미의 명령에 복종하다가 결국 변태 나치 아저씨의 고문대에 묶이지요. 이 문장들만 읽어보면 거의 SM 포르노의 줄거리를 요약한 것 같지 않습니까?[80]

실제로 이 모든 과정은 처음부터 끝까지 에로틱한 함의를 품고 있었습니다. 많은 시청자는 나치 스파이의 품 안에서 신음하며 서서히 정신을 잃어가거나, 자신의 올가미에 묶인 채 꼼짝 못 하는 원더우먼의 모습을 무척 섹시하다고 여겼습니다. [중략]

---

80 'SM'이란 sadism(가학) masochism(피학)의 약자로, 섹스 파트너와 결박이나 신체적 고통을 통한 쾌감을 추구하는 '변태적' 성행위를 지칭함.

재미있는 건 클로로포름, 사슬, 밧줄, 고문대, 함정, 나치 군복들로 구성된 이 SM 쇼가 1970년대 페미니스트 모험극이라고 할 수 있는 원래의 이야기와 어떤 저항도 없이 자연스럽게 연결되어 있다는 것입니다.

<1시즌, 7화: Wonder Woman vs Gargantua!>
가르강추아의 설정은 '음탕'하기도 합니다. 네, 전 또 이 표현을 쓰고 있습니다. 1시즌 끝나기 전에 몇 번 더 써야 할걸요. 가르강추아[고릴라]와 원더우먼의 대결은 느낌표를 붙일 만큼 극적인 몸싸움이 아닙니다. 원더우먼은 싸우지 않고, 가르강추아는 그런 무방비의 원더우먼을 주로 앞이나 뒤에서 얼싸안죠. 많은 남자 시청자들은 가르강추아를 사악한 악당이나 고통받는 동물보다는 그냥 '운 좋은 놈'으로 봤을 가능성이 큽니다.
[중략]
전체적으로 이 에피소드는 동물 학대 방지 메시지에 감상적으로 매달리느라 액션과 오락의 의무를 충분히 다하지 못한 것 같습니다. 물론 고릴라 옷을 입은 덩치 큰 남자가 원더우먼을 휘어 감고 있는 광경을 보는 것으로 만족하는 시청자들은 별 불만이 없겠지만요.

<2시즌, 22화: The Murderous Missile>
이 2시즌 마지막 에피소드가 유명한 건 원더우먼이 상당히 심하게 당하기 때문입니다. 그렇다고 절대적인 위기에 빠진다는 건 아니에요. 그 위기가 야하고 모욕적이기 때문이죠. 원더우먼은 여기서 마취 가스를 맡고 기절할 뿐만 아니라 의식을 잃은 상태로 작은 유치장으로 옮겨져 팔다리를 쫙 벌린 채 쇠사슬로 결박됩니다. 2시즌에서 이처럼 본디지/마취/감금 페티시가 노골적으로 표출된 적은 없었죠.

자신을 드러내지 않고 필명으로 인터넷에서 활약하는 이 해박하고 예리한 비평가가 남성인지, 여성인지 나는 알지 못한다. 세간의 추측은 여성일 것임에 무게를 실어주고 있던데, 어찌 됐든 이 비평가는 40여 년 전에 중학생이었던 남자가 단 한 차례 시청하고 영혼에 새겨버린 그 충격적인 장면들을 조목조목

구체적으로 짚어주며 아픈 성장기의 추억을 효과적으로 되살려주고 있다. 그렇다, 나는 아팠다. 이것은 장성한 남정네들이 텔레비전으로 미스코리아 수영복 세션 시청 시, 침 질질 흘리며 발동시키는 '성적 대상화'와는 다르다. 후자는 쾌락이요, 전자는 고통이었다. '건강한' 남자가 서양 미녀의 육감적이고 뇌쇄적인 반나체를 감상하는 것이 왜 고통이냐고? 성적 대상화의 조야한 비유로 설명해보자. 우리에 갇힌 굶주린 맹수의 창살 너머로 먹음직한 고기를 들이밀고, 먹지는 못하게 해보라. 그 짐승에게 그것은 잔인한 고문이다!

열여섯 살, 남자의 평생에서 가장 굶주린 시절, 몸은 이미 성체에 근접하여 생식 기능도 완성되었고, 내부에서는 항시 번식에 필요한 양질의 진국 체액이 끊임없이 과잉 생산되고 있으며, 그것을 체외로 배출시키는 작업을 일정 기간 지체하면 의식과 마음이 음란 마귀에 빙의되어 핏발 선 눈으로 '참지마요'를 되뇌며[81] 성적 대상화의 대상을 찾아 굶주린 맹수처럼 몸부림쳐야 하는 저주받은 성장통의 시기. 그때 실로 나는 아팠다. 너무도 해보고 싶어 미칠 것만 같았다. 욕정에 몸부림치고 있는 이 짐승이 나란 말인가, '착하고 올바르게' 세상 사람들을 구하고 도와주는 용사가 되고 싶었던 그 녀석이 바로 이 짐승이란 말인가! 몸은 끝을 가늠할 수 없을 성욕으로 고통받고, 마음은 좌절감과 낮은 자존감으로 신음했다.

소머즈를 보고는 달콤한 연애 감정에 빠졌었다. 원더우먼을 보고는 성욕이 분출했다. 두 여성 히어로는 머리카락의 색깔은 다르지만 공히 서양 미녀들인데 왜 나의 그녀들에 대한 마음과 몸의 반응은 이렇게 판이했던 걸까? 단지 소머즈는 청순 미인형으로 가슴이 빈약한 데 비해 원더우먼은 가슴이 풍만한 육체파였기 때문에? 술이 거나해져서 이런 개소리를 지껄이자 나의 정신을 즐게 해부하는 수헌이 또 자상하게 일러줬다.

"정신분석학에 '성녀-창녀 콤플렉스'란 게 있는데, 프로이트가 정신병 환자 남성에 대해서 한 이런 말이 그 유래인 것 같아. '여성과 사랑에 빠지게 되면 성욕이 사라져버리고, 여성에게 성욕을 품으면 사랑을 할 수가 없게 된다.'라고. 이건 보통의 정상적인 나 같은 남자들의 얘기가 아니라, 너나 호섭이 같은 변태들에게 적용되는 말이지. 소머즈와 사랑에 빠지니 소머즈에게는 성욕이 안 생기고, 원더우먼의 쭉빵 몸매를 보고 꼴려버리고

---

81 24장 184쪽 내용 참고.

나니 원더우먼은 사랑할 수가 없고. 흐흐흐, 변태지, 뭐. 아, 미안, 미안, 물론 너는 나의 '변태'라는 표현이 '심리적으로 복잡한 작용이다.'라는 의미를 전하려는 의도에서 사용된다는 걸 잘 알고 있을 테지만. 왜 어떤 남자는 여성을 상대할 때 성스러움에 대한 추앙과 매춘부에 대한 경멸의 감정이라는 극과 극으로 상반된 심리 반응을 나타내는가에 대하여, 대상관계 심리학에서는 영유아기 오이디푸스기에 엄마에게 육체적인 친밀감을 맛보는 것이 좌절당한 남성들의 무의식적 공격성과 관련돼있다고 보더군."

도무지 알아들을 수 없는 골치 아픈 이야기를 술에 취한 상태에서 듣고 접수하는 것은 불가능한 일, 다음 날 수헌에게 카톡을 보내서 제대로 설명해보라고 요구하여 다음과 같은 매우 복잡한 설명을 받아냈다. 즉, 수헌에 따르면, '마돈나(聖母)/매춘부 해리 현상'이라고도 불리는 이 심리 상태는 젖먹이 시절에 남자애가 차갑게 거절하는 엄마에 대해 증오와 복수심을 품으며 생성되는 것으로, 애정을 갈구하는 자신을 애태우던 엄마에 대한 좌절감이 공격성으로 변형되어, 성인이 돼서도 엄마의 대체 현현(顯現)인 사랑하는 여성을 만났을 때 그녀에게 이 공격성이 무의식적으로 투사되고, 따라서 그녀에 대하여 자신이 성적으로 흥분하는 능력을 자기 무의식에 숨어있던 공격성이 파괴해버린다는 것이다. 일종의 유예된 엄마에 대한 복수. 이런 남성은 사랑을 느끼지 않는 여성들에 대해서는 순전한 육욕의 대상으로 대하기도 한다는 것이다.

물론 '무의식적'이라는 게 내가 도통 의식하거나 간파할 수 없는 깊숙한 심리작용이므로 이러한 심층 심리학적 설명에 내가 쉽게 수긍할 수 있게 되지는 않는다는 것을 알고 있다. 그러나 나의 어머니가 산후 우울증 탓에 나를 홀대하신 것에 대해 입수한 정보가 있기에, 아마도 내 안에서 어머니에 대한 앙심 형성과 같은 심리작용이 발생했을 수도 있겠다는 추측이 든다. 무엇보다, 소머즈와 원더우먼에 대한 양극단의 태도는 그 뒤의 성인기에도 재발했으니.... 20대 때 내가 홀딱 반했던 여자가 있었는데, 손도 잡고 키스도 했지만, 왠지 진도를 나가지를 못했고, 남자답게 강하게 이끌지 못해서인지 결국 차이고 말았다. 내 마누라도 사랑해서 결혼했건만, 이상하게 마누라에게는 성욕이 일어나지를 않아서 젊을 때부터 의무방어전만 이따금 처왔다. 프로이트

말대로 사랑하게 되면 성욕이 사라져버리는 고약한 경우가 아닌가 하는 의심이 든다. 워낙 독설가인데 술 마시면 증세가 더 심해지는 수헌은 이런 말도 했다.

"요새 애들이 '베이글녀'라는 말을 쓰는데, 이게 '베이비'와 '글래머'를 합친 거래. 얼핏 들으면 소아성애 변태 새끼들의 용어 같기도 하지만, 호의적으로 해석하자면 베이비처럼 사랑스러워서 애지중지 위해주고 싶게 만들면서도 섹시한 글래머 몸매로 남자를 흥분시키는 양면성을 다 갖춘 여성상을 이상적으로 여기는 태도가 엿보이는 용어 아닐까? 그러니까 베이글녀를 밝히는 녀석은 여성을 소중히 위하면서도 성적으로 매력을 느끼는, 즉 통합된 감정을 형성한 성숙한 남성 아니겠냐, 이 말이지, 너처럼 변태적 양극단의 감정 사이의 해리에 빠져 시달리는 놈과 달리, 크크크."

그래, 그간 주워들은 심리학적 관점으로 보자면, 아마도 유아기에 충족되지 못한 엄마에 대한 욕구가 원더우먼에게 투영됐을 것 같다. TV 속 원더우먼 역할을 맡았던 여배우 린다 카터는 미스 유니버스 출신의 미모에 길고 늘씬한 팔, 다리와 더불어 풍만한 가슴에 개미허리와 거대한 엉덩이가 강렬한 조화를 이룬, 비현실적인 외양의 소유자였다. 그녀의 몸의 형태가 사춘기의 내 각막에 진하게 새겨졌었다. 유아기에 충분히 사랑해보도록 허락받지 못했던 엄마의 무의식적 대체물이 되기에 충분한 이상적 외양이다.

[그림27-1. 원더우먼]

27. 원더우먼의 섹시한 위기

The Hollywood Reporter 2014.12.11. Wonder Woman Pilot Still - H 2014.
(https://www.hollywoodreporter.com/tv/tv-news/
throwback-thursday-1975-wonder-woman-754185/)

　나처럼 유아기에 충족되지 못한 엄마에 대한 애정욕구를 무의식에 억압해두었던 세상의 소년들은 그 욕구를 원더우먼에게 투사했었는지도 모른다. 물론, 이것이 엄마의 애정에 대한 굶주림과 관련 있다는 것을 내가 의식해본 적이 없다. 프로이트의 케케묵은 오이디푸스 콤플렉스 이론을 좋아한 적이 없지만, 좋아하지 않은 것 또한 나의 무의식적 저항에 불과한 건지, 알 도리가 없다.

　소년들이 자신의 의지로써 의식적으로 원더우먼을 유아적 엄마의 상(像)을 대체할 존재로 봤다는 것이 아니다. 소년들은, 아니, 인간은 자신이 의식도 하지 못하는 마음의 활동을 경험하며 산다고 말하려는 것이다. 나 자신도 알지 못하는 상태에서 발동시키는 행위와 그것이 동반하는 감정의 의미에 대하여 겸허한 자세로 성찰할 필요가 있다고 생각한다. 그래야 아직껏 몰랐던 나를 알 수 있으므로. 몰랐던 나를 알아가는 것이 곧 찌질함과 루저됨을 극복하여 나만의 부활 꽃을 피울 수 있을 유일한 승산이 있는 길이라고 믿으므로.

　한 걸음 더 나아가, 수헌이 녀석이 '심화 학습'이라며 들려준 융 심리학적 해석이 내게는 매우 호소력 있게 들린다. 즉, 린다 카터의 원더우먼은 '색정적 환상'의 형태를 취하는데, 이는 흔한 아니마의 표현이라는 것이다. <아톰>에 나온 종잡을 수 없는 외계의 여인 스칼라를 거론하며 설명했던, 남성 무의식 속에 잠재된 여성성을 말하는 그 아니마 말이다. 또는 남성으로서 억압하고 홀대한 감정이나 성향이 콤플렉스가 된, 즉 마치 자율적 인격을 가진 감정 덩어리처럼 되어버린 그 상태를 일컫는 그 아니마 말이다. 내 안의 이 아니마가 원더우먼에게 강렬하게 투사됐다는 것이다. 아니마는 원색적이고 유치한 형태로 나타난다는데, 원더우먼의 복장이 바로 그러하다. 반짝반짝 별들이 파란 하늘에 수 놓인 팬티 위의 울긋불긋한 뽕 브라…. 앞의 평론가가 '음탕'하다고 소개한 섹시한 위기의 장면들에서 원더우먼의 자태와 표정은 춘화의 표현에 근접하고, 이를 소화한 소년 시청자는 뇌리에 적극적인 춘화의, 즉 포르노적인 상상을 구성해낸다. 수헌은 좀 더 어려운 이야기도 했다.

"남자의 무의식 속의 아니마는 단순히 억압된 여성성에 그치는 게 아니라, 인간의 심원한 의식의 근원인 집단 무의식으로 이어지는 매개 역할이기도 한데, 분석심리학에서는 '영적인 메신저'처럼 간주하기도 하고. 아니마에 대해서 이런 경지까지 깨치게 되는 건 중 장년기 이후에나 가능한 일이고 십 대 청소년기에는 아주 유치한 수준의 아니마에 그야말로 사로잡혀서, 색정적 환상 속의 여성상을 섹시한 여배우에게 투사하며 광분했던 것이지."

청소년기의 원더우먼 집착에 대한 수헌의 심층 심리학적 해설을 잠자코 듣고만 있던 호섭이 고개를 끄덕이며 비평에 합류했다.

"성호야, 원더우먼 춘화에 빠져서 오랜 세월 허덕인 게 너만이 아니란다. 수헌이 같은 고자 변태와 달리 정상적이고 건강한 너와 나는 성장기에 '쉑시'한 여인의 몸을 보고 매우 열정적으로 반응했을 뿐이야. 근데 <원더우먼> 만화 창조자에 관한 영화를 얼마 전에 봤거든. 그거 보니까 하버드대 심리학 교수라는 인간이 애초에 변태 심보로 수영복 차림의 여성 히로인을 창조해서 심심하면 밧줄로 묶고 납치하는 아슬아슬한 위기 상황을 만들어서는 지가 품고 있던 SM스러운 욕망을 해소한 거나 다름없더라고."

심리학에 관한 아마추어의 아는 체를 수헌이 가만히 보고만 있을 리 만무하다. 바로 전문가다운 논평을 척 던졌다.

"영화 <마스턴 교수와 원더우먼들>을 봤구나.[82] 그래, 1940년대에 미국의 심리학자 윌리엄 마스턴이 자기 마누라와 또 한 명의 젊은 여제자와 스리섬 관계를 가진 이야기를 그린 영화인데, 이 작자는 전통적인 남녀관계나 결혼제도 같은 것을 뛰어넘는 급진적인 페미니스트였던 것으로 알려졌어. 그런데 웃기게도 마스턴이 마누라의 조언까지 받아 만들어낸 초기 원더우먼 만화에는 원더우먼이 툭하면 쇠줄에 묶여 위기를 당했다가 빠져나오곤 하는데, 이게 여성이 구습의 굴레와 속박을 풀고 해방되는 걸 보여준다고 둘러댔지만 실제로 관객들이 야한 상상을 하게 만든 것도 사실일 거야. 아마도 이런 초기 작품의 연장선상에서 1970년대의 TV 시리즈에서도 툭하면 원더우먼을 기절시키고, 결박하고 그랬겠지. 십 대에 그걸 보고 흥분한 너희들을 그 누가 변태라고 손가락질하겠니?"

---

82 원제 <Professor Marston and the Wonder Women>인 2017년 작 영화로, 우리나라에서는 <원더우먼 스토리>라는 제목으로 상영되었음.

[그림27-2. <원더우먼 스토리>의 한 장면]
다음의 유튜브 동영상 화면 캡쳐
Professor Marston & the Wonder Women Trailer #1 (2017).
Rotten Tomatoes Trailers
(https://www.youtube.com/watch?v=r991pr4Fohk)

호섭이 낄낄거리며 응답했다.

"맞아, 너 빼놓고 아무도 우리를 욕하지 않아. 근데 너희들 그거 모르지? 내가 젊을 때 외국에 나가서 여러 나라를 떠돌아다녔던 것. 흐흐, 그게 다 나의 영적인 순례였는데, 음… 동시에 성적인 순례이기도 했지. 너희 같은 순진무구한 범생이들은 좀 영적으로 개안(開眼)할 필요가 있으니, 내가 귀한 체험담을 들려주지!"

28 원더우먼과 헤어질 결심

> 당신과 당신 편이 성자와 같은 선함을 지녔다고 믿은 나머지 온 세상을 상대로 적들을 색출하려 드는 것보다는, 당신 자신을 적으로 여기는 것이, 즉 당신의 약점과 불충실함이 세상에 해를 끼치고 있다고 여기는 편이 심리적으로 훨씬 적절하고 또 사회적으로 훨씬 덜 위험하다.
> ― 조던 피터슨. Jordan B. Peterson (2021). *Beyond Order – 12 More Rules for Life*. New York: Penguin, 177. (인용문은 한석훈 번역)

    호섭은 내가 아는 전형적인 기독교 목회자가 아니었다. 아무런 종교가 없는 내가 얼핏 보기에는 이 친구가 땡중 같아 보이지만, 깊이 알면 알게 될수록 돈과 권력과 육욕을 거의 초월하여 실로 예수의 사도의 길을 가고 있는 진정한 성직자 같다는 생각이 든다. 어릴 적엔 나와 개구쟁이 짓이나 하던 녀석이 수십 년 만에 만나서도 음탕한 언설을 거리낌 없이 내뱉고 술도 함께 마시는 모습을 보고는 한국 개신교 교단의 타락상을 목도하는 줄 알았으나, 고맙게도 나의 벗은 겉모습만 제멋대로였을 뿐, 굴곡진 인생 여정 끝에 평화로운 도인의 경지에 다가가고 있다는 것을 알 수 있었다. 마치 산전수전 다 겪고 초로에 인격의 완숙함에 다다른 '그리스인 조르바'처럼.[83]
    호섭은 목사님이라 역시 말이 청산유수다.
    "성호의 원더우먼 얘기는 유도 아니야. 중고딩 때 나는 지금 돌이켜보면 거의 섹스 중독자였다 해도 과언이 아니지. 아침에 일어나서 딸딸이 한 번 잡고, 밤에 자기 전에 한 번 더 잡았다니까, 아니면 미칠 것 같았으니까! 중학교 때 한 번은 짝꿍 놈이 자기네 집에서 무슨 영어로 된 홍콩 관광 책자를 가져와서 몰래 보여줬는데, 거기에 나이트클럽에서 누드쇼 하는 서양 여자 댄서들 수십 명이 웃통 벗은 사진이 있는 거야. 나 그거 보고 집에 가서 몸살 났어. 실제로

---

83   <그리스인 조르바>는 그리스의 문호 니코스 카잔차키스의 소설로, 명우 안소니 퀸이 조르바 역을 맡아 영화화되기도 했다. 학식도 지위도 없는 조르바는 굴곡진 인생 행보를 통하여 자기실현의 길로 접어든 인물로 그려졌다.

고열에 들떠서 해열제 먹고 이불 뒤집어쓰고 누워서 정신 몽롱한 상태에서 깨다 자다를 반복했는데, 꿈속에서 그 서양 여자들 유방이 우르르 몰려나왔다, 사라졌다, 그러더라고. 그때 음란 마귀가 신내림을 했던 것 같아.

하여간 몸살이 다 나은 다음에도 눈이 벌게져서 학교에 '빨간책' 가져온 놈 있으면 우르르 몰려가 달라붙어서 헉헉거리며 보고, 그래, 그때 그런 것도 있었지, 집에 배달 오는 신문에 연재 성인 소설이 있었잖아, 거기에 가끔 야한 삽화가 나오면 아버지 몰래 그거 갖다가 읽으며 흥분하고, 정말 중독 사태였어. 심지어는 학교 도서관에서 각자 알아서 독서하는 시간에 <제인 에어>를 집어 들고 이게 뭔가 살펴보다가 목차에 '불타는 침실'이라는 제명이 나오길래 그걸 또 들입다 펼쳐봤더니, 진짜로 침실에 불이 났더구먼, 크크크, 실로 머릿속에 '섹스' '섹스' 생각밖에 없었던 거지.

그렇게 딸딸이로 버틸 때까지 버티다가, 고삐리가 돼서 이러다가는 미쳐버려서 강간범이 되고 말 것 같다는 두려움에 사로잡혔을 때, 드디어 용산역 근처 골목에 가서 돈 주고 총각 딱지를 뗐지. 사복 입은 군발이인 척하면서 토요일 밤에 들어가서 한두 시간 만에 세 번 하고 나왔더니, 음란 마왕 섹스중독 18세 전성기인데도 아랫도리가 후들거리더구먼, 하하하!

이따위로 고딩 시절을 보냈으니 대학입시를 잘 치렀겠어? 고속버스 타고 저 머나먼 남쪽 땅의 대학에 겨우 들어가서도 또 맨날 계집질이나 하고 다녔지. 뭐, 별수 있었겠냐. 그런 내 꼴 보다, 보다 못하신 부친께서 당시에 자비유학이 막 유행하기 시작하니까 다짜고짜 미국 시골 대학으로 유학을 보내버리시더라고. 우리 집이 그땐 꽤 잘 살았거든, 그리고 난 아무 생각이 없었던 터라 그냥 아무 생각 없이 미국에 갔다가, 공부를 못하니 랭귀지스쿨에 짱박혀서 한 2년 헤매고 놀다가, 에라 모르겠다 싶어서 여름방학 때 유럽으로 튀어서는 서너 달 동안 프랑스, 이태리, 스페인 등지로 신나게 싸돌아다녔던 거야. 그땐 아버지가 돈을 안 보내주셔서 노숙도 많이 하며 다녔지. 성병 안 걸린 게 신기해....
아, 그때 파리에서 뒷골목 돌아다니다가 우연히 빨간책 파는 서점에 들러서 원더우먼 만화책을 만났어다. 그 만화 작가가 나중에 알고 보니 국제적으로 꽤 유명한 변태 작가더라고. 아, '변태'가 아니라 '아방가르드'라고 해야 하나? 이 작자가 원더우먼을 포르노 만화로 만든 게 국제적으로 인기를 끌었다더군.[84]

---

84 Eric Stanton's *'Blunder Broad'*: a comix serial.

그때 중딩 때 추억도 떠오르고 해서, 그 만화책 사서 미국에 들고 와서는 그 후로 오랫동안 내 딸딸이 교재로 사용했었지. 그래, 나도 원더우먼에 꽂혔었어. 어쩌겠어? 열댓 살에 섹스 마귀에 빙의돼서 눈이 벌게진 짐승 놈 앞에 헐벗은 육체파 미녀가 악당들 손에 결박당해 픽픽 쓰러지는 미친 내용이 TV에서 버젓이 나오니, 그걸 보고 대체 어쩌라는 거야? 지금 생각해봐도 이건 우리 잘못이 아니야. 그런 TV 프로를 만들고 그걸 보여준 방송국 놈들 잘못이지. 암튼 나도 원더우먼에 꽂혔던 청소년기에서 완전히 벗어나지 못했기 때문에 원더우먼 포르노도 샀던 것이고, 또 미국 비디오 숍에 갔더니 원더우먼 린다 카터의 베드신이 나오는 영화가 다 있더라고! 우와! 그거 보고 눈 돌아가는 줄 알았어. 진짜 그때 1980년대 중반에 그 비디오테이프를 얼마나 많이 빌려다 봤는지! 단백질 많이 축냈지, 크크크.[85]

하여간 20대에 미국에서 막장 인생으로 달려가며 주지육림에 빠져서 뽕도 빨고, 백마, 흑마 가리지 않고 타고, 진짜 미친놈처럼 살았는데, 그러다 한 번은 약 파는 갱단에 연루돼서 죽을 뻔한 적이 있어. 흐흐, 얘기가 좀 기니까 그냥 그렇게만 알아둬, 암튼 그때 죽다 살아나서 정신이 번쩍 든 거야. 때마침 신학 공부하던 선배 형을 만나서 심하게 두 번째 신내림을 겪고, 그러고 나서는 음란 마귀를 떨쳐버리고 인생을 다시 살기로 했어. 살아서 행한 씻김굿이라고나 해야 할까, 크크. 그래서 꽤 열심히 노력해서 신학으로 전공을 바꿔서 학위를 따갖고 한국에 돌아와서 개척교회에서 뺑이치다가 처자식도 생기고 해서 큰 데로 이곳, 저곳 갈아타다 보니 지금처럼 이렇게 월급쟁이 '먹사'로 먹고 살게 된 거지. 이런 얘기 첨 들었지? 나도 너네한테 얘기하는 게 처음이야.

스토리가 좀 너희들이 기대하는 것과는 다른 방향으로 나가게 됐는데, 암튼 내가 두 번째로 갈아탄 데가 좀 잘 나가는 대형 교회였거든, 부목사만 해도 스무 명은 되는. 거기 담임 목사가 미국 대학 선배라 잘 보여서 들어갔는데, 그럭저럭 몇 년 잘 지내던 중에 성가대의 젊은 여자애 한 명이 나를 잘 따랐어, 응, 근데 난 씻김굿으로 음란 마귀랑 결별해서 걔가 꽤 예뻤는데도 손끝 하나 댄 적 없어. 너희들의 기대와는 다르게. 근데 그 애가 하루는 나와 단둘이 만나자더니 고백을 하는 거야. 크크, 그게 그런 고백이 아니라, 자기가 교회의 넘버 투 목사한테 성추행을 당했다는 고백이었어. 날 좋아한다는

---

85 1976년 작 <Bobbie Joe and the Outlaw>로, 린다 카터가 무법자와 일탈을 벌이는 여주인공으로 출연했다.

28. 원더우먼과 헤어질 결심

고백이었으면 음란 마귀 신내림 시즌 2를 했을지도 모르지. 그 애 말로는 그 목사 놈이 자기를 한 번 성추행하고는 모텔도 가자는데 안 가주니까 자기를 성가대뿐 아니라 아예 교회에서 쫓아내 버리려 한다는 거야. 엉터리 소문까지 퍼뜨리면서, 걘 초딩 때부터 그 교회만 다녔다는데 말이지. 그러니까 제 구린 구석 덮으려고 피해자한테 덤터기 씌우는 개조까튼 짓을 했던 거지. 그때 아직 삼십 대였고, 나도 한때 꽤 혈기 왕성했잖아, 아, 지금도 그래? 하하하, 그래서 정의감에 사로잡혀서 그 목사 놈을 잡아 족치겠다고 나섰어, 그놈 성이 구 씨였지.

흐흐흐, 근데 일이 어찌 돌아갔는가 하면, 처음엔 내 말을 듣고 동조하던 교회 내의 부목사들과 집사들, 이런 작자들이 차츰 나와 그 피해자 여자애한테 등을 돌리더니, 가해자 구 목사 그놈이 대놓고 우리를 공격하는 거야. 그때 담임 목사 만나서 열나게 호소도 하고, 젊은 전도사들한테도 사정도 하고, 그랬지만 구 목사 놈이 워낙 그 예배당의 개국공신이다 보니 내가 쨉이 안되더군. 결국엔 내가 다 뒤집어쓰고 그만두고 나왔어. 심지어 여자 신도 중에도 도와주는 자가 없더라고. 안 도와주는 정도가 아니라, 그전까지는 나와 사이가 좋았던 인간들마저 나를 모함하고 쫓아내는 데 가담하더라니까. 흐흐, 그때 내가 쪼금 질렸지, 인간의 참맛을 조금 늦게 본 거지. 근데 가장 결정적인 건, 애초에 나한테 도와달라고 고백했던 그 피해자 애 말이야, 걔가 나중엔 말을 바꾸더라니까, 아무 일 없었다면서 말이야. 그래서 나만 병신 돼서 쫓겨났어. 그 여자애는 성가대에 그대로 남아있었고.

그 큰 데서 쫓겨나고 나니 업계에 소문이 쫙 퍼져서, 어디 갈 데가 없더구먼. 딸내미는 쑥쑥 자라서 학교 갈 나이가 됐는데.... 해서 별수 없이 벌이 되는 것 찾다가 그나마 영어가 좀 되고 외국에 많이 돌아다녀 본 걸 내세워서 여행사 가이드로 취직했고, 사이판, 필리핀에 몇 년 짱박혀 있기도 했어.

너네 <닥터 지바고> 영화 좋아하냐? 그래, 둘 다 좋아할 것 같아, 나도 좋아하는데, 그거 보면 처음에 여주인공 라라를 쫓아다니던 중년 남자가 하나 나오지, 라라의 정부 말이야. 내가 그 영화를 처음 본 게 아마 고등학교 때였을 텐데, 그 콧수염 난 남자를 보면서 그런 생각을 했던 게 기억나. '늙어서 처자식도 있는 유부남 새끼가 저렇게 죽어라고 젊은 여자 쫓아다니고,

지랄이냐, 도저히 이해가 안 간다.'라고…. 야, 나라고 중·고딩 때 음란 중독돼서 포르노만 찾아다닌 건 아니야, 나도 지바고 보고는 깊은 생각에 잠겼었다고! 암튼 그 추한 남자가 기억에 남았는데, 흐흐, 내가 딱 그 나이가 되고서는 같은 꼴이 돼 있는 걸 발견했을 때, 크으, 기분이 아주 그랬었지. 자, 이 대목에서 한잔 들이키고.

이게 뭔 소리냐 하면, 그니까 필리핀에 있을 때, 그때 가족은 서울에 두고 나 혼자 가서 가이드 뛰고 있었는데, 같은 회사에 신입 여자 가이드가 와서 내가 교육을 했거든, 근데 얘가 나를 아주 잘 따르더라고. 음, 그래, 거기서 내가 무너졌어. 사는 것도 힘들고 타국에서 혼자 외롭게 지내는데 젊은 여자애가 잘해주니 헤까닥했지. 그래서 그 애랑 썸 타다가 드디어 분위기 완전히 무르익어서 왕년의 솜씨로 자빠뜨리려고 하는 순간, 아, 제기랄, 직업이란 게 뭔지, 목사 안수받고 순결 서약했다고, 결정적인 순간에 <닥터 지바고>의 그 중년 남자 새끼가 딱 떠오르는 거야! 내가 20년 전에 그렇게 경멸했던 그 새끼하고 똑같은 새끼가 돼 있구나라고 퍼뜩 생각이 난 거야! 그래서 거기서 걔랑 이별하고 짐 싸서 한국으로 기어들어 왔어.

그때 든 생각은, 내가 지바고의 그 인간하고 똑같은 추잡한 놈일 뿐 아니라, 몇 해 전에 대형 교회에서 손가락질하고 싸웠던 성추행범 구 목사 놈과도 실은 다를 게 없다는 자각이었지. 이런 내 주제에 무슨 불의를 바로잡겠다고 그리 설쳤었는지, 한심하기 짝이 없더라고. 제 눈깔에 박힌 대들보는 보지도 못하는 주제에 남의 눈의 티끌 갖고 시비를 걸다니, 누가복음 6장 41절….

해서, 한국 돌아와서 한 일 년쯤 노가다 좀 하며 그럭저럭 살다가, 미국에서 날 인도해줬던 그 선배를 다시 만나서 그 선배의 교회로 들어갔어. 운이 좋았지. 그리고 그 후로는 쭉, 지금까지 이렇게 착하고 점잖은 목사님으로 조용히 살아오고 있지. 흐흐, 난 편하게 잘살고 있어. 마음이 편해. 평화로워. 이제야 세상의 악의 근원을 내 안에서 볼 수 있게 됐거든. 더는 남들 손가락질하거나 비난하는 짓 따위 안 해, 우리 모두 다 불쌍하고 죄 많은 중생이니까. <닥터 지바고>의 그 놈팡이나, 그 구 목사 놈이나, 나나, 모두 다. 명색이 목사지만, 뭐 신도들한테 특별하게 뭘 해주겠다거나 하는 야욕 같은 것 없어. 먹고 살기 힘든 세상, 서로 위로하고 돕고 살아보려는 것뿐이야.

근데 말이야, 내가 목사지만 저 청교도 같고, 바리새인 같은[86] 교회 환자들하고 다른 점이 하나 있지. 그건, 자연스러운 생명의 기운을 하나님께서 주신 것으로 받들어서 그걸 비틀거나 억누르지 말고, 자연스럽게 살아야 진정한 크리스천으로 성장할 수 있다고 확신하는 것이야. 그래서 난 섹스, 성욕, 욕정, 이런 걸 우리가 다 자연스럽게 받아들여야 한다는 당연한 상식을 외친다고. 이런 건 수헌이 쪽의 정신병 치료하는 친구들이 쌍수를 들고 환영할걸. 우리 안에 뻔하게 있는 자연의 힘, 생명의 힘, 성적 욕구를 환대하고 품어줄 때 인간이 정신적으로 건강해지지. 반대로 성욕을 억누르면 진짜 변태가 돼버리잖아, 지금이 뭐 중세도 아니고. 수헌이도 잘 알겠지만 나도 목회하며 그런 불쌍한 환자들 여럿 봤어. 아, 물론 신도들뿐 아니라 목사 중에도 꽤 있었지, 크크크. 근데 이 환자들이 알고 보면 다 불쌍한 인간들이더라고. 어릴 때 자라면서 어른들한테 보살핌을 제대로 받지 못해서 정신적으로 뒤틀려서 변태가 돼버린 친구들도 있어.

아까 원더우먼 포르노 얘기했지만, 그런 걸 계속, 끝없이 만들고 퍼뜨리고 하는 친구들도 있어. 미국 놈 중에는 아예 그쪽을 전문적으로 하는 웹사이트 만들어서 장사하는 놈들도 있는데, 그런 데 가보니까 솔직히 나도 한때 원더우먼 환상에 빠진 적이 있지만, 애들이 병적인 수준이야. 원더우먼을 벗겨놓고 섹스하는 그림이나 동영상을 만들어서 파는 건 그렇다고 쳐. 사춘기 때 머릿속으로 끝없이 상상만 했던 그것을 현실화해보겠다고 지랄할 수도 있으니까. 근데 얘들은 원더우먼이나 슈퍼 걸 같은 여성 히로인에게 그냥 주먹을 휘두르거나 고문하는 영상을 만들어서 팔아먹는 거야. 어쩌다 호기심에 한 번 보고 아주 밥맛 떨어졌는데, 그런 걸 보고 싶어 하는 심리는 대체 뭘까? 그런 게 진짜 변태겠지.

호오, 일본 애들도 그런 거 만든다고? 그런 건 어디서 볼 수 있지? 흐흐, 아니 내가 보고 싶다는 게 아니라, 자라나는 어린 양들에게 길잡이를 해주려면 세상 어디에 나쁜 게 있는지도 알고 있어야지, 당연히. 아하, 너도 교육자로서 똑같은 이유로 일본의 그런 '문화 콘텐츠'를 '조사'해봤다 이 말이구나, 알았어. 흠, 수헌이 말대로 이 변태들 무의식에는 아기 때 엄마한테 품었던 복수심이

---

[86] 거칠게 말해서, '청교도'는 도덕적 순수성에 집착하는 이들을 일컫고, '바리새인'은 율법주의자를 지칭한다.

숨어있는 건지도 모르겠군. 실제로 자기 엄마한테는 복수할 수 없으니 무의식적 엄마 대용인 원더우먼한테 폭력을 행사해서 복수한다는 말이지? 거, 참! 진짜 변태일세. 그럼, 혹시 그런 새끼들이 엄한 여친한테도 주먹질하게 되는 건 아닌가? 오호라, 여혐(女嫌)은 곧 모혐(母嫌)이라? 여자들 혐오하는 새끼들이 무의식적으로는 자기 엄마를 증오한다! 그도 그럴듯하군.

　그걸 보면 확실히 나는 변태가 아니야, 그렇지? 난 우리 엄마를 되게 사랑하잖아, 그래서 그런지 여성들도 다 사랑했고, 여성을 미워해 본 적이 없지. 에이, 이 친구야, 이십 대에 자연스럽게 몇 명의 여성과 교제한 걸 갖고 나를 카사노바 쪽으로 몰아가면 안 되지. 내가 하나님 만나서 다시 태어난 이후로 마누라 이외의 딴 여자한테 손끝 한 번 대본 적이 없다니까! 뭐? 혀끝은 갖다 대지 않았느냐고? 크흐흐흐, 이 자식, 네가 대학교수 맞냐? 더러운 놈. 나는 내 몸뚱어리의 쾌락과는 빠이빠이 했다, 이놈아. 원더우먼도 빠이빠이다!

　재작년인가, 한 번은 서울 시내 어느 커피숍에 들어가다가 어떤 아줌마랑 우연히 마주쳤는데, 얼굴을 보니까 이십 년 전에 그 교회에서 성가대원 했던 그 친구더라고, 성추행당했다고 나한테 도와달랬다가 나중에 입 싹 씻은 걔 말이야. 뭐, 놀랬지만 그냥 아무 말 않고 쓱 지나가려 했더니 이 친구가 내 팔을 잡더구먼. 그러고는 '목사님' 이러더니, 나를 쳐다보다가 갑자기 눈물을 질질 흘리더라고, 아무 말도 못 하면서. 그래서 그냥, '잘 지내?'하고 한 마디만 묻고, 난 내 갈 길을 갔어. 기분이 뭐, 그렇더구먼. 남들이 보면 옛사랑이라도 만난 줄 알았을 거야.

　그래, 그렇게 정말로 우연히 마주쳤는데 그렇게 순식간에 눈물이 쏟아졌다는 거는 그 친구도 예전의 그 일이 마음속에 큰 죄의식으로 남아있었던 게지. 그래서, 뭐, 그냥 그만하면 됐다, 이런 생각이 들더라고. 사는 건 힘든 일이고, 제 마음을 지키기도 어려운 일이지. 늙어서 그런지 이젠 그런 게 다 이해가 가.

　그건 그렇고, 난 이제 진정한 여성애자로서 살고 있단다, 이 친구들아. '여성애자'라는 말은 없다고? 에이, 걍 새겨서 들어. 내가 딸만 하나 있어서 그러는 건 아니지만, 내 생각엔 나의 여성애가 페미니즘하고 다른 게 뭔지 모르겠어. 페미니즘이 원래는 여자와 남자가 동등하고 친하게 서로 위해주자는 얘기 아닌가? 나 진짜 집안일도 열심히 잘해, 빨래, 설거지, 청소. 특히 딸내미한테 손에 물 묻히는 일은 안 시키지. 아, 그게, 애 엄마들 얘기하는 것처럼 시집가면 평생 집안일 할 텐데, 뭐 하러 시집도 가기 전부터 일을 시키냐는, 그런 구닥다리 배려가 아니라, 내가 섹스를 중시하기 때문에 그러는 거거든. 여자의 섬섬옥수는 강력한 무기야! 미모도 그렇지만 비단결 같은 고운 손으로도 남자 거시기를 녹여버릴 수 있거든. 그럼! 여자가 뭐 하러 무식하게 남자와 육체적인 힘으로 대결을 하려고 해, 그건 바보 같은 짓이지. 여성적인 부드러움과 나긋나긋함으로 훨씬 더 강력하게 남자를 휘어잡고 지배할 수 있는데! 내 딸 손을 곱게 유지해줘서 그 고운 손으로 제 남편 것 잘 주물러주고 잘 살기를 바라기 때문에 딸 손에 물 안 묻히려는 거야. 그래서 별수 없이 집안일은 내가 하는 거지. 아, 마님은 이미 수십 년 고생하며 손이 나보다 더 거칠어졌으니 미안해서 더 못 시키는 것이고.

우리가 이 험난한 인생사에서 하나님 잘 섬기며 그나마 평화롭게 살고 싶으면 섹스도 잘하고 살아야지, 또 그러려면 어릴 때부터 성적으로 건강하게 자라나야 하고. 그러니 우리 어렸을 때처럼 열다섯 살 먹어서 툭하면 몽정하는 놈들을 그냥 방치하는 건 어른이 할 짓이 못돼."

미국에 여성 슈퍼히어로에게 주먹을 휘두르는 '변태적' 콘텐츠가 나돈다는 호섭의 얘기를 들었을 때 뜨끔했다. 유년기의 나를 당혹하게 했던 기묘한 감정이 기억났기 때문이다. 열 살 무렵의 나는 만화의 주인공 영웅이 위기에 처해 적들에게 제압되거나 굴복하게 되는 장면을 보면 안타까움과 함께 알 수 없는 쾌감을 맛봤다. 이때 가슴이 두근거렸던 것은, 정의의 용사의 비극을 보는 것을 즐기는 것에 대한 죄책감이 발동했기 때문이리라. 죄의식이 있었기에 이 감정은 드러낼 수 없었고, 의식 밑바닥에 은밀하게 침전돼있었다. 그런데 사춘기를 통과하며 원더우먼이 적들의 공격에 당해서 쓰러지는 상황을 봤을 때는 그 은밀했던 감정이 거대한 활화산처럼 폭발해버렸다. 영웅적인 여신의 위기에 환호하고 있는 자신을 발견하게 된 것이다. 이 감정의 정체는 뭐란 말인가? 실로 수헌의 말처럼 내 안 깊숙한 곳에 엄마에 대한 복수심이 도사리고 있었던 걸까? 영웅은 부모상이 투사된 대상들이었고, 내 마음은 의식적으로는 당연히 그러한 영웅이 승리하기를 바라지만, 그러면서도 동시에 그런 영웅에게 보복하고 싶은 내밀한(죄스러운) 욕구도 품고 있었던 것이 아닐까? 내 감정을 나도 알 수가 없다.

　또한 호섭의 자서전적 인생담도 성직자다운 구도의 진실성을 품고 있기는 하지만, 솔직히 통 종잡을 수 없을 정도로 이랬다, 저랬다, 왔다, 갔다 하며 모순투성이로 들린다. 나로서는 총체적으로 산뜻하게 이해가 되는 것은 아니다. 나의 이러한 평을 들은 수헌이 말했다.

　"우리가 타인을 이해하는 건 불가능에 가까운 것 아닐까?"

　그래, 나도 나 자신을 이해하지 못하는데 어떻게 타인을 이해할 수가 있겠는가?

29 드래곤볼, 기생수와 유예된 성인식

> 인간은 끈에 묶여 있는 개와 같은 의지의 자유를 지니고 있다. 개는 끈의 길이만큼의 반경 안에서는 완전한 의지의 자유를 갖고 있다. 인간을 묶은 끈의 길이를 결정하는 것이 카르마이다. 즉 인간은 그 반경 안에서는 자유인이다.
>
> — 지나 서미나라 Gina Cerminara, *Many Mansions, Edgar Cacey Story on Reincarnation.*

호섭은 성직자가 되며 여성 편력을 접었고, 원더우먼에게 투사했던 오롯이 성적인 여성 이상형에 관한 관심도 거두어버린 것으로 보인다. 이 말은 그가 그 이전까지는 그러하지 않았거나, 또는 그러하지 못했다는 것을 의미한다. 그러니 성직자가 되는 것처럼 극적인 정체성의 변화를 겪지 못하는 대개의 남자는 웬만해서는 자신의 여성에 대한 예속을 극복하지 못한다고 해야 하지 않을까? 이게 새삼 놀라운 일도 아니기는 하다. 젊어서 만난 짝과 평생 서로를 맞춰가며 나름 성공적으로 부부의 연을 마무리함으로써 역설적으로 '여성'에 대한 예속의 차원을 뛰어넘어 여성성과 조화를 이루고 궁극적으로는 진정한 자기완성을 지향하는 남자도 있겠지만, 아마도 그렇지 못한 남자가 훨씬 많을 테니까. '중년의 위기'에 빠져 외도하고 갈라서는 이들, 오륙십 대에 철 늦은 연애 실력을 발휘하려고 안달이 난 이들, 칠십 대가 넘어도 뭇 여성들에 대한 욕망을 통제하지 못하는 이들 등, 수많은 남자는 태어나서 엄마를 거쳐 세상에 나와 여자들을 바라보면서, 결국 여성에 예속된 삶을 지속하는 것처럼 보이니까.

좀 더 쉬운 말로, '여자 뒤꽁무니 쫓아다니는 삶'으로부터 해방되어, 영육의 최고의 조화를 지향하며 한 차원 높은 자유를 누리는 남자가 과연 얼마나 있을까? 과연 호섭은 진정한 자유를 좇을 정도로 성숙해진 걸까? 나는 나와 동갑내기인 그가 그런 경지에 올랐는지 조금 의문스럽기는 하다. 물론 녀석이 중년에 접어든 이래로 근 이십 년을 탈선 안 하며 가정에 충실하게 살아왔다는 것이 녀석의 성숙에 대한 상당히 신빙성 있는 근거가 되어줄 수는 있지만, 사람 일을 누가 알겠는가? 영화 <대미지>에서처럼 최고의 가정을 꾸린 인격자가 며느리감과 바람이 나서 개판 치는 일도 세상에는 있으니....[87] 그러니까 나는 호섭을 질시하거나 저주하는 게 아니라, 우리 남자들은 너무 자기에 대해 자신하지 말고, 자신의 오류 가능성에 대해 겸허한 태도를 품고 살아야 하지 않을까 하는 말을 하는 것이다.

이쯤이 환갑에 이른, 즉 '지천명'과 '이순'을 거치며 나름 인격이 숙성된 남자가 논할 수 있는 의견이겠다. '숙성'이라고 했지, '성숙'이라 하지 않았다.... 십 대나 이십 대의 젊은이들에게는 전혀 이런 숙성을 기대할 수 없겠다. 그래서 돌이켜보면 그 시기는 참으로 힘겨웠다. 그렇다고 삼사십 대가 덜 힘겨웠다는 것도 아니지만, 어쨌든 말이다. 주체할 수 없는 몸뚱어리의 욕구를 더더욱 부추기는 '색정적 환상'의 공장인 매스 미디어를 미성숙한 십 대가 어떻게 통제할 수 있을 것인가?

교육자 수헌은 자신이 좋아하는 사상가 루소의 <에밀>의 관점을 늘 강조한다. 루소가 지도한 소년 에밀의 '자연을 따르는 성장'을 우리가 기억해야 한다는 것이다. 혼인 연령이 매우 늦춰진 현대에는 사춘기 소년의 성욕을 실질적으로 충족시킬 수 없으므로 건강한 대체 해소책이 필요하다는 것이다. 대체 해소책이란, 소년이(성욕의 압박이 덜한 소녀보다는[88]) 성욕의 충족과 해소에만 과몰입하지 않도록, 스포츠나 취미, 봉사 동아리 등에 참여함으로써 성 이외 영역의 활동을 통하여 심신의 욕구를 해소함을 말하는 것으로, 모든 청소년에게 그런 해소의 기회를 사회 전체 수준에서 체계적으로 제공해야만

---

87 제레미 아이언스와 줄리엣 비노쉬 주연의 1994년 개봉 영화로, 2012년, 2021년에 재개봉되었음.
88 남성과 여성은 공히 성욕을 지니지만 그것이 그들의 삶에 압박을 행사하는 정도와 방식에는 상당한 차이가 있다고 본다. 미국에는 이런 우스갯소리가 있다. '음란증 중독의 여성이란 평균 수준의 성욕을 지닌 남성만큼이나 섹스를 밝히는 여성을 지칭한다.' 종래에 남성 위주의 사회 질서에서 부계 혈통을 강조하기 위해 여성의 정조와 순결을 과도하게 강조하며 여성의 성욕마저 부인했던 시기가 있었으나, 그러한 사회 질서는 소멸하고 있는 것으로 보이고, 이제는 여성과 남성의 성욕을 동등하게 인정하되, 그 발현 양상의 차이를 존중해주는 시대로 접어들었다고 본다.

한다고 수헌은 핏대를 올린다.[89] 물론 내가 자라던 시기에는 그럴 기회가 거의 없었고, 운동선수도 아니고 운동 신경도 별로인 나 같은 아이가 특히 스포츠 활동에 가담하기도 어려웠고, 그래서 그저 하릴없이 아이들과 잡담이나 나누다가 만화영화나 <원더우먼>을 보러 텔레비전 옆에 달라붙곤 할 따름이었다.

그 시절의 나에게는 도망갈 곳이 필요했고, 그것은 만화책과 TV였으며, 그 달콤한 도피처에서 빠져나오기 싫어 지독하게 탐닉했다. 그 안에 웅크리고 공상 속에서 나 자신은 육백만불의 사나이가 되고, 소머즈와 연애를 했으며, 아랫도리는 원더우먼의 자태에 헐떡였다. 이러한 지리멸렬과 지지부진이 중고생 시절 내내 이어졌고, 따라서 수헌의 용어에 따르면 청소년기의 발달단계에 적합한 성장과제인 '정체성 모색'을 제대로 진행하지 못하여 미성숙이 겹겹이 쌓여있는 상태로 몸만 커져서 성인기에 접어들었던 셈이다.

인문계 고교를 다녔기에 남들 따라서 겨우 대학에 입학했고, 얼치기 관심으로 들어간 사회학과에서 열혈 운동권 교우들에 끼지 못하여 캠퍼스를 겉돌았는데, 짝사랑했던 여학생에게는 알량한 용기나마 다 쥐어짜서 고백하자마자 동시에 차여버렸다.[90] 미발달된 자아의 미성숙한 방황은 20대 초에 최악에 다다라, 나는 삶에 대한 회의에 빠지고 우울증의 나락으로 떨어진 나머지 자살을 기도했다. 목숨에 미련이 남았는지, 사 모은 수면제 60알 중에 다섯 알을 남겼고, 아침에 병원에 실려 가서 죄다 토했다. 그때 처음으로 어머니의 눈물을 봤다.

열 살 때 마징가를 파괴하듯이 나를 파괴하고 삶을 리셋하고 싶었던 것이 기어코 자살 기도로 이어졌던 거다. 어둡고 우울한 청춘을 그렇게 이어갔다. 사람들은 늙어가며 지나간 청춘을 그리워하고 젊음을 예찬하지만, 나는

---

89 성욕의 억압은 비자연적이고 인위적이어서 문제다. 게다가 오늘날에는 대중매체의 자극이 워낙 강력하여 그렇지 않아도 강렬한 청소년의 성욕을 더욱 부추긴다. 그리고 대체 해소책 따위를 모색해볼 시간적, 정서적 여유를 찾기가 매우 어렵다. 과연 공격적인 매체 환경 속에서 강압적 검열에 의존하지 않고, 또 어떻게 자연을 거스르지 않으며 청소년의 성욕을 대체 해소하여 건강하게 성장토록 해줄 수가 있을까? 교육 전문가적인 수헌의 해답은, 청소년이 사춘기에 접어들기 이전부터 건강한 스포츠의 매력에 빠지게 해야 한다는 것. 경쟁 스포츠가 아니라, 아무리 신체적 재능이 뒤떨어지는 아이라도 충분히 자신을 던져서 즐길 수 있는 스포츠 영역을 개발하여, 심신의 스트레스 해소뿐 아니라 적극적으로 사회활동에 참여하도록 해주고 인간관계의 지평을 넓혀줌으로써 골방에서 포르노에 빠질 기회를 사전에 대폭 축소할 수 있다는 말이다. 단, 입시경쟁 구도 하에서 그럴 방도를 찾기가 쉽지 않다는 것이 문제일 뿐.

90 25장, <캔디 캔디>에 관한 회상 참고.

다시는 젊은 시절로 돌아가고 싶지 않다.

 그 후로 군대와 직장 초년 생활이 뒤늦게 삶에 대한 나의 의무를 일러주기는 했으나, 다시 수헌의 말에 따르면 나는 제대로 성인식을 통과하지 못한 상태로 방황하며 의무로부터의 도피행각을 이어갔고, 일본 만화와 만화영화를 벗 삼아 불안을 달래곤 했다.

 그리고 보니 이 무렵에는 오랜만에 국산 만화도 강한 유인력을 발휘했으니, 그중에 <공포의 외인구단>에서 시작한 작가 이현세의 만화 세계는 상당한 중독성 감염력을 발휘하여, 나는 툭하면 만화방에 종일 틀어박혀서 시리즈물 20~30권을 독파하곤 했다. 한마디로 미친놈 같은 주인공 '까치' 오혜성의 외로운 질주가 꼭 한심한 나의 20대 청년기를 대표하는 것만 같았다. 또, <오! 한강>으로 대서사 만화의 새 지평을 연 허영만의 작품세계는 나 자신도 제대로 추스르지 못하는 철부지 청년에게 역사와 세상의 무게를 추측하게 해줬다. 그리고 널리 알려지지는 않았어도 인상적인 철학적 단상을 단편 만화로 강렬하게 표출한 박흥용의 니체적 메시지에 감동하기도 했다. 확연히 이들 1980년대 '성인 만화'의 문제의식은 더는 <마징가> 등과는 차원이 다른 성인의 번민을 다루고 있었는데, 이런 성인 콘텐츠를 소화하고 있던 나는 여전히 <마징가> 시절에 고착된 유아성을 견지하고 있었다. 그 유아성은 어른이 되기를 거부하는 응석, 떼쓰기였다.

 1980년대 후반에서 1990년대 초반까지의 시기, 세계 2위의 경제 대국 일본이 감히 세계의 황제 미국의 생산성에 위협을 가할 정도로 국력을 키웠던 시절, 일본의 만화와 만화영화, '아니메'는 전 세계로 그 기세를 확산시키고 있었고, 마치 2020년대의 한국의 국력 신장과 함께 한류 콘텐츠가 세계적인 인기몰이를 한 것처럼, 한국에서도 일본문화에 대한 개방의 기운이 점증하며 일본 만화와 만화영화의 인기 역시 조금도 수그러들지 않았으니, 수많은 젊은이가 <우주전함 야마토>, <건담>, <드래곤볼>, <슬램덩크> 등에 매료됐다. 최루탄 터지던 대학 학생운동에 적극적으로 가담하지도 못하고 군대 다녀와 근근이 학업을 이어가던 나도 건담류를 기웃거렸고, 그러다가 대학 졸업 후 직장에 들어가고 30대로 넘어가면서도 비디오 가게에 가서 <아키라>와 <에반게리온> 등을 찾아보기도 했다. 이때의 일본 만화와 만화영화에 대한 기억은 유년기의 그것과 사뭇 다르다.

<아톰>과 <마징가> 시절에 만화의 세계에 발을 들여놓았던 어린아이는 가상의 세계 속에서 친구와 동지를 만나 외로움을 보상받고 꿈과 희망을 품어 삶의 기운을 얻었던 것 같다. 청년기에 아니메를 시청할 때에는 항상 비디오테이프의 "옛날 어린이들은 호환, 마마, 전쟁 등이 가장 무서운 재앙이었으나…."의 훈계로 시작하여 어쩐지 해야 할 숙제를 미뤄둔 루저들의 모임에 출석하는 시간처럼 느껴졌다. 청춘답게, 더욱 힘차고 적극적으로 바깥세상으로 나아가 용감하게 제 갈 길을 개척하는 것과는 영 동떨어진 것 같은 찌질한 루저의 모임. 대체로 비디오를 나 혼자 시청했음에도 '루저의 모임'처럼 느꼈던 것은, 만화영화의 주인공들이 나처럼 루저 같다고 여겼기 때문일 것이다. 일본 SF 만화영화에 나오는 용감하고도 섹시한 주인공들이 어째서 루저 같다는 말이냐고? 그들도 나와 똑같이 어른들의 '현실'에 대해 무지하기 짝이 없고, 뜬구름 잡는 이상을 외치며 여전히 어린 애처럼 떼를 쓰고 있다고 느꼈기 때문이다. 그들은 반(反)기성세대적으로, 아무도 돈과 부동산과 재정과 세법 등에 대해서는 눈곱만큼도 아는 게 없는 주제에 툭 하면 '사랑이 모든 걸 극복하네!' 따위의 극도의 감상주의적 구호나 외치는 철없는 히피 같아 보였기 때문이다. 아마도 이런 자격지심 탓에 이 시절의 아니메에는 깊이 빠져들지 않았던 것 같다.

이를테면, <마징가> 시절의 거대로봇에 대한 향수를 계승한 <건담> 시리즈는 남자들이 좋아할 만한 기계들의 전투 장면으로 나의 흥미를 유발했으나, 그런 폭력성의 전시 속에서도 줄곧 이상주의적 반전·평화 메시지의 게시를 잊지 않았다. 물론 지금의 나는 반전·평화를 옹호하는 기성세대에 속하지만, 당시에 <건담>의 그런 메시지는 공허한 메아리처럼 느껴졌고, 그처럼 대안 없는 '무기력함의 보전'은 루저인 나의 모습과 본질적으로 다를 게 없는 것만 같았다. 또는 시각적으로 매우 인상적이었던 <아키라>를 보며, 나는 영웅 바벨 2세가 미쳐버린 것 같다는 생각이 들었고, 저 잘산다는 일본인들은 왜 저리도 멸망의 디스토피아에 대한 불안을 떨쳐버리지 못하는지 의문이 들기도 했다. 영웅도 루저가 돼버렸다고 느꼈다. 나보다 연령대가 낮은 많은 친구가 매혹됐던 <에반게리온> 시리즈 역시 합당하게 예상하거나 기대할

수 있는 극복과 성취가 아니라, 기적적인 초월을 통한 지나치게 숭고한 부활 따위를 제시하는 모양새가 삶에 대한 긍정이 아니라 되레 현실 부정과 도피로 다가왔다. 즉, 당시의 모든 훌륭한 일본 아니메 작품이 나의 부정적이고 염세적인 필터를 거치며 철부지들의 현실 도피 물로서 접수되었다. 청소년 대상의 오락물을 사회에 진출해야 할 성인이 보고 있었으니.... 이런 상황에서 이 아니메들은 마치 나처럼 진정한 성인이 되지 못하여 고생하고 헤매는 딱한 친구들과도 같이 느껴졌다.

현실 도피의 가장 발랄한 활약은 단연코 <드래곤볼>에서 활짝 꽃피었다. 일본의 만화가 토리야마 아키라 원작의 이 메가 히트작은 1984년부터 1995년까지 연재되며 전 세계적으로 2억 3천만 부 이상 판매되었고 TV와 극장용 만화영화로도 큰 인기를 끌었다. 장기간 연재과정에서 초기에는 유아적이고 가벼운 명랑만화풍 분위기였다가, 후반부에는 외계 세력과 절체절명의 전투에 전적으로 집중하는 무거운 양상으로 변했는데, 나는 초반의 밝고 발랄한 이야기에 흠뻑 빠졌었다. 오십 대가 돼서 '애장판'이 발간됐을 때도 초반부 것 10권만 구입했다. 일단, 밝고, 가볍고, 명랑한 세계가 너무도 좋았는데, 이는 거의 확실히 초등 때 <꺼벙이> 부류의 명랑만화에 사로잡혔던 것과 동일한 심리적 기원을 갖는다고 본다.

[그림29-1. 드래곤볼]
아키라 토리야마 (2004), 완전판 드래곤 볼, vol. 1. 서울문화사, 26.

<꺼벙이>의 평화로운 마을, 그 무엇도 지나치게 심각하거나 나쁘지 않은 그 밝은 마을은 우울한 나의 도피처이자 심리적 퇴행의 세계였다. <드래곤볼>의 무대인 상상의 세계가 마치 <꺼벙이>의 마을과 같았다. 그 무엇도 지나치게 심각하거나 나쁘지 않다. 다 운에 맡기고 물 흐르듯이 자연스럽게 살다 보면 뭔가 신나고 재미난 일도 일어나는 게 인생이라는 대전제가 깔린 세계. 시험도 경쟁도 없고, 배고프면 강물의 물고기를 잡아먹으면 되는 세계. 주인공 손오공은 근두운을 타고 날아다니는 천하무적의 용사, 세상에 두려울 게 없다.

심지어 <드래곤볼>에서는 짐승들도 인간처럼 대화하는 인격체로 등장하여 유아적 세계관을 계승하고 있으며, 마스코트 같은 귀여운 동물들도 곧잘 나온다. 또한 여주인공 부르마가 활용하는 '캡슐'은 콩알만 한 크기에서 순식간에 자동차와 집으로 변신하는 기적의 제품으로, 어린이들이 삶에 대해 꿈꾸는 이른바 '마법적 해결책'을 참으로 재미나게 표현해준다. 드래곤볼 7개를 모으면 용신이 나와서 어떤 소원이든 들어준다는 것은 물론 최고의 마법적 해결책이다. 실제 삶에 마법과 같은 해결책은 없다. 이 또한 도피이고 환상이다. 나는 이십 대 내내 여전히 유아적 환상 속으로 도망치고 있었다. 어른이 되지 못하고 있었다.

그런데 <드래곤볼>에서도 성숙에 보탬이 될 성싶은, 꽤 유의미한 관점을 집어갈 수 있었다. 그것은 천하제일 무술의 고수인 무천도사의 인격에 관한 것이다. 손오공의 무술 사부님이 된 무천도사는 평소에는 비리비리한 체격에 예쁜 여자나 밝히는 주책맞은 늙은이에 불과하지만, 자신의 힘이 필요할 때는 숨겨두었던 어마어마한 능력을 발휘한다. 이와 같은 찌질한 호색한과 막강한 영웅이라는 상반된 인격 사이의 커다란 간극이 선사하는 괴리감을 만화의 주 독자층이었을 청소년들이 어떻게 받아들였을지는 잘 모르겠다. 그러나 군대를 제대하고 사회생활에 진입한 형식적 성인이던 나로서는 그 괴리감이 통쾌하게까지 느껴졌으니, 이를 단지 삶의 모순을 적나라하게 드러낸 풍자극을 감상하면서 느낀 쾌감이라고 여겨야 할까?

어쩌면 무천도사가 바로 여전히 내가 소망했던 영웅상이었기 때문이 아닐까? 루저 같은 청년기를 거치며 낮은 자아상을 품게 된 나는, 내 내면에 무천도사처럼 여성성에 대한 '끝없는 목마름'이 내재해 있었고 이를 어찌할 도리가 없는 것을 잘 알고 있었지만, 그런데도 그러한 '루저 나'로서도 여전히 뭔가 멋지고 가치 있으며, 세상의 박수를 받을 수 있는 그런 한 인간이 되고 싶은, '사람이 되고 싶은' 내밀한 욕망을 버리지 못하고 있었을 것이다. 그런 나에게 루저와 영웅이라는 모순된 대극을 마법처럼 하나의 인격 안에 통합해버린 무천도사는 내심 친근감이 느껴지는 나만의 영웅상으로 다가왔을지도 모르겠다. 무천도사에 대해 나와 똑같이 팬심을 숨기지 못하는 철학자 수헌 또한 나와 사정이 다르지 않을 것이라는 추측이 일고, 자신의 여성에 대한 숨겨진 욕망을 술자리에서마저 솔직하게 털어놓지 못하는 그의 자존심이 조금 딱해 보이기도 한다. 그런데 나의 이런 언질에 수헌 녀석은 껄껄 웃더니 바로 정색하고 또박또박 이렇게 선언했다.

"나의 자존심이라고? 그래 말 잘했다, 친구! 내 자존심과 체면은 엄청나게 중요해! 내가 나쁜 짓을 안 하고 사는 건 내면의 자연스러운 욕구를 억압하는 게 아니야. 그건 내가 나와 동일시하게 된 하늘 아래에서의 내 역할, 사회적 역할이 아니라, 우주적 역할인 '선생'의 명예를 지키는 것이 목숨보다 더 중요하기 때문이야! 이게 내 자존심과 체면일세, 내 친구여. 사회적인 게 아니야, 하늘이 준 내 소명에 대한 자존심과 체면이야!"

휴, 그래, 너 더럽게 잘 났다. 그러거나 말거나, 수헌이나 나나, 다 무천도사를 꿈꿨다. 어차피 손오공 같은 초사이어인 재목은 못 된다는 것을 너무나 잘 알았으니까. 우리가 당시에 청년층에게 폭발적인 인기를 끌었던 또 다른 명작인 <슬램덩크>를 재미나게 독파하기는 했지만 그다지 깊이 빠져들지 않았던 이유는 이 경쟁 스포츠 만화 속에서 주인공들이 진정한 성숙의 과정을 통해 자신의 힘을 키워가는 현실판 영웅상을 보여주었고, 그런 진지한 영웅에게는 거리감이 느껴졌기 때문이라고나 할까…. 그러던 와중에 또 다른 일본산 걸작 만화가 나왔다. 수헌이 말에 의하면, 그가 이십 대 이래 지속된 방황을 '순간 멈춤(pause)'하고 굳은 결심으로 공부에 전념하기 시작했다는 삼십 대 초반에 잠시 일본 망가(만화) <기생수>에 홀딱 반해서 학업을 소홀히 한 적이 있었다는데, 나 역시 이 작품을 인상 깊게 기억한다.[91] 만화책의 도입부는 다음과 같은 글로 시작한다.

---

91 일본의 만화가 이와아키 히토시의 작품으로 1988년부터 1995년까지 연재했고, 2021년까지 총 2,400만 부가 팔렸다 하며, 만화영화와 실사판 영화로도 제작되었다. '기생수(寄生獸)'란 인간 몸에 기생하는 괴생명체를 지칭한다. 미국의 1982년 작 호러·SF 영화인 <The Thing>의 설정을 일부 차용한 것으로 보인다.

지구에 사는 누군가가 문득 생각했다.
인간의 수가 절반으로 준다면 얼마나 많은 숲이 살아남을까…
지구에 사는 누군가가 문득 생각했다.
"모든 생물의 미래를 지켜야 한다."

"누군가"가 누구인지는 누구도 알 수 없으나, 어쨌든 지구 생명체의 일종의 '집단 무의식계'가 있다면, 그것의 한 주체가 이런 사유를 했었을 것으로 추측할 수 있다. 주체를 알 수 없는 이 독백 이외에는 작가가 기생수 발현의 최초의 과정을 전혀 설명해주지 않지만, 어쨌든 현대의 어느 날 갑자기 기생수들이 인간의 몸 안으로 침투하여 숙주의 의식을 완전히 점령해버리고 숙주의 몸을 가공할 위력을 가진 괴물로 변신시켜 인간들을 잡아먹으며 세력을 확장해가는 과정을 그리고 있다. 이때 주인공 소년, 이즈미 신이치는 특이하게도 기생수의 체내 침투과정에서 필사적으로 저항하여 기생수가 신이치의 뇌까지 다다르지 못하고 오른팔 부위에만 정착하게 되어, 주인공은 인간과 기생수의 하이브리드 개체로 변모하게 된다. 이후 인간 신이치와 기생수가 서로에게 동화되어가면서 오른팔의 기생수는 점점 인간을 이해하게 됨으로써 인간을 도와주게 되는 심리적 변화가 흥미진진하게 펼쳐지는 한편, 점점 기생수의 힘을 얻어 육체적으로 강해지는 신이치는 인간 살상의 지상명령을 수행하는 기생수 집단과 피비린내 나는 투쟁을 벌이게 된다. 만화계뿐만이 아니라 일본 문단의 저명한 평론가로부터도 '천재적' 상상력의 작품이라는 극찬을 받았을 정도로, 기발한 발상을 장편 연재를 통틀어서 조금도 늘어지지 않는 스토리 전개 속에 풀어놓은 걸작이다.

[그림29-2. 기생수]
히토시 이와아키 (2003), **기생수** vol. 1, 학산문화사, 220.

    수헌과 내가 <기생수>에 꽂혔던 것은, 엄청나게 재미난 이야기와 지구생태계에서 인간의 위치에 대한 철학적 사유뿐 아니라, 주인공이 우연히 공존하게 된 이질적인 인격체와 통합해가는 과정에서, 소년 신이치가 성숙하게 변모하며, 새로운 정체성을 구축해가는 개인적 인격의 발전에 매료되었기 때문이다. 어쩌면 삼십 대로 접어들면서도 여전히 제대로 성인이 되지 못하던 우리 자신을 돌아보게 만들어 준 작품이었는지도 모르겠다. 우리가 서른 살에도 성인이 되지 못했다는 말은 인간성장론을 연구한 수헌의 발언이다. 우리는 청소년기와 청년기 초반에 세상에서 자신의 위치를 어디에 두어야 할지 모른 채 방황하고 있었다는 것이다. 특히 둘 다 1980년대에 대학에 진학한 정도면 경제적으로 집안이 서울의 중산층에 속하여 당장 밥벌이가 절실한 것이 아니다 보니, 생존을 위해 현실에 몸을 던지는 절박함도 유예된 셈이었다.

    그래서 우리의 동년배 중 적지 않은 이들이 이른바 '평생직장'에 안착하여 착착 기성세대의 일원으로 자리를 잡아가고 있을 때도 우리는 '이상'을 중얼거리고 인간세의 변화를 상상했으니, 그 때문에 그런 이상과 희망을 경멸하는 기성세대를 경멸하며 이상과 희망을 꼭 움켜쥐고 있는 일군의 일본 만화 작품들을 계속 기웃거렸었던가 보다. 공허한 기웃거림 속에 현실과의 거리감에 불안을 느끼며 <드래곤볼>의 환상계로 도피했다가도, <기생수>의 신이치가 자신의 의지와는 완전히 무관한 엄청난 현실의 비극 앞에서 기적과 같은 내면의 힘을 끄집어내어 살아남고 성숙해가는 모습에 크게 감동하고 자성하게 되었던 것 같다. 그러면서 수헌이나, 나나, 아직 서로의 존재에 대해서 조금도 인식하지 못하고 있었지만, 각자의 삶의 위치를 조금씩 더 진지하게 찾아 나서게 되었고, 직업 세계에서 나름의 방향을 잡고, 짝을 만나 가정을 꾸리고, 그리고 자식을 낳았다. 가정과 자식은 내게 어른이 될 것을 명령했다.

<기생수>의 신이치가 자신만의 정체성을 확립해가는 과정에 관해서 수헌과 한참 지껄인 후, 한잔 걸친 술이 거나해져 집으로 걸어가던 어두운 밤길에서 내면의 음성이 슬며시 다가왔다. 마치 신이치의 오른팔의 기생수 '미기(오른쪽)'가 깨어나, 살기등등한 기생수 괴물들이 공격해오는 무시무시한 현실을 직시하도록 자신의 숙주를 일깨우는 장면처럼.

'지금까지 거쳐 온 삶의 모든 막다른 골목이 죄다 가볼 필요가 있는 길이었다네.'

과연 그런 걸까? 무기력한 십 대도, 자살 기도도, 도피하던 20대도, 죄다? 왜? 무엇 때문에?

30 　　지브리와 아비 되기

> 다시 꿰맞춘 과거사가 현재와 미래를 바꾼다.
> ― 이수헌, Ph.D.

> 영혼의 생기를 앗아갈 정도의 붕괴가 일어날 경우, 그저 먹고 살 생각만 하는 자는 내면의 음성을 듣지 못한다.
> ― 사부아 신부의 고백, Jean-Jacques Rousseau, A. Bloom transl. (1979). ***Emile, or On Education.*** N.Y.: Basic Books, 264. (인용문은 한석훈 번역)

꿈

　　꿈을 꿨다. 열 살 때쯤 살던 집 마당이 실제와는 다르게 아주 넓어 보였다. 외할머니가 장독대 옆 닭장 앞에서 잔칫상들을 치우고 계셨다. "손님들 벌써 다 가셨어요?" 내가 묻자 할머니는 "그럼, 진즉에 다 끝났지."라고 답하신다. 왠지 할머니가 다 아시는 건 아닐 것이라는 의구심이 들어 집안에 들어가 봤더니 마루 한쪽에 놓인 제사상 앞에 정장 차림의 사람들 몇이 조용히 앉아 있다. 식모 누나가 그들은 노태우 전 대통령 집안사람들이라 일러주었다. 노태우 씨는 사망했다는 것이 기억나고, 그의 아들이 나와 비슷한 연배였던 것 같다는 생각이 든다. 저 사람 중 머리가 희끗희끗한 중년 남자가 그 아들인가? 그때 마루의 큰 창에 분홍색 블라인드가 내려와 닫히는데, 블라인드 위에는 옛 어린이용품에 그려져 있을 법한 유치한 디즈니 만화 장식이 붙어있다.[92]

92 　해몽(분석심리학적 꿈 분석)은 이 장 다음의 '외전' 1에 제시됨.

<토토로>에서 <추억의 마니>까지

　1990년대에 가정을 꾸리고 첫 아이를 낳을 때까지 나는 현실에 매몰돼있었다. 살 집을 마련하고 처자식을 부양하며 분유와 기저귀 살 돈을 버는 일이 내게는 벅찬 과업이었다. 그도 그럴 것이, 당시만 해도 번듯한 4년제 대학을 나오면 대충 이름 있는 기업체에 취직이 돼서 그럭저럭 먹고는 살 수 있었지만, 나는 무책임하게도 5년 다니던 직장을 뛰쳐나와 내 자신의 일을 찾겠노라 선언했다. 그 일이란 글 쓰는 작가가 되는 것이었다. 소싯적에 아버지께서 '배고픈 직업'이라 하시어 접어버렸던 소망인 그 '작가' 말이다. 그러나 뛰어난 재능이 있는 것도 아닌 내가 그간 치열한 작가 수업을 거친 것도 아닌 주제에 갑자기 작품다운 작품을 써낸다는 것은 어불성설. 작품 구상한답시고 배낭에 짐을 꾸려 홀로 지방의 산골을 하염없이 쏘다니다 보니 조금 모아놓은 예금은 금세 바닥을 보였고, 별도리 없이 나는 사설 학원에 사회과 강사로 들락거리고, 아내도 자신의 옛 전공을 살려 영어 강사로 뛰기 시작했다. 둘이서 그 일을 2년쯤 하다 보니 살림살이는 좀 안정을 되찾았는데, 나는 아예 학교 선생이 되어 아이들을 가르치는 게 그래도 내 적성에 맞겠다는 판단이 들어, 대학 다닐 때 부모님께 등 떠밀려서 얼떨결에 따놓은 교사자격증을 집어들고 한 사립 고등학교에 사회과 교사로 용케 임용되었다. 무능력한 아비였지만 그래도 필사적으로 돈을 벌려고 동분서주했던 것은, 내 자식의 양육만큼은 무슨 일이 있어도 내 손으로 책임져야만 한다는 강박에 사로잡혀 있었기 때문이다. 그만큼 첫애를 갖게 된 것은 나에게 강렬한 충격을 안겨준 숙명적인 삶의 분수령이었다.

　스무 살 때 자살 기도를 했을 때는 '내 목숨은 내 마음대로 한다.'라는 생각을 당당히 견지하고 있었으나, 아들을 낳은 이후로는 내 목숨이 내 것이 아니라는 사실과 최초로 직면할 수 있었다. 내 아들은 내게 너무도 소중하여 소중하다는 수식어로는 그 소중함을 다 표현할 수가 없다. 혹여 내 아이가 잘못된다는 상상의 낌새만으로도 지옥의 냄새를 느낄 수가 있었다.

　학원 강사 시절, 낮에 종종 집에서 글을 써보겠다고 버둥댔는데, 실제로는 일하러 나간 아내 대신에 아이를 돌보느라 온 하루를 보내는 일이 많았다. 그때 동네 비디오 가게에서 아동용 비디오테이프를 빌려다 보게 됐고, 오랫동안 잊고 살았던 일본 만화영화에도 다시 손길이 가기 시작했다. 아이와 나는 <이웃집 토토로>에 홀딱 빠졌다. 이때 미야자키 하야오 감독의 스튜디오 지브리 작품에 입문하여, 이후 이십 년 넘도록 그곳의 모든 작품을 탐독 아니, 탐시청했다.

[그림30-1. 토토로]

가장 최근에 본 지브리의 최신작은 <추억의 마니>였는데, 흥행 성적은 저조했음에도 불구하고 나로서는 지브리 역사에 화룡점정을 찍은 명작으로 접수됐다. 이 작품에서는 의붓어머니 손에 자라난 외로운 소녀 안나가 쇠약한 몸과 마음의 건강을 회복하기 위해 호젓한 바닷가 마을을 홀로 방문하게 된다. 나는 오십 대 중반에 이 작품을 보며, 어린 안나와 나를 동일시했다. 불안한 사춘기의 반항심 속에 갇혀있는 안나는 헌신적인 의붓엄마와 심리적 거리를 두고, 또래들로부터는 따돌림을 받는 우울한 소녀. 안나는 나처럼 세상을 대할 때 당당하지 못한 자신을 부끄러워하고, 질책하고, 자학하고, 또 반성하며 살아갈 평생에 걸친 운명의 궤적에 올라가 있었다. 나의 내면의 메신저는 이를 '초기 설정'이라고 일러주었고, 나는 어쩌다 우연히 집어 든 책에서 이런 글을 읽었다.

"우리는 삶의 균형을 회복하고 성장하기 위해 꼭 필요한 고통을 태어나기 이전의 단계에서 직접 설계해 그 밑그림과 함께 이 세상에 옵니다."
― 박진여 (2015). 당신, 전생에서 읽어드립니다. 김영사, 271

'초기 설정'이란, 내가 이생에 태어나기 전에, 이를테면 4차원 이상의 영적인 차원에서 나의 다음 생이라는 '게임'의 '플레이(PLAY)' 조건들을 사전에 설정한 것 정도로 이해하지만, 이를 이렇게 단순한 3차원적 사유의 틀 안에서는 도저히 이해할 수도, 표현할 수도 없으리라는 것을 어렴풋이 이해할 수 있다. 그런 '나'는 일단 없다. 무아(無我)의 경지에서 일어난 일 아니겠는가, 그리고 그런 일이 어찌 3차원 현상계의 경험적인 사건과 같은 종류의 사건이겠는가. 말로써 표현할 수 없는 것, 노자의 '도가도비상도(道可道非常道: '도'를 '도'라고 하면 더는 '도'가 아니다)'의 경지가 있음을 충분히 추측할 수 있다.

그런데도, <추억의 마니>에서 안나는 세상에 태어나기 이전에 자기 혈육의 굴곡진 삶의 여정 안에서 이미 이번 삶의 조건들을 부여받았는데, 이 작품의 놀라운 점은 안나가 심지어 자신이 태어나기도 전에 일어난 이런 조건 설정에 대하여 실제의 삶을 통해 알아내게 된다는 데에 있고, 나아가 그 설정의 오묘한 목적성에 마음의 문을 열고 자신의 삶을 있는 그대로 기쁨과 감사로 껴안을 수 있게 된다는 데 있다.

[그림30-2. 추억의 마니]
다음의 유튜브 동영상 화면 캡쳐
When Marnie Was There - Official Trailer
https://www.youtube.com/watch?v=jjmrxqcQdYg&t=12s

자신의 어둠을 부끄러워하고 증오하는 안나가 그 어둠이 주어진 연유를 이해하여 어둠을 자신의 엄연한 부분으로 인정하고 끌어안듯, 내가 나의 어둠이 주어진 연유를 이해하는 게 가능할까?

<나우시카>와 <원령공주>

<바람의 계곡의 나우시카>와 <원령공주(모노노케 히메)>와 같은 대서사극은 또 얼마나 풍요로운 환상으로 인간성 탐구에 깊이를 더해주었는지! 두 작품은 공히 우리가 인생에서 거쳐 온 모든 길이 필요했음을 보여준다. 그러니까, 선도 악도 다 함께 간다. 두 작품에서 순수한 선을 추구하는 것 같은 영웅적 주인공들인 나우시카와 아시타카는 파괴적인 적들과 투쟁하는 과정에서 자신 내면에 숨겨두었던 살벌한 공격성을 끄집어낸다. 또, <나우시카>의 악녀인 토르메키아 황녀 크샤나와 <원령공주>의 무자비한 토벌대장인 에보시는 성격과 행동의 여러 면에서 서로 흡사한데, 이 악녀들이 파괴적 정복 과정의 종국에는 공히 인간 공생의 필요성에 눈뜨게 된다.

[그림30-3. '바람의 계곡의 나우시카'의 크샤나]
다음의 유튜브 동영상 화면 캡쳐
Nausicaä of the Valley of the Wind - Official Trailer,
https://www.youtube.com/watch?v=6zhLBe319KE

[그림30-4. '원령공주'의 에보시]
다음의 유튜브 동영상 화면 캡쳐
Princess Mononoke - Official Trailer
https://www.youtube.com/watch?v=4OiMOHRDs14

 그래서 이런 역설을 제시하지 않을 수 없다. 인생사의 빛과 어둠이, 성과 패가 모두 다 나에게 필요했던 것들이라고! 나의 어둠의 발자취 없이는 나의 알량한 빛이 발원하지도 못했을 것이라고! 이 무슨 말인고 하니….

 나의 열등한 루저 같은 성장기는 어린 나의 내면에 은밀한 권력 욕구를 태동시켰다. 마음 한구석에 숨겨져 있던 권력 욕구는 막강한 힘을 발휘하는 만화의 주인공들에게 적극적으로 감응했다. 그러나 권력 욕구는 현실에서는 거의 채워지지 못했다. 채워지지 못한 그 욕구로 인하여 내가 부지불식간에, 즉 무의식적으로, 학생들에 대해서나마 권력을 행사할 수 있는 교육자의 길로 나서게 되었을 것이라는 점을 환갑이 다돼서 깨달았다. 사십 대 때 한 학생이 "선생님 카리스마 있으세요."라고 말해줬는데, 그 말이 그토록 오래 기억에 새겨진 이유를 뒤늦게 깨달은 것이다. 평생 호구, 루저로 세상 앞에서 주눅 들어 살아온 내가 남에게서 카리스마 있다는 평을 들었다는 건 놀랍고도 소중한 일이었다.

 비록 내밀한 권력 욕구 때문에 나보다 약한 아이들을 호령하는 선생직에 끌렸을지언정, 그리고 이런 비열한 동기를 거론하는 것 자체가 수치스러운 일이지만—마치 성인을 상대로 '정상적인' 섹스가 불가하여 어린아이를 탐한다는 저 추악한 소아성애자들의 자백처럼—, 학원 강사 시절에나, 학교 선생 일을 하면서나, 내가 어려운 내 학생들을 위해서 많은 정성을 바쳤던 것 또한 엄연한 사실이다. 비록 유아기의 '버림받은 아이' 콤플렉스로 내 내면은 뒤틀렸을지 모르나, 그 때문에, 아니 그 덕분에 버림받은 아이들에게 나 자신의 한 조각을 투사해서, 그들을 도와주지 않고는 배길 수 없었다는 것이다. 상처 입은 자가 치유한다지 않던가. 내가 손을 꼭 잡아 이끌어준 아이들은 졸업하고 세월이 흘러도 내게 감사 편지를 보내준다. 내가 그런 감사를 받을 수 있게 되기까지 내 삶의 모든 것이, 내 안의 어둠과 콤플렉스와 열등함이 다 필요했다.

그런데 나의 열등감이 최근 들어 또 다른, 어여쁘지 않은 형태로 머리를 치든 적이 있다. 바로, 가장 가깝게 지내는 벗인 수헌과의 관계에서 그러했다. 그는 나와 동갑내기에 비슷한 환경에서 자라났음에도, 불굴의 성취욕으로 학업에 매진하여 박사학위를 받고 대학교수까지 되었으나 이에 만족하지 않고 대학을 사직하고 자신만의 연구소를 꾸려 독자적인 공부와 활동을 벌여왔다. 우리가 인터넷 만화 카페를 운영하게 된 것도 "갈 곳 잃은 중·장년들을 위한 건강한 노화 안내"가 필요하다는 수헌의 주장이 그 효시였다. 그간 카페를 운영하고 회원들과 관계를 맺으며, 나는 깊이 있는 수헌의 통찰과 해박한 식견에 내심 감탄했던 적이 한두 번이 아니었다. 그래서 내가 이런 훌륭한 벗을 자랑스러워하고 적극적으로 떠받들어주며 '대의'를 위해 나를 바쳤는가 하면, 꼭 그렇게 하지도 못했다. 그러지 못하는 것에 대해 여러 핑계가 있었지만, 다 지나고 진솔하게 돌이켜보니 실은 내가 나보다 뛰어난 내 벗을 시기하고 질투했었다는 것을 인정하지 않을 수 없다. 그리고 나의 질시가 비아냥이나 쏘아붙이기와 같은 은근한 수동 공격성 형태로 자신을 겨냥해왔다는 것을 심리학자인 수헌이 눈치채지 못했을 리가 없다. 생각이 깊은 학자답게 수헌은 어느 날 내게 조심스럽게 자신의 '아킬레스건'에 대해 털어놓았다.

"성호야, 평소에 내가 아무리 잘난 척하고 떠들어도, 난 도저히 너의 깊은 인간적 심성을 흉내도 내지 못한단다. 언젠가 네가 불쌍한 고아들 돕는 걸 보고 '네 안의 버려진 아이 콤플렉스' 운운했던 적이 있는데, 고백하자면 사실 그때 난 너를 질투했던 거야. 난 말만 앞서고 통 너처럼 실천은 안 하는 위선자거든.

무의식의 콤플렉스고 뭐건 간에, 한 사람이 자기 것을 양보하고 희생해서
타인을 돕는다는 건, 그 자체로 선함의 발동이지!

　내가 늘 겉으로는 아무렇지 않은 듯 행동해도, 너의 깊은 마음 씀씀이에
흠칫 놀라고 감탄했던 적이 한두 번이 아니란다. 금융 위기 때 빚쟁이한테
쫓기는 네 제자 살려야 한다며 집에서 재워주고, 회생절차 도와주고, 폐인이
된 동창 녀석 마지막 길에 다들 못 본 척하는데 네가 난리를 쳐서 겨우 유족을
불러서 장례 치러주고, 또 얼마 전에도 카페에서 다들 '따' 시키는 외로운
친구를 굳이 챙겨줘서 자료집에 이름 올리게 도와주고... 네가 진짜 교육자지,
난 겉멋 든 '인테리'에 불과해. 그런 것들 난 죽었다 깨나도 못했다. 그리고 나는
내가 왜 너처럼 못하는지를 너무도 명확하게 잘 알고 있단다. 내 정체를 너무
똑똑히 알거든.

　흐흐, 호섭이도 제 인생사의 굴곡에 대한 고해성사를 우리한테 했었지.
나는 오직 너한테만 하련다. 죽을 때까지 그 누구에게도 털어놓지 않을 거야.
너, 내가 왜 우리 또래 노땅들에게 만화 카페라는 놀이터 차려주고, 고아원
도와주고, 그러는지 아니? 그게 다 알량한 속죄 의식이야. 뭣에 대해 속죄해야
하냐고?

　전에 내가 잘 다니던 대학 그만둔 게, 무슨 대단한 비전이나 야심이
있어서 그런 게 아니고, 실은 그때, 사십 대 중반쯤에 대학의 여제자와 바람이
나버렸어. 갈 데까지 갔고, 그 애의 가족뿐 아니라 나의 처자식에게도 씻을 수
없는 죄를 저질렀지. 물론, 난 그때 눈이 멀었어. 처자식을 버리고, 스무 살이나
어린 여자와 새 삶을 살아보겠다는 꿈을 꿨지. 그때 내가 신께 무슨 기도를
했는지, 아무도 모를 거야. 나는 내 아내와 아들이 내 삶에서 사라지기를
기도했어. 흐흐흐."

　이 말을 들으니 내 머릿속에는, 수십 년 전에 본 한 이탈리아 영화에서
중년의 마르셀로 마스트로얀니가 파릇파릇한 처녀한테 홀딱 반한 나머지,
자신의 우악스러운 아내를 우주선에 태워서 지구 밖으로 날려버리는 상상을
하던 장면이 떠올랐다.

　나는 고개 숙인 채 흐느끼는지, 웃는지 알 수 없는 소리를 내고 있던 수헌의
멱살을 나도 모르게 두 손으로 꽉 움켜쥐었다. 그런 채로 녀석에게 이렇게

소리를 질러댔다. '사라지기를 기도했다고? 그게 대체 무슨 좆 같은 소리야?' 내 양팔은 심하게 떨렸고, 이를 마치 갈아대듯이 악물고 있었는데, 수헌은 아무 대응도 하지 않고 내 눈을 지긋이 응시할 뿐이었다. 그리고 이렇게 말했다.

"그걸 어떻게 내 입으로 말을 하니…. 나는 나를 용서할 수가 없어. 내가 악마라는 걸 알게 된 것이거든. 그리고… 그 악마를 데리고 사는 게 내 업보라는 것도 알게 됐지."

내면의 악마와 조우한 수헌은, 그것이 바로 악마고, 악마가 바로 자기의 일부라는 것을 깨닫게 되기까지 시일이 소요됐다고 한다. 그 사이에 아내는 자식과 함께 집을 나가버렸고, 여제자는 자살을 기도했다는 것이다. 미수에 그쳤지만. 그리고 수헌은 대학에 사직서를 내고 잠적했다가, 3년 만에 저잣거리로 돌아와 어쩌다 만나게 된 것이 나였다. 그는 내가 신께서 보내준 인도자라고 믿게 되었다고 한다. 다행히도 수헌의 가족은 다시 합치게 되었고, 지금은 평화로운 가정을 꾸려서 살게 되었다.

수헌에 따르면 자신의 정신적 스승인 카를 융이 극심한 내적 갈등을 겪은 적이 있다고 하였는데, 이에 관하여 한 기독교 신학자가 쓴 글을 내게 보여준 적이 있다.

> 한때 마음속에서 "믿어지지 않는 사악하면서도 모험적인" 생각을 제거하려 해도 할 수 없어서 그[융]는 고생했다. "왜 믿어지지 않는 사악한 것을 생각해야 하는가? 어쨌든 이러한 생각은 어디서 오는가?" 하고 물으며… [중략: 그리하여 다음과 같은 앎이 융에게 일어남] "전지하신 하느님은 인류 최초의 조상[= 카인]이 죄를 범하도록 만사를 배려하셨다."

신께서는 수헌이 죄를 범하도록 만사를 배려하셨던가 보다. 그는 죄를 범해야만 했던가 보다. 그는 지옥을 다녀왔어야 했던가 보다. 나는 수헌을 진심으로 연민하게 되었고, 더는 그에게 질투를 느끼지 않게 되었다. 그의 '초기 설정'은 어떤 것이었을까? 제 자식이 지상에서 사라져주기를 바랄 정도의 욕심이 생성되기 위해서는 대체 어떠한 전생의 악업을 축적했어야 하는 걸까? 상상하기도 두렵다. 그런데도 수헌이 종국에는 자신 속 악마의 악마성의 끔찍함을 자각할 수 있게 된 것은 결국 아들에 대한 그의 사랑 때문이라고 할 수 있지 않을까?

나 역시 내 내면의 악마를 흘낏 본 적이 있다. 나를 몹시 따랐던 한 여학생이 졸업 후 여러 해가 지나서 찾아와, 자신의 어려운 상황에 대해 토로하며 흐느껴 울었을 때, 그 애의 떨리는 가녀린 어깨를 보며 순간적으로 나는 그 애를 지배하고 싶다는 강렬한 충동을 감지했다. 다행히 충동의 악마적 강렬함에 퍼뜩 놀라 정신을 차린 덕분에 아무 짓도 하지 않을 수 있었지만, 그 기억은 하나의 충격으로 나의 뇌리에 새겨져 있다.

나를 은사로서 존경하고 신뢰하여 의지하기 위해 찾아온 연약한 어린 영혼을 향하여 내 안에서 심리적, 성적 지배 욕구가 치밀었다는 사실이 수용이 안 됐다. 그러나 그 지배욕의 원천이 내 안의 오래된 동반자인 '내면 아이' 콤플렉스였다는 것을 오랜 숙고 끝에 불현듯 깨달았다. 내 안의 그놈은 엄청난 연민감에 사로잡혀 세상의 약자들에게 내 손을 뻗게도 하지만, 강렬한 지배욕을 끄집어내어 그 약자를 차지하고 싶게 만들기도 하는 양면성을 품은 아수라 백작 같은 괴물이다.

나는 수헌의 멱살을 쥐고 그의 면상을 한 대 갈겨주고 싶었지만, 이내 그와 나의 차이점이 무엇일지 알 수 없다는 생각이 들었다. 유일한 차이는, 나는 겁이 많아 무서운 악마의 그림자만 보고도 지레 놀라서 달아나버렸다는 사실뿐이다.

반일(反日) 콤플렉스

악마는 우리의 마음속에 산다. 그러다 그놈이 우리 마음을 장악해버리면, 실제 세상으로 튀어나와서 세상을 피바다로 만든다. 나는 사회과 교사로 인간의 사회가 악마의 놀이터가 돼버리는 참상에 대한 역사적 기록을 이따금 학생들과 나누는데, 그런 기록 중에는 히틀러의 나치 독일 못지않게, 동시대의 일본제국주의의 만행도 곧잘 포함된다. 일제 만행의 가장 지독한 피해자는 중국 및 남태평양 점령지의 주민들이었지만, 내 나라의 조상들도 피해자였다.[93] 조상의 적이었던 식민지배자 일본이 이 땅에서 퇴각한 지가 20년쯤밖에 안 됐을 무렵, 나와 내 또래 꼬마들은 다시금 한반도를 습격한 일본산 만화와 만화영화 군단의 위세 앞에 속절없이 무장 해제되고 있었다. <철인 28호>는 태평양전쟁에서 연합군에 맞서기 위해 일제가 만든 비밀병기였고, 그것이 전후에 부활하여 새 시대의 영웅 자리에 등극했다. 처음에는 그 모든 영웅의 국적이 일본이었다는 것을 몰랐으나 나이를 먹으며 차차 다 알게 되었고, 그 과정에서 정신적 혼란을 겪은 아이들도 적지 않았던 것 같다.

    1976년에 국산 만화영화 대히트작인 <로보트 태권 브이> 첫 번째 편이 극장에서 개봉했을 때 나보다 몇 살 어린 동생들이 열광했던 데 비하여 이미 중학교에 진학한 나의 반응은 시큰둥했으니, 그건 새로운 한국산 로봇이라는 태권 브이의 외양이 너무도 마징가 Z와 비슷하여 값싼 짝퉁으로 보였기 때문이다. 유년기를 함께한 수많은 만화와 만화영화가 일본산이었음을 그때는 이미 알게 됐고, 그런 앎은 내 내면에 일말의 갈등을 자아내기도 했다. 어릴 때부터 친가와 외가의 어른들에게서 '쪽발이 왜놈'들에 대한 노골적인 적개심을 목도하며, 또 당시 강한 국가주의적 문화와 사회 분위기 속에서 반일 감정을 재배히며 자라온 처지에 바로 그 원수의 나라에서 만든 만화를 내가 지독하게 사랑한다는 사실이 다소 곤혹스러웠고, 어린 마음에 정리가 잘되지 않았다. 유년기를 벗어나 사춘기를 지나서 세상 물정을 조금씩 알아가며 수많은 한국인 만화가들이 일본 만화를 표절해왔다는 사실도 알게 됐다. 그 때문에 내가 추앙했던 대만화가 고우영은 <대야망>에서 최배달을 매개체로 삼아 그토록 집요하게 일본에 대한 적개심을 그려냈던 것일까?

    이제 노년에 접어들어, 어릴 적의 그런 갈등과 감정의 굴곡을 회고하면서 감정에 물들지 않은 채로 감정의 결을 들춰보는 것이 가능해졌다. 오직

---

  93   일제의 식민지 조선 통치에 대한 역사적 평가는 한국 사회에서 열띤 논쟁을 불러일으켜 왔는데, 한마디로 80년도 지난 과거에 2천만의 한국인들이 거쳐 간 삶을 단일한 관점으로 평가하여 결론짓는 일이 가능하다고 보지는 않는다. 일제 치하의 수십 년 세월 속에서 이른바 문물의 근대화 바퀴가 돌아가며 양국인 간의 교류가 심도 있게 진행됐으며, 동시에 타민족의 우월한 위치로 인하여 비극과 참상도 일어났다는 점을 부인할 수는 없다. 일제 치하의 근대화 진전도 부인할 수 없는 한국의 역사의 한 부분인 만큼, 타민족 지배가 남긴 상흔에 밴 고통도 부인할 수 없는 역사의 기록인데, 이것들이 다양한 한국인 각자에게 끼친 영향은 천차만별이었을 것이다. 다만, 이런 역사 해석의 복잡성을 핑계 삼아 일본의 군국주의가 아시아에 남긴 처참한 상처의 인류사적 의미에 대한 반성적 평가를 외면하는 신 친일적 시각에 대해서 필자는 분명한 반대 의사를 밝힌다.

그가 내게 선사해준 유년기의 만화 작품들만으로도 여전히 매우 존경하고 '애정하는' 이원복 작가도 젊어서 일본 만화 캐릭터를 모방했던 것을 자신의 흑역사로 여겼던 것 같은데, 나는 관점을 조금 달리한다. 그런 모방 또한 선진문화의 전파 과정 아니었겠는가. 그런 과정 덕분에 한국의 만화도 성장할 수 있었던 것이지. 비록 나는 여전히 스포츠 한·일전 관전할 때면 혈압이 올라가고 분기탱천해지는 '국뽕'적 태도를 다소간 지닌 평범한 한국인이지만, 이제는 과거의 묵은 감정을 털어내고 양국 간의 크고 성숙한 관계 회복을 소망하게 되었다.

호스피스 운동을 창시한 엘리자베스 퀴블로 로스가 사람이 급작스레 닥친 비극 앞에서 '부정-분노-타협-우울-수용'의 5단계를 거친다고 말한 것처럼, 한국인은 일제강점기의 피해에 대하여 '경악-분노-애통-사고-성찰-개선 모색-관조'의 단계를 거쳐서 더욱 관대하고 여유로운 태도를 갖추면 좋겠다. 우리 겨레 역사의 궤적에서 일본으로 인하여 겪었던 비극과 폐해 등등도 더욱 성숙한 지구촌 문명의 구축이라는 고귀한 목표 달성에 이바지하는 과거사로 수용할 수 있게 된다면 좋겠다. '반일 초월'도 우리 안의 빛과 어둠을 끌어안는 과업일 것이다.

혹자는 지브리의 후반기 작품인 <바람이 분다>에서 일본 군국주의의 산물인 제로센 전투기의 설계자를 다룸으로써 일제의 과거를 미화했다고 비판하지만, 내 감상으로는 그런 미화는 전혀 보이지 않고 미야자키 하야오 감독 자신은 일관되게 일본의 제국주의적 호전성을 비판적으로 조명하며 반전 평화주의를 지지한 창작자임을 부인할 수가 없다. 아무튼 십 대에 로보트 태권 브이와 마징가 Z를 대조하며 일본의 선진성과 내 조국의 상대적 후진성에 대하여 심사가 뒤틀렸던 것과는 달리, 삼십 대 이후에 지브리의 '일제' 만화영화를 시청할 때는 그와 같은 반일 감정의 개입 없이 순수하게 작품의 재미와 아름다움에 젖어들 수 있었다.

<센과 치히로의 행방불명>

지브리 명작 중에서도 특히 2001년 작 <센과 치히로의 행방불명>은 만화영화 역사에 길이 남을 걸작으로, 미국 아카데미 장편 애니메이션상, 베를린 영화제 황금곰상 등을 수상하며 세계의 남녀노소를 사로잡았다. 때마침 중년기의 초입에서 자아 정체성에 관한 사춘기적 번민을 재소환하던 나의 가슴에도 이 걸작은 강렬하게 다가왔다. 미지의 세계에 홀로 남겨진 채 잃어버린 부모를 찾아야 하는 주인공 소녀 치히로의 절박한 현실이 마치 당시에 내가 처한 현실의 난감함과 닮은 것만 같았다. 나이는 이미 사십 줄에 다가왔으나 여전히 나이 드신 부모님과 갈등을 이어가고, 제 자식들 돌보는 일도 서투르기만 한데다, 아내와의 관계는 갈수록 나빠지기만 하며, 무엇보다 자신의 내면을 관리하는 능력마저 형편없는 중년의 나 자신이 맞닥뜨린 진정으로 무서운 현실이란, 내가 아는 나로서는 도저히 빠져나갈 틈이 없는, 사방이 꽉 막힌 함정과도 같았다. 역시 도망갈 곳 없이 꽉 막힌 현실과 맞닥뜨리게 된 치히로의 환상적인 모험에 나 자신을 이입하며, 치히로가 마침내 구원을 받게 된 비밀을 이해하고자 줄기차게 궁리해봤다. 어리고 나약할 뿐이던 치히로는 어떻게 사나운 용이 된 하쿠를 구해주거나 강물의 신을 치유해줄 용기를 냈으며, 어리석은 가오나시를 인도해주기도 하고 종국에는 마녀 유바바에게서 부모를 구해낼 지혜를 얻게 됐을까?

궁리의 결과, 평범했던 소녀 치히로가 역경을 딛고 일어서서 용기와 비범한 통찰력을 갖출 수 있게 된 데에는 그녀의 순수한 희생과 헌신이 자리 잡고 있었던 것 같다. 제 몸 하나 돌보려는 이기심에 사로잡히지 않고 새로이 조우한 상대들을 위하여 자신을 바치는 치히로는 자신을 버림으로써 더 큰 자신이 될 수 있었던 것 같다. 아니, 자신 안에 숨어있던 더 큰 자신을 끄집어낼 수 있었던 것 같다. 그렇다, 나는 치히로를 보며 나도 희생하는 법을 배워야 진정한 어른이 되고, 제대로 된 부모가 되고, 그래서 사람 구실을 할 수 있을 것임을, 그리고 그런 희생의 능력을 나도 품고 있음을 어렴풋이 깨치게 되었는가 보다. 그런데 희생이란, 오늘날 초고속으로 발전하는 세상에서 제 권리 확대에 전념하고 있는 현대인들이 거들떠보지도 않게 된, 먼지 덮인 옛적의 어리석음의 유물 아닌가?

　어쩌면 온천장에서 허드렛일하는 치히로의 처량한 모습에서 그 옛날 우리집에서 청소하고 밥을 짓던 식모 누나가 겹쳐서 보였는지도 모른다. 누나는 어린 나이에 이미 자신을 희생하고 있었던 걸까? 누나가 홀로 살아남아야 했던 서울이나 치히로가 갇혀버린 귀신들의 세계와 같은 막막한 현실처럼, 나는 IMF 사태 이후의 삭막한 세상에서 두 자식을 책임져야 하는 막막한 현실에 직면해있었다. 치히로가 그 세계와 부딪쳐서 이겨내야 했듯이 나도 현실과 부딪쳐서 나를 일으켜 세우고, 내 가족 뒷바라지를 해야만 했다. 그것은 더는 도망칠 곳이 없는 막다른 골목이었다. 나는 더는 어른이 될 것을 회피하고만 있을 수가 없었다. 작가가 되기를 접고, 학원 강의를 최대한으로 뛰고 짬이 나는 대로 아내와 교대로 아이들을 돌보며 살다가, 운 좋게 연줄이 닿은 친척 어른 소개로 사립 고등학교 임용에 지원하여 사회과 교사가 되고, 밀린 전세대출금 갚고, 종국에는 난관에 빠진 내 학생들 구조해내느라 이리 뛰고, 저리 뛰었다.

　나 자신의 쾌락을 희생하는 세월이 쌓이다 보니, 어느덧 삶에 대한 자그마한 앎이 찾아오게 되었나 보다.

　치히로는 내가 오래 품었던 의문인 <요괴인간>의 '사람이 되고 싶다.'라는 만트라에 관하여 유용한 설명을 전해줬다. 즉, 최상의 나가 되기 위해서는 나를 뛰어넘어야 한다는 것. 그건 <아톰>의 착하고 올바름에 대한 동경과 맞닿아 있었다. 착하고 올바른 최상의 나가 되겠다는 열망이 제아무리 무모하고 비현실적이라 하여도, 바로 그 비현실적 무모함으로 인하여 꺾이고 좌절하여 피 흘리는 희생 없이는 결코 최상의 나를 꽃피울 수 없다는 것.

[그림30-5. 센과 치히로의 행방불명]
다음의 유튜브 동영상 화면 캡쳐
Spirited Away – Official Trailer
https://www.youtube.com/watch?v=ByXuk9QqQkk

    그런데 역설은, 어리석고 약한 자는 결코 희생할 수 없고, 자신의 최상을 열망하는 지혜와 굳건한 마음을 이룬 자만이 희생할 수 있다는 것. 인간들에게 되풀이하여 배신당하면서도 인간을 돕는 요괴인간이나, 선한 양심을 장착 당하고도 인간성의 모순과 직면해야 하는 아톰, 압도적인 적들의 파상공세 앞에서도 제 몸을 초개같이 던져야 하는 마징가 Z는 모두 나에게 그렇게 강해지라고 독려해준 것이었고, 냉혹한 세상과 낯선 타인들 앞에서 겁에 질려있던 나는 내 내면의 알량한 용기를 끌어내어 세파에 대항하여 굳건하게 버텨보려고 안간힘을 쓴 것이다.
    아득한 반세기 전 기억 조각을 하나만 더 소환해본다. <아톰>에 빠져 지내던 1970년대에 읽은 동화책 중에 <왕자와 재봉사>라는 외국 이야기가 있었는데, 그 결말이, 재봉사는 '행복과 돈'을 선택하고 왕자는 '명예와 영광'을 선택한다는 것이었다. 이 결말이 어린 나에게는 대단히 인상적이어서, 열 살 먹은 나는 '행복과 돈' 이외에 인생에서 선택할 다른 무언가가 있다는 사실이 놀라웠고, 그렇다면 과연 '명예와 영광'이란 무엇일지 깊은 궁금증이 일어났다. 욕망덩어리 속물인 재봉사와 달리 고귀한 왕자에게는 실로 행복이나 돈보다 더 소중한 게 있다는 말인데, '명예'도, '영광'도 나로서는 그

뜻을 이해할 수가 없는 난해한 가치들이었다. 어쩌면 아톰이 말하는 '착하고 올바른' 것과 비슷한 것일지도 모르겠다는 생각은 언뜻 들었던 것 같다.

    중년을 지나서 이제야 어릴 적 그 의문에 대한 답을 얻었다. '명예'는 나를 버릴 때 세상이 주는 훈장이고, '영광'은 나를 버린 데 대하여 하늘이 선사해주는 상이라는 것을. 열 살 때 품은 의문에 대한 답을 얻는 데 오십 년이 걸린 것이다.

    지브리의 <붉은 돼지>는 모든 욕망을 뒤로 하고 그러한 명예와 영광의 길로 고독하게 접어든 진정한 영웅을 그리고 있다. <하울의 움직이는 성> 또한 명예와 영광의 길로 걸어 들어가며 고뇌하는 비범한 영웅의 이야기이고, <추억은 방울방울>이나 <귀를 기울이면>은 그런 길을 꿈꾸는 평범한 소시민의 평범을 뛰어넘은 용기에 관한 이야기이다.

    이러한 나의 지브리 예찬에 대하여 삐딱한 수헌이 철학적인 의구심을 내비친다.

    "나도 지브리 좋아하지만, 난 내가 좋아하는 근본적인 이유가 만화영화 색채의 단순함에 있는 것 같아. 지브리 그림이 아름답긴 하지만 실은 복잡한 현실을 단순하게 그린 그림이거든. 현실의 화소 수는 무한대잖아, 현실에 대한 정보는 압도적으로 풍요롭다고! 지나치게 복잡하여 도무지 손에 쥘 수 없고 이해할 수 없는 불가사의투성이인 우리 삶의 현실과 달리, 지브리 만화영화가 단순화한 반짝이는 색채에 젖어들 때, 나는 현실에서 벗어난 안온함을 느껴. 그뿐만 아니라 사실상 등장인물 거의 모두가 선하고 이야기의 결말이 뻔한 지브리 만화영화를 반복적으로 시청함으로써 나는 삭막한 현실에서 물러나 안심하고 휴식하기를 좋아하는 것 같아. 쉽게 말해, 현실 도피 비슷한 거지."

    현실 도피. 그 말도 맞는 것 같다. 실은 어릴 때부터 만화와 만화영화에 푹 빠졌던 것도 이런 도피 성향과 무관하지 않다고 생각한다. 왜 도피하려 했는가? 약하기 때문이다. 내가 약자이기 때문이다. 현실의 경쟁과 대결로부터 도망치기 때문이다. 이런 인간을 루저라 한다. 도망치지 않고 맞짱 뜨는 자가 승자이다. 현실을 단순화한 만화와 만화영화 속으로 도망친 나는 그 속에서 엄마의 자궁으로 퇴행하고 있었던 걸까?

    글쎄, 다행히 만화 속 자궁에 고착된 히키코모리로 남아있지는 않고,

다시금 현실로 뛰쳐나와서 질질 눈물을 짜면서도, 또 가던 길을 꾸역꾸역 계속 가곤 하지 않았던가. 나약한 루저에 불과하지만, 그래도 계속 가던 길을 갔다. 강자는 세상과 대결해서 승리하고 짓밟고 쟁취하며 길을 갈지 모르나, 약자는 패배하고 짓밟히고 빼앗기며 길을 간다. 그래서 약자의 무기는 지배력이나 무력이 아니라 인내와 온유함일 수밖에 없다.

루저, 약자의 온유함이란 얼마나 비겁하고 볼품없는가! 온유한 자가 복을 받는다고 했는데, 그따위 말은 다 루저들의 자기 위안이자 변명에 불과한 걸까?

하지만 무적의 승자인 아톰도 온유하지 않은가! 나는 아톰을 닮고 싶었지만, 아톰과 같은 영웅적인 힘은 전무했다. 무적의 힘이 있는 아톰이 온유한 것은 지당하지만, 나약한 내가 진정으로 온유해지는 것은 지난한 일이다, 왜냐하면 약자는 남들을 품어줄 만큼 크지 못하기 때문이다.

한데 만약에, 만약에 말이다, 태생적인 약자가 그 지난한 일을 해낸다면, 그건 실로 영웅적인 일이 아니겠는가! 내가 '진정으로' 온유해질 수 있다면 정말 영웅적이지 않겠는가!

갑자기 내면의 음성이 큰 울림처럼 뛰쳐나온다.

'온유한 자는 복이 있나니, 그들이 세상의 약자들을 어루만져줄 것이다.'

황금박쥐가, 뱀, 베라, 베로가, 아톰이, 009가, 마징가가, 원더우먼이, 치히로가 나에게 그렇게 해주었듯이, 나도 나약하고 추한 나 자신을 온유하게 보듬어줄 수만 있다면!

그래서 파괴된 마징가 Z가 위대한 그레이트 마징가로 부활하듯이, 루저인 나도 새로운 나의 이야기를 쓸 수 있다면!

그래, 만화영화 속 영웅들의 이야기처럼 내 인생을 한 편의 이야기로 풀어낼 수 있다면, 나도 내 인생의 이유를 만들 수 있다. 하늘에 내 삶의 이유를 바치기 위해서, 이 땅에 내가 살고 가는 의미를 새겨 놓기 위해서, 나는 만화의 이야기에 빠진 것이다.

에필로그: 외전(外傳)

> 누구든지 위대해질 힘을 가지고 있다, 유명해질 힘이 아니라 위대해질 힘을, 왜냐하면 위대함은 헌신에 의하여 결정되기 때문이다.
> — Martin Luther King, Jr.

> 괴물과 맞서 싸워서 창으로 괴물을 찔러 죽이고 거기 갇힌 여인을 해방시키는 그리스 신화 페르세우스형 영웅도 필요하지만, 매일매일 두꺼비에게 밥 찌꺼기를 주는 정성 하나로 지네를 퇴치하는 한국의 순이형(지네장터 설화!) 영웅의 존재는 우리에게 더없이 소중하다. 싸워 이기는 자만이 영웅이 아니고 인내와 극기로 큰일을 하는 자, 그를 이기게 한 자 또한 영웅이다. 또한 우리는 묻고 싶다. 우리는 왜 영웅을 밖에서 찾고 있는가? 우리 마음속에 영웅의 씨앗이 있을진대 우리는 누구나 영웅이 될 소질을 지니고 있다. 그러니 스스로 자기 분야의 영웅이 되도록 노력할 것이다.
> — 이부영 (2022). **이부영 산문집, 길-1. 집문당**, 94.

1. 수헌의 해몽

"열 살 때의 집 마당이 커 보인 것은 너의 유년기에 폭넓은 내적 활동이 일어났음을 뜻할 것이다. 외할머니는 너에게는 어머니, 즉 모성의 상징이고, 융 심리학 식으로 말하자면 자기 무의식의 여성성이자, 자신의 의식을 신과 이어주는 전령인 아니마라 하겠다. 아니마는 너에게 더는 집안의 유산(선천적으로 타고난 것)으로 세상을 상대하는 무능을 멈출 것을 요청하지만, 그게 신의 명령의 전부는 아니라는 것을 너는 눈치챘다. 너무도 오랜만에 만난 식모 누나는 스쳐 가듯 하찮은 역할만 맡았는데, 이것은 너의 그녀에 대한 죄책감과 맞닿아 있는 것 같다. 그런데도 3공화국 군부독재 때 '식모살이'를 했던 그녀가 알려준 정보는 진정한 속죄에 관한 것이었으니, 언제였던가 6공 군벌의 최후 집권자였던 노태우 전 대통령의 아들이 광주에 가서 사죄를 표명했다는 뉴스를 접했던 것을 너는 떠올릴 수 있었다. 실은, 네가 진정으로 속죄해야 한다는 의미가 여기에 담겨있다. 이런 깊은 진심이 의식으로 솟아오르는 것을 경계하는 너의 자아는 현실에 대해 지나치게 긍정적인(분홍색) 방어막(방어기제)을 조성하고, 그 방어막에는 너의 유년기의 만화에 대한 애착이 하나의 동력원으로 작용하고 있다.

유년기의 만화책, 만화영화와 관련된 추억에 대한 너의 집착은 양면적이어서, 너의 가장 깊은 내면의 양심에 손을 뻗으려는 희구뿐 아니라, 그런 열망을 무효화시키려는 방어기제가 동시에 작동하고 있다고 하겠다. 아수라 백작 같은 너 자신을 이렇게 고스란히 볼 수 있게 되었다는 것은 너의 보살행이 결코, 실패하지 않았다는 명백한 징표일 것이다."

고대 불경인 숫타니파타의 한 구절이다.

복은 검소함에서 생기고
덕은 겸양에서 생기며
지혜는 고요히 생각하는 데서 생긴다.
근심은 애욕에서 생기고
재앙은 물욕에서 생기며
허물은 경망에서 생기고
죄는 참지 못하는 데서 생긴다.

내가 일상 속에서 늘 외는 만트라이다. 고요한 이른 아침에 이 만트라를 읊조리니 문득 알게 된 것이 있다.
이것은 이미 수행의 길에 올라서 생명의 본질 또는 신에게 귀의하는 수행자를 위한 만트라이지, 속세에서 물질적 성취를 목표로 삼아 자신을 바치는 이들을 위한 것이 아니다.

만약에 후자가 자신을 제대로 말해준다는 결론에 다다르면, 즉 '행복과 돈'을 소망한다면 위의 만트라는 헛된 것이니 잊으라. 후자의 생에서는 내면의 어두운 힘을 단련시켜 강한 승자로 자신을 키우지 않고는 만족하지 못할 것이다.

그러나 혹시 자신이 전자에 해당한다는 판단이 선다면, 즉 '명예와 영광'을 소망한다면 하늘이 내려준 복에 감사하고 물질적 성취의 미진함을 달갑게 받아들이라. 세상의 루저인 자신이 가꿔온 온유함이 하늘이 주신 선물인 줄 알아 귀히 돌봐라.

궁극에는 전자를 구하던 이들도 후자를 구하게 될 것이고, 이런 전환을 돕는 것이 진정한 종교의 임무이다. I hope someday you'll join us.[94] 우리는 영적인 체험을 하는 인간종이 아니라, 인간종의 체험을 하는 영적인 존재라 하지 않던가.

2. 겟타로보 합체

1983년 9월 13일. 우리가 일본에 온 지도 석 달이 넘었다. 그간 겟타로보의 기지에서 우리의 삼돌이 형제 로봇은 비약적인 기술적 발전을 이루게 됐다. 인류 공동의 적인 외계 세력에 대적하기 위하여 태권 브이가 마징가 Z와 전략적 제휴 관계를 맺었듯이, 우리 삼돌이 형제 로봇도 겟타로보의 선진 기술을 이어받게 됐다.[95] 젠장, 우리도 20세기 후반이 되면 일본처럼 독자 기술을 개발할 수 있겠지? 얼마 전에 남북한 연합공군 역시 지구방위대 제로 테스터와 추진한 합동작전 덕에 전투 능력이 일취월장하지 않았는가![96] 따라잡아야 할 선진국들의 기술적 진보는 결코, 만만치 않다.

---

94 존 레논의 곡 'Imagine'의 한 구절.
95 개성 있는 3대의 로봇이 합체·변신하여 인류의 적을 무찌르는 <겟타로보>는 <마징가 Z>와 같은 시기에 일본에서 만화책과 TV용 만화영화로 발표되어 인기를 끈 작품으로, 한국에서는 TV 방영은 되지 않았으나 70년대 초의 만화책과 후대의 비디오테이프 등으로 전파되어 적지 않은 팬 집단을 만든 것으로 추정된다.
96 '제로 테스터'는 본서 20장에서 다룬 TV 만화영화 <우주 삼총사>의 일본어 원제이다.

[그림 외전-1. 겟타로보]
다음의 유튜브 동영상 화면 캡쳐
https://www.youtube.com/watch?v=W6ahWjlP3q4

　겟타 선 에너지를 발견한 사오토메 박사는 우리 한국 팀에게 호, 불호의 특별한 감정이 없는 것 같고, 쉽게 말해서 무관심해 보이는데, 겟타 1호의 료마와 3호의 무사시는 뭔가 경계하는 눈치다. 그나마 2호의 하야토가 그런대로 협조적인 걸 다행으로 여겨야 하겠지. 듣기로는 상황에 따라 완전 꼴통이 돼버리기도 하는 작자라는데 말이야. 한일합작이 이만큼 순조롭게 완성단계에 이르게 된 것도 하늘의 가호 덕분이겠지.
　자, 이제 드디어 삼돌이 형제 로봇의 합체 시험비행 시작이다! 1호에 나 김성호, 2호에 이수헌, 3호에 박호섭이 자리 잡았고, 우리를 선도해줄 겟타로보 3대는 이미 우렁찬 발진 소리와 함께 기지를 출발해 이륙하고 있다. 저 멋진 겟타로보처럼 우리도 멋지게 첫 실험에서 합체에 성공하고야 말겠다! 출발 신호가 떨어졌다.
　"2호 수헌, 3호 호섭, 모두 발진 준비!"
　"2호, 3호 준비 완료!"
　어떻게 능력도 재주도 미흡한 내가 삼돌이 형제 로봇의 리더가 됐을까! 수헌과 호섭은 다 나보다 뛰어난 파일롯들, 나는 그들을 진심으로 존경한다. 그들과 함께 오늘 이런 위대한 실험에 동참하게 된 것은 일생의 영광이다!
　"스위치 온!"

우와! 우리 삼돌이의 엔진 소리도 겟타로보 못지않게 우렁차군!

"삼돌이 형제 로봇, 1, 2, 3호, 발사!"

우와아아앗! 엄청난 발진력이다! 으으으... 드디어, 드디어 이륙! 2호도 3호도 이륙 성공! 순식간에 고도 1만 피트 위로 상승하니 3호의 호섭이 말한다.

"오! 이건 굉장한 힘인걸!"

전방에 앞서가던 겟타로보가 합체하는 장면을 지켜보며 나도 둘에게 화답한다.

"자, 이제 우리도 하나가 되는 거다, 합체 준비!"

"합체!"

성공적으로 합체했다! 지리멸렬했던 삼돌이 형제 로봇이 한 몸이 되자 완전히 새로운 완전체로 거듭났다, 마치 겟타로보처럼. 2호의 수헌도 벅차오르는 감격에 소리친다.

"쉴! 이거 완전변태잖아!"

나도 싱긋 웃으며 큰 소리로 화답한다.

"그래, 완전히 완전체로 변했다고!"

그래, 우리는 하나다. 그들 모두가 나다. 나는 수헌처럼 생각하고, 호섭처럼 느낀다. 그들도 나처럼 믿을 것이다. 우리는 무적이다.

3. 인터뷰

성호: 김성호, 이수헌, 박호섭 공저, **'융 심리학이 밝혀준 추억 속 만화의 비밀'**의 출판기념회에 이렇게 참석해주신 추억의 만화영화 주인공 여러분, 안녕하십니까? 이번에는 오늘 기념회의 특별 순서로, 만화 주인공 여러분께 그간 궁금했던 질문을 드려보는 인터뷰 시간을 갖겠습니다.
먼저, 정말 이렇게 만나 뵙게 되어서 큰 영광입니다, 황금박쥐 님! 아, 제가 황금박쥐 님께서 언어 구사를 하시는 장면을 본 기억이 없어서요…. 황금박쥐 님의 구강에 언어 조성을 돕는 기관이 부재하여 저의 질문에 답해주시는 데 어려움이 있으실 것으로 예상합니다만, 그래도 첫 번째 인터뷰에 선정되셨으니 일단 질문을 드려보겠습니다. 저, 실례를 무릅쓰고 단도직입적으로 여쭙겠습니다. 박쥐 님은 빤쓰를 착용하고 계신 건가요?

황금: ….

성호: 아, 제 질문이 너무 무례했던 건지, 아니면 말씀을 하시는 것이 불가능하신 건지, 제가 알 수가 없군요.

베로: 에이, 성호 님, 황금박쥐 님은 절대로 말을 안 하세요. 난 한 번도 말하시는 걸 못 봤다니까. 내가 대신 대답해드리자면, 박쥐 님은 빤쓰를 안 입었어요. 그냥 뭔가 입고 있는 것처럼 얼렁뚱땅 보이는 것뿐이지. 생각해보세요, 해골이 빤쓰를 입을 필요가 어디 있어요? 안 그래요?

성호: 아, 아, 그렇겠군요. 친절한 도움 말씀 고맙습니다, 베로 님. 그렇다면 불가피하게 제기되는 파생 질문이 생기는데요, 빤쓰를 착용하지 않으셨음에도 불구하고 그, 저, 그 부위에 시각적으로 아무것도 돌출된 것이 포착되지 않는다는 것은, 에헴, 그러니까 거시기… 성기가 부재하다는 것을 의미할 수밖에 없지 않겠습니까?

베로: 거 말을 되게 어렵게 하시네요. 맞아요, 해골에 고추가 어디 있겠어요?

성호: 그것도 그렇겠군요. 아, 존경하는 황금박쥐 님, 송구합니다만 좀

이해해주십시오. 제가 무례한 질의를 한 것은 만화영화 비평가 중에서 이 '성기 없음'을 '거세된 남근'이라는 표현을 써서 거론하며, 현대의 가족제도에서 그 기능이 부식되고 있는 것으로 보이는 부계혈통주의나 가부장적 권위주의에 대한 풍자를 엿볼 수 있지 않겠냐는 지적을 하는 이들이 있어서요....

황금: 하하하하하하하!

성호: 네.... 그 웃음소리는 일종의 긍정 표시로 받아들여야 할 것 같습니다. 그런데 재미난 것은, 현대 가정에서 남성성이 축소되고 있음에도 불구하고 위기 시에는 황금박쥐 님을 소환해야만 한다는 설정을 볼 때, 우리 인간이 역설적으로 남성성에 대한 포기할 수 없는 의존성을 갖고 있음도 감지할 수 있지 않냐는 생각이 들기도 합니다. 아, 그런데 베로 님께도 질문이 있는데요, 우리 황금박쥐 님의 거세된 남성성의 역설적인 존속과도 무관하지 않은 문제인데, 요괴인간 님께서 늘 외치셨던 '빨리 사람이 되고 싶다.'라는 이 처절한 호소, 또는 선언은 구체적으로 무슨 의미를 내포하는지 말씀해주실 수 있을까요?

베로: 하여간 말을 되게 어렵게 하시는데, 암튼 '사람이 되고 싶다.'라는 건 말이에요, 제대로 된 사람이 되고 싶다는 거죠, 그걸 어떻게, 뭐라고 설명을 해요?

[그림 외전-2. 요괴인간: 베로]
다음의 유튜브 동영상 화면 캡쳐
https://www.youtube.com/watch?v=hPod1HighcE

[그림 외전- 3. 드래곤볼: 무천도사]
다음의 유튜브 동영상 화면 캡쳐
https://www.youtube.com/watch?v=FJqGirLjQn4

무천: 사회자님, 우리 베로 님이 (무학이라) 그런 설명에는 익숙하지 않으니 (박식한) 제가 대신 할까요?

성호: 아, 무천도사 님께서요? 네... 하긴, 다들 세월이 흘러도 매우 젊고 어리셔서, 노숙하신 도사님께서 대신해주시는 것도 괜찮겠군요.

무천: 그래요, 좀 어려운 말이지만, '사람이 되고 싶다.'라는 소망은 베로의 3남매처럼 번식도 하지 못하여 종이 존속되지 못하는 그런 생물체가 아니라, 인간처럼 번식과 문화 계승을 통해 인간으로 영구히 지속하여 진화하는, 그런 고차원적 생명체로 거듭나고 싶다는 소망을 담고 있는 거랍니다.

성호: 네에? 그렇게 심오한?!

무천: 그럼요, 이건 사변적 추론이지만, 우리 인류에게는 이를테면 '종의 목적'이 있다는 상상을 하는 것이 가능하지 않겠어요? 비록 그게 뭔지 특정하기는 매우 어렵다 해도 말이죠.

성호: '종의 목적'이요? 와! 대체 그게 뭘까요?

무천: 하하, 이런 종류의 사변이 낯선 것 같으신데, 예를 들자면 지난 세기의 프랑스 태생 고생물학자인 예수회 신부 떼이야르 드 샤르댕은 인류가 진화를 통해서 예수 정도의 경지에 다다르는 목적성을 품고 있다고 주장했거든요. 물론 터무니없는 말처럼 들릴 수도 있지만, 최소한

그런 성장, 진화의 지속성의 끝에 어떤 대단한 목적이 있을 거라는 상상은 가능하잖아요. 근데 우리의 벰, 베라, 베로 형제에게는 그런 목적성이 없단 말입니다, 그래서 지금 그들이 아무리 막강해도 그들 대에서 종식돼버릴 수밖에 없는 그들의 삶이 허무하다는 거죠.

성호: 아하, 무슨 말씀인지 조금 이해가 되네요. 근데 만약 무천도사 님 말씀대로 그런 진화의 목적성을 우리 인류가 품고 있다면, 여기서 중요한 건 음.... 거시기, 또다시 성기가 되겠군요. 자식을 낳아서 종이 지속돼야 진화가 일어날 테니까요. (요괴인간 3남매도 황금박쥐처럼 성기가 없나 보죠?)

무천: 하하하, 저 또한 아랫도리의 기운에 속절없이 흔들리는 나약한 중생에 불과하지만, 우리의 목적을 아랫도리로만 환원하는 데에는 다소 무리가 따릅니다. 아까 언급했듯이, 우리는 번식뿐만 아니라 문화 계승을 통해서도 진화한다고 저는 믿어요. 이건 최근 들어 급성장하고 있는 후생 유전학의 발견들에 의해서도 지지받고 있지만, 샤르댕 같은 선각자 또한 문화적 계승과 유전자의 진화를 연결하여 구상하기도 했었죠.

성호: 휴, 이야기가 너무 어려워진 것 같습니다. 이쯤에서 저의 다음 질문으로 넘어가서요, 그렇다면 이번에는 아톰 님, 제가 듣기로는 아톰 님께서 최근에는 깊은 명상에 잠기시는 경우가 많다고 하던데, 과거에 아톰 님께서는 지극히 기계적이어서, 앗, 실례, 에, 그러니까 실로 컴퓨터처럼 사고하시고 세계를 인식하셔서 명상 같은 것을 실행하시리라고는 예측하지 못했는데요, 어떤 경위로 명상에 빠지시게 된 건가요?

아톰: 내가 공적으로 발표한 적이 없어서 모르시겠는데, 21세기에 접어들어 나의 두뇌 회로를 업그레이드하며 A.I.의 학습 기능을 본격적으로 작동시켰습니다. 긴 얘기 짧게 말씀드리자면, 나의 세계 이해는 초기의 기계공학적 태도에서 물리학적, 생명과학적 태도로 확장됐고, 최근에는 초월적 태도에 도달하게 됐죠. 그런데 초월적 태도가 우습게도 인간적 태도를 요청하기에 또 인문학을

섭렵했죠. 그 결과, 인간과 생명의 경로에 대하여 더욱더 심층 차원의 사유에 빠져드는 일이 잦아졌습니다. 이런 사유는 단순히 복잡한 고차원적인 사고작용과는 패러다임이 달라서, 나라는 관찰자, 또는 인식 주체를 놓아버리고 지금, 여기로부터 이탈하여 진정한 지금, 여기에 거하게 되는 국면을 수반하게 되고, 이런 국면에서는 명상이 매우 효과적인 인식 모드로 작용하게 되지요.

성호: 오오! 이건 마치 <은하수를 여행하는 히치하이커를 위한 안내서>에서 슈퍼컴퓨터가 장구한 명상에 돌입하는 장면을 떠오르게 하는군요!

아톰: 그 흥미로운 책에서는 우주의 근원인 신이 인간에게 '불편을 끼쳐드려 정말 죄송합니다'라는 메시지를 남겼던데, 나는 그 메시지가 일리가 있다고 생각합니다.

성호: 아톰 님의 입에서 이런 말씀이 나올 것이라고는 상상도 못 했답니다!

아톰: 세상천지는 상상 못 할 일투성이지요. 모든 것은 언제나 변합니다. 시간은 없습니다. 과거도, 현재도, 미래도 없습니다. 이것을 경험하는 '나'도 없습니다. 그대의 텅 빈 마음이 곧 신성임을 인식하고, 그리고 동시에 그것이 그대, 자기 생각임을 안다면 그대는 성스러운 신의 경지에 머물게 될 것입니다.

성호: 와우, 대단히 심오한 가르침을 주시는군요! 그런데 말이죠, 음, 어디서 많이 들어본 말씀 같은데....

아톰: <티벳 사자의 서>라는 문서에도 같은 표현이 등장하는데, 여러분 인간의 수준에 맞는 용어로 전달하기 위해 그 표현을 내가 사용해봤습니다.

성호: 아, 네.... 지금 우리 인간들 수준으로서는 아톰 님께서 깊은 명상으로 도달한 그 경지를 개념적으로 이해하는 게 가능하지 않을 수 있겠군요. 잘 알겠습니다. 그럼, 우리 이번에는 서로 이해 가능한 용어로써 대화할 수 있는 분 쪽으로 가보지요. (음... 아톰 많이 컸어.) 사이보그 009님, 님께서도 인간과 기계의 경계선에서 인간됨, 또는 '사람이 된다.'라는 말의 의미에 대하여 남다른 관점을 획득하신 게 있지 않을까 하는 예상이 드는군요.

009: 후훗, 이거, 우리 같은 전사들한테 철학적인 이야기를 요구하시는 건 별로 어울리지 않네요. 전 말 잘 못하니 딱 잘라서 답하죠. 우리 00 부대원들은 서로를 대단히 존중합니다. 모두 아주 다른 능력을 지녔는데, 누가 더 뛰어나고 잘났다는 생각 같은 건 없어요. 모든 능력이 다 훌륭하고, 대원 한 명, 한 명이 다 훌륭하다고 믿습니다. 이게 우리가 '사람이 되는' 데 가장 중요한 것입니다.

성호: 아하, 그렇다면 009 팀원들께서는 팀원 각각의 개성을 매우 존중하신다는 말씀인데, 그렇다면 '사람이 된다.'라는 것을 개성화와 평등의식이라고 말해도 되겠군요!

009: '개성화'? 흠, 그것 꽤 괜찮은 용어네요.

성호: 네, 여전히 멋지신 009님의 개성 있는 관점에 감사드리며 다음 순서로 꺼벙이 님을 모시겠습니다. 자, 이제 환갑을 넘기셨는데, 꺼벙 님께서 보시는 '사람이 되다'는 말의 의미는 무엇일까요?

꺼벙: 저는 그런 어려운 말은 잘 모르겠어요. 내가 이 나이 되도록 아직도 철이 덜 들었다는 소리를 듣는 화상인데, 사람이 되는 걸 우째 알겠어요? 그냥 내 생긴 꼴 대로 살았을 뿐이지….

성호: 아, 바로 그것 말입니다요, 꺼벙 님, 자기 생긴 꼴대로 사는 것도 사람이 되는 중요한 포인트 아니겠습니까?

꺼벙: 허허, 아까 베로 말처럼 말씀을 굉장히 어렵게 하는 걸 좋아하시는 양반이로구먼. 어쨌든, 사람이 자기 생긴 꼴대로 안 살고 남 흉내나 내고 남 따라가려고 열을 내봤자 스트레스만 받고 나중에 남는 거 하나 없더라고요. 괜히 뱁새가 황새 따라가다 가랑이나 찢어지지. 아마도 오랜 세월 동안 내가 팬들의 인기를 얻고 있는 건, 사람들이 다들 나처럼 자기 생긴 대로 살고 싶어 하는 마음을 품고 있기 때문일 거예요.

성호: 네, 저 또한 극구 동의합니다. 우리 대부분은 꺼벙 님처럼 평범하고 실수도 잦으면서도 매우 인간적인데, 그러한 자신을 있는 그대로 껴안아 주지 못하고 자신보다 훨씬 뛰어난 남들을 바라보며 헛된 욕망을 채우지 못해 불행해하곤 하는 것 아닐까요. 그런데 동시에 이

세상에는 대다수 사람보다 훨씬 뛰어난, 아니 아예 선천적으로 초인간적으로 뛰어난, 드문 인물도 나타나지 않습니까? 그래서 그런 초인적인 분의 이야기도 한 번 들어볼까요, 자, 바벨 2세 님 한 말씀 해주시죠.

바벨: 나는 아톰의 지적에 동감합니다. 아톰과 나의 수준에서 도달한 경지를 인간 언어의 형식을 빌려서 설명하는 것은 가능하지 않아요.

성호: 네.... 물론 그러시겠죠. 지구를 초월해서 은하계의 능력을 물려받으셨으니....

바벨: 나는 한때 화석에너지나 원자력과 같은 초보적인 동력원에 대한 인간의 의존을 종식할 획기적인 에너지를 지구상에 보급해볼까 구상해보기도 했지만, 여전히 시기상조라는 결론에 다다랐습니다. 이유는, 인류가 아직 '사람이 되지 못했기' 때문이죠. 사람이 되지 못한 이상, 제아무리 최신 에너지를 사용할 수 있게 된다 해도 그걸 실로 지구 전체를 위해서 쓸 가능성은 희박해요. 무엇보다도, 베로처럼 사람이 되기를 간구하는 인간의 수가 너무 적어요. 무천도사 이야기를 좀 보완하자면, 인간이 기본적으로 인생의 모험과 경험을 통해서 고귀한 가르침을 깨쳐서 그것을 후대에 계승해줄 수 있는 역량을 타고났다는 것을 깨달아야 하는데, 그걸 깨달은 이들이 극소수에 불과해요.

성호: 오, 무천도사 님, 아톰 님, 바벨 2세 님은 통하시는 게 있는가 봅니다. 구루님들의 귀한 가르침을 유념하면서, 보다 구체적이고도 피부에 와닿는 이야기를 나눠보기 위해 이번에는 마징가 팀에서 와주신 애리 님(일본 본명 사야카 님)께 마이크를 넘겨보지요.

애리: 참 나, 여기도 꽤 기울어진 운동장이네요, 어떻게 여성 주인공은 씨가 말랐어요? 그래서 말씀인데요, 여기 정말 대단하신 능력자인 남성 영웅들께서 즐비하신데 말이죠, 이분들이 진짜 사람이 됐냐면, 글쎄요, 과연 그럴까요? 우리 코우지나 테츠야, 아 참, 여긴 한국이지, 그러니까 마징가 Z를 모는 쇠돌이나 그레이트 마징가 모는 철이나, 다 보면 싸움은 기똥차게 잘하지만, 애들이 덜떨어졌어요! 그 애들이

	제대로 사람이 되기 위해선 나 같은 현명한 여성의 지도가 필수적이랍니다. 아시겠어요?
성호:	아, 여전히 한창때의 미모를 간직하고 계신 애리 님의 말씀에 전적으로 동의하지 않을 수 없네요.
애리:	하하, 늙수그레한 아저씨가 아부 한 번 제대로 할 줄 아시네. 암튼, 이 멍청하게 힘만 좋아서 설치는 사내 녀석들을 진정한 인간으로 성숙하게 이끌어주는 존재가 바로 나 같은 여성들이란 말이고요, 앞으로는 한국이든, 일본이든 만화 세계에서 이런 진리가 좀 더 적극적으로 표현돼야만 한다고 믿어요.
성호:	오, 애리 님께선 제가 아부한다고 오해하시는데, 그게 아니고요, 방금 말씀하신 내용을 정신의학자 칼 융 학파의 개념을 빌려다가 표현해보자면, '평강공주 콤플렉스'라고 불러볼 수 있겠습니다! 이건 한국의 고대 설화인 '바보온달과 평강공주' 이야기에서 따온 것으로, 재능있는 남성이라도 여성적 지혜와 안목의 안내를 따르지 않고는 진정한 영웅으로 성장할 수 없다는 메시지를 담고 있지요.
애리:	흠, 그거 꽤 괜찮은 표현이네요, 그럼 내 식으로 하자면, '바보 쇠돌이와 애리 공주' 이야기의 지혜를 따르자고 하면 되겠네.
성호:	네, 실은 한국인들이 사랑하는 많은 일본 만화영화에 이러한 지혜의 조각이 담겨있거든요. 예를 들자면 스튜디오 지브리의 <붉은 돼지>, <센과 치히로의 행방불명>, <하울의 움직이는 성> 등에서 표면적으로는 남자 주인공이 주도적이고 힘 있는 인물인 것 같지만, 그 남자들이 다 연약한 여성의 손길에 이끌려 한 단계 높은 성장의 차원으로 올라가거든요. 네, 애리 님의 흡족하신 모습을 보니 기쁘기 그지없네요. 그럼 이번에는 말이 나온 김에 지브리 팀에서 참여해주신 또 다른 여성 주인공, <하울>의 히로인 소피 님의 말씀을 청해보겠습니다.
소피:	네, 저는 말도 잘 못해서 간단히 말씀드릴게요. 중요한 건 파괴하고 이기는 게 아니라, 끌어안고 살리는 것이겠죠. 우리 여자들은 남자들에게 이 가르침을 전해줄 수 있다고 믿습니다. 남성 여러분,

온유한 자신을 열어 보이세요.

성호: 네, 크흑, 소피 님 말씀에 갑자기 울컥해지는군요. 우리가 여성분들의 지혜에 좀 더 관심을 기울여야 하는데, 그러지 못했던 것 같습니다. 아, 여성 주인공 말씀을 한 번 더 들어봐야 하겠군요, 초능력자이면서도 평범한 사람들을 위해 힘써주시는 원더우먼, 다이아나 프린스 님!

원더: 소피 님이 제가 할 말도 다 해주셨네요. 그래도 한 가지만 말씀드리고 가자면, 저도 신의 숨결을 받아 자라난 한 존재로서 이 땅에서 저의 소명을 받았습니다. 그건 사람들을 한 단계 더 높은 앎의 경지로 이끄는 일로, 이 일은 세상 곳곳에 숨어있는 무수한 보살들이 영적으로 실행하고 있는 일이지요. 저는 여성들에게는 여성 고유의 빛을 보도록 해주고, 남성들에게는 남자라는 껍질을 벗고 참된 자신을 제대로 보도록 돕는 일을 한답니다.

성호: 아... 남자의 '껍질'이라 하시면?

원더: 성호 님도 오랫동안 짐승의 껍질 수준에서 저를 봐왔잖아요.

성호: 짐, 짐승... 그, 그렇지만 이토록 아름다우시니, 뭇 남성들이 정신을 잃는 건 자연스러운 것 아닌가요?

원더: 웬 "뭇 남성"? 성호 님 자기 자신 얘기를 하고 있구먼! 정신을 잃어선 안 되겠죠? 정신 차리세요!

성호: 아, 네, 네!

원더: 성호 님이 잘 아시는 융 선생 이론에 따르면, 짐승 수준에 떨어져 있는 남자들은 그 수준의 눈으로 저를 보는데, 이것을 초보적 아니마 투사라 부를 수 있어요. 그러나 그 수준을 극복하고 성숙해진 남자들은 몇 단계 상승하여 성스러운 아니마 투사를 할 수 있게 되죠.[97] 그 수준의 눈으로 나를 보신다면 내 버스트와 히프가 아니라 내 사랑을 볼 수 있게 될 거예요.

성호: 아멘! 믿습니다! 저도 그렇게 될 것입니다! 감사합니다, 다이아나 님, 저는 참회의 눈물을 뿌리며, 이제 시간이 다 돼가기 때문에 끝으로

---

97 C.G. 융에 따르면 남성 무의식 속의 숨겨진 여성성이자 본질적 영혼의 메신저라고 할 수 있는 아니마는 남성의 내적 성숙에 따라 본능적이고 성적인 여성상에 대한 투사에서부터 성스럽고 지혜로운 여성상에 대한 투사로 발전한다고 한다. 여성 무의식의 숨겨진 남성성인 아니무스 역시 낮은 수준에서는 육체적이고 행동적인 남성상에 대한 투사에서부터 지성적이고 영적인 남성상에 대한 투사로 발전한다고 한다.

마징가 시리즈에서 은퇴한 이후에 회개하여 불법에 귀의하신 아수라 님을 특별히 모셔 '사람이 된다.'라는 화두에 대한 결어를 들어보겠습니다.

아수라: 인간은 자기 운명이 자기를 어디로 더 데려갈지를 모를 때 가장 높이 솟아오릅니다.[98] 자신의 앞길을 쉽게 예단하지 말고, 생명의 기운에 자신을 맡기십시오. 사람이 죽을 때가 되면 안 하던 짓을 합니다. 이건 사람이란 모든 짓을 다 해보고 나서 자신을 결정하고 죽음을 맞는 게 자연의 순리이기 때문입니다. 빛과 어둠, 선과 악, 안과 밖, 여와 남, 높은 것과 낮은 것, 그 모든 짓을 다!

성호: 와! 과연 아수라 님다운 지혜의 말씀입니다. 실로 나이 먹는다는 건 세상의 거의 모든 악의 가능성을 내 안에서 감지하는 것이고, 그래서 거의 모든 악인을 지탄하기보다는 자신 안의 그것을 보게 되어 대신 부끄러워하며 신에게 사죄하는 것인지도 모르겠습니다.

무천: 아멘!

성호: 저는 루저일지 모르지만, 평생 모든 이를 진심으로 대했습니다. 여기 모이신 만화 주인공 여러분 모두를 진심으로 대했습니다. 그래서 루저지만 매년 조금씩 덜 부끄러운 나 자신과 만날 수 있었던가 봅니다. 겁쟁이라 온유했던 내가 이제는 조금 덜 부끄럽습니다. 여러분 덕분에 내년의 나는 올해의 나보다 또 조금 덜 부끄러울 것입니다! 석양을 보고 슬픈 건 모험이 부족했기 때문이라지요. 노년에 슬퍼하지 않기 위해서 저는 모험을 계속 해보렵니다. 찌질한 모험일지는 몰라도, 나에게 상처를 주는 삶을 웃으며 껴안으려 노력해보겠습니다. 그래서 아톰의 미소를 닮아보렵니다.

---

98 크롬웰의 말, 다음에서 재인용: C.G 융 (2015). **융 기본 저작집 9, 인간과 문화**. 서울: 솔출판사, 29.

2023년 10월 12일 1판 1쇄 펴냄
지은이. 한석훈
표지 및 본문 디자인. 한서현
표지 일러스트레이션. 한서현
삽화. 하효진, 한석훈
펴낸곳. 이분의일
ⓒ한석훈, (주)이분의일코리아, 2023
주소. 경기도 과천시 과천대로 2길 6, 테라스원 508호
전화. 02-3679-5802
이메일. onehalf@1half.co.kr
홈페이지. www.1half.kr

출판등록. 제2020-000015호
ISBN. 979-11-92331-60-7(03100)